외우지 않아도 영어와 교양이 쏙 들어오는

영단어 인문학

외우지 않아도 영어와 교양이 쏙 들어오는

영단어 인문학

고이즈미 마키오 지음 | 곽범신 옮김

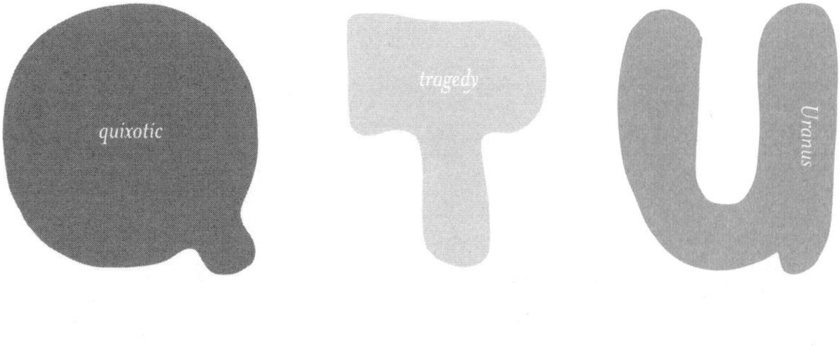

로그인

| 일러두기 |

- 그리스어, 라틴어, 아랍어, 프랑스어, 독일어, 이탈리아어, 고대 영어, 중세 영어 등 현대 영어 이외의 언어는 이탤릭체로 표기했습니다.
- 외국어 발음은 한국어 어문규범의 외래어표기법에 따르되, 실제와 최대한 가깝게 표현하고자 노력했습니다.
- 본문의 (p. 12)나 (p. 34) 등은 해당 영단어가 상세히 설명된 페이지를 가리킵니다.

프롤로그

어원과 함께 여행하는 교양의 세계

호호노테이這う這うの体는 다급하게 도망치는 모습을 뜻하는 일본어입니다. 이를테면 어둠 속을 걷는데 갑자기 눈앞에 귀신이 나타났다고 상상해 보세요. 겁에 질린 나머지 허겁지겁 도망치고 싶지만 다리에 힘이 풀려 몸을 전혀 움직일 수 없을 테죠. 그럴 때는 손으로 땅을 짚고 엉금엉금 기어서 도망칠 수밖에 없습니다. 여기서 '기어가다'를 뜻하는 하우這う와 자세를 뜻하는 테이体가 합쳐져 호호노테이라는 말이 생긴 것입니다.

차갑다는 뜻의 일본어인 쓰메타이冷たい는 '손톱爪, 쓰메이 아프다痛い, 이타이'는 표현에서 유래합니다. 너무 차가워 손톱이 시리다는 뜻이죠.

중국 고사에서 유래한 말도 적지 않습니다. 꽤 오래전 일인데, 저는 60권이나 되는 만화 《전략 삼국지》를 밤마다 한 권씩 읽고 잠들곤 했습니다. 장대하게 펼쳐지는 이야기 속에서 배수진, 사면초가, 읍참마속, 삼고초려 같은 표현을 차분히 곱씹어볼 수 있었죠. 제 인생에서 가장 빛나는 보물 같은 시간이었다고 해도 과언이 아닙니다.

그때 깊이 실감했습니다. 언어란 얼마나 멋지고 훌륭한지 말이죠. 어느 나라 말이든 어원을 되짚어보면, 너무나 광대하며 심오한 세계가 펼쳐졌습니다.

한국어도 살펴보면 재미있는 이야기가 많습니다. 예를 들어 매우 급하게 서두르는 모습을 그리는 '부랴부랴'라는 단어는 '불이야! 불이야!'에서 왔다고 하죠.

영어 역시 무척 흥미로운 언어입니다. 어원을 찾아 거슬러 올라가다 보면, 지금 의미와는 전혀 달랐다는 사실에 이따금 놀라곤 합니다. 오랜 역사 속에서 다른 언어와 충돌하고 융합되며 어휘가 극적으로 변한 것입니다. 지금 교육 현장에서 일상적으로 쓰이는 커리큘럼이라는 영어는 고대 전쟁터를 누비던 전차, 이른바 전투용 마차에서 온 말입니다. 알코올 역시 사람을 취하게 하는 액체인 술이 아니라 아이섀도를 바르거나 아이라인을 그릴 때 쓰던 검은 가루라는 의미였습니다.

이런 어원은 대표적인 영영 사전인 《옥스퍼드 영어 사전The Oxford English Dictionary》뿐만 아니라 조금이라도 본격적인 영어 사전이라면 당연히 실어두고 있습니다. 하지만 어째서 고대의 전차가 교육 용어인 커리큘럼이 됐는지, 화장용 검은 가루가 어쩌다 지금의 알코올이 됐는지에 대한 해설은 없죠. 영어 어원사전을 찾아보면 단어의 의미가 어떻게 변해왔는지, 또 영어 이전에 그리스어나 라틴어 등에서는 철자가 어땠는지 알 수 있지만, 문제의식을 갖고 읽지 않으면 쉽사리 머릿속에 들어오지 않습니다. 물론 영어의 어원에 관한 책도 있지만, 항목별로 몇 줄씩 간단히 설명하고 넘어갈 뿐 그 단어가 변하게 된 배경 속 드라마까지 묘사하진 않습니다.

'그럼 내가 쓰면 되지!'

어느 날 문득 이런 생각을 하고 말았습니다. 저는 무모하게도 원서까지 포함해 방대한 자료, 사료와 씨름하기 시작했죠.

그렇게 조사하는 와중에 맞닥뜨린 놀라운 어원 120개를 골라 이 책을 엮었습니다. 1장에서는 모두가 알 법한 친숙한 영단어에 숨겨진 놀라운 어원을, 2장에서는 인명이 어원인 단어를, 3장에서는 병명의 어원을 다뤘습니다. 4장에서는 신화나 신의 이름이 어원인 단어를, 5장에서는 우주나 별에 관한 단어의 어원을, 6장에서는 동식물에 관한 단어의 어원을 소개했습니다. 마지막 장인 7장은 역사적인 사건이나 시대적 흐름이 어원인 단어에 관한 해설입니다.

이 책은 처음부터 순서대로 읽든, 마음에 드는 단어를 골라서 읽든 상관이 없습니다. 또 그렇게 읽을 수 있게끔 단어별로 이야기를 깔끔하게 끝냈기 때문에 전체적으로 중복되는 부분이 있음을 양해해주시기 바랍니다.

자주 거론되나 근거가 좀 미덥지 않은 어원도 있습니다. 저는 개인적으로 '믿거나 말거나 어원'이라고 부르는데, 언어학 용어로는 민간어원 혹은 통속어원이라고 합니다. 예를 들어 역사를 뜻하는 영단어 history가 his(그의)+story(이야기)에서 왔다거나, 이름을 뜻하는 일본어 나마에 名前와 영어 name의 어원이 같다는 등 억지로 끼워 맞춘 어원이죠. 정설처럼 여겨지던 사실이 새로운 사료가 발굴되면서 민간어원으로 격하되는 경우도 있습니다.

하지만 그런 이야기일수록 더 매력적이고 흥미로운 법이죠. 무시하고 덮어두기엔 아까워, 신빙성은 낮지만 재미있는 어원, 어원이 여러 가지인 단어, 영어의 역사나 신화의 역사 등 각 장의 내용을 관통하는 해설을 따로 '재미있는 어원 이야기'로 정리했습니다. 영어에 얽힌, 잊을 수 없는 제 옛이야기까지 곁들여 제법 자유롭게 썼으니 가볍게 읽어주세요.

이 책은 영어의 어원에 관한 책입니다. 하지만 단순히 언어 하나만을 다루진 않았습니다. 역사적인 사건이나 역사에 이름을 남긴 인물, 신화와 전통과 종교, 문학작품이나 그림 혹은 음악, 발명이나 혁신적인 기술, 전염병과 치료법, 나아가 우주까지 광범위한 내용을 담았죠. 다양한 분야의 지식과 정보를 가득 담았습니다. 영어의 어원을 되짚어보는 동안에 서양의 학문적 사고도 함께 들여다보는 겁니다.

세계를 누비며 활약하는 이들 중에는 영어는 자신 있지만 파티 자리에서의 환담에는 약한 사람도 적지 않습니다. 그 자리에 함께한 외국인과의 교양 있는 대화를 따라가지 못하기 때문이죠. 이 책이 영어에 대한 흥미를 불러일으킬 뿐 아니라 독자 여러분이 교양의 세계로 눈을 돌리는 계기가 된다면 그보다 더 기쁜 일은 없겠지요.

그리고 이는 분명 여러분의 인생을 한층 풍요롭고 즐겁게 만들어줄 것입니다.

차례

4장 신화 속 신과 관련된 영단어

5장 우주, 별과 관련된 영단어

6장 동식물과 관련된 재미있는 영단어

7장 역사가 새겨진 영단어

영화 〈클레오파트라〉(1917)에서 주연을 맡은 테다 바라.

1장

친숙한 영어에 숨겨진 놀라운 어원

거의 표준어처럼 느껴지는 친숙한 영단어가 있습니다. 그중에는 어원이 깜짝 놀랄 만큼 지금 의미와 동떨어진 단어도 적지 않습니다. 고대이집트에서 클레오파트라처럼 고귀한 여성은 검은 가루를 아이섀도로 썼는데요. 자, 이 말은 지금 어떤 단어로 바뀌었을까요?

001

curriculum

커리큘럼

고대 전차

학교나 학원 같은 교육 현장에서 자주 쓰이는 영단어로 curriculum이 있습니다. 이수과정, 교육과정이라는 뜻이죠. 사실 이 단어는 고대 전차에서 온 말입니다. 혹시 제1차 세계대전 때 등장한, 두꺼운 강철 차체에 캐터필러를 회전시키며 나아가는 tank(p. 256)를 떠올렸나요? 여기서 말하는 전차는 그것이 아닙니다. 고대의 이집트, 그리스, 로마 그리고 중국에도 있었던 전투용 마차로, 영어로는 chariot입니다.

기원전 1286년경(기원전 1274년이라는 설도 있다-옮긴이)에 이집트와 히타이트 사이에 전쟁이 벌어졌습니다. 바로 카데시 전투로, 넓은 평원에서 양군의 전차 수천 대가 뒤엉켜 싸웠죠. 결판은 나지 않았지만, 시종 유리하게 전투를 이끈 쪽은 이집트였습니다. 이집트는 마부를 포함해 두 명만 전차에 탔지만, 히타이트 쪽은 세 명이 탔기에 기동력이 달랐거든요.

전투용 마차는 언뜻 비슷비슷할 것 같지만, 이처럼 크기부터 마차를 끄는 말의 마릿수나 바퀴 개수까지 천차만별이었습니다. 이집트 유적에서 출토된 기원전 14세기 보석함에는 투탕카멘왕(기원전 1370년경~기원전 1352년경)이 1인승 전차를 타고 활을 쏘는 모습이 그려져 있죠.

이 전차를 타고 벌이는 경주는 그리스에서 개최된 고대올림픽에서 가장 주목을 끄는 종목으로 거듭났고, 고대 로마에서는 판돈을 거는 도박으로 자리 잡아 큰 인기를 끌었습니다. 전차는 이윽고 무게를 줄여 더욱 빨리 달릴 수 있는 경주용 마차로 개량됐어요. 라틴어로 전차는 *currus*(쿠루스), 개량된 소형 전차는 *curriculum*(쿠리쿨룸)이라 불렸습니다. 어느 언어나 마찬가지지만, 한 단어의 의미가 그 주변으로까지 확장되는 경우가 있죠. 세월이 흘러 이 말은 '전차가 달리는 코스'라는 의미로도 쓰였습니다. 전차 경주는 서로마제국이 멸망한 뒤 동로마제국에서도 계속됐지만, 점차 인기가 시들면서 결국은 중단되고 말았어요.

고대이집트 우세르하트 무덤에서 발견된 전차를 타고 사냥하는 그림, 메트로폴리탄 미술관 소장.

14세기에 접어들어 르네상스 시대가 찾아왔습니다. 기독교가 막강한 힘을 떨치던 중세는 일상생활을 포함한 모든 규칙을 교회가 정해주는 무척이나 딱딱한 시대였죠. 인간다운 느긋한 삶은 누릴 수 없었어요. 이처럼 마음이 자유롭지 못하면 예술도 발전하지 못합니다. 르네상스는 이런 경직된 사회와 정신에서 벗어나 인간다운 삶을 추구하는 문화·사상운동이었죠. 고대 그리스나 고대 로마 시대를 이상향으로 여기며 그 문화와 사상, 예술을 익히고 되살리기 위해 고전 연구가 왕성하게 이루어졌습니다.

스코틀랜드의 대학에서는 카이사르나 아우구스투스가 활약했을 무렵에 쓰이던 고전 라틴어를 가르치는 학부가 생겼습니다. 당시 교수진은 라틴어 *curriculum*을 '학생을 육성하는 연수 코스'라는 의미로 쓰기 시작했죠. 그리고 이 철자 그대로 이수과정을 뜻하는 영단어로 자리를 잡았답니다.

002

magazine

잡지

창고

잡지는 영어로 magazine입니다. 워낙 흔히 쓰이다 보니 우리에게도 친숙한 영단어죠.

그렇다면 periodical이란 단어는 아시나요? 영어 중급자는 돼야 알 만한 단어인데, 조금 어렵지만 정기간행물이라는 뜻입니다. 매일 발행하는 일간은 daily, 매주 발행하는 주간은 weekly, 매달 발행하는 월간은 monthly, 1년에 네 번 발행하는 계간은 quarterly, 매년 발행하는 연간은 yearly 혹은 annual입니다. 그렇다면 연간과 발음이 비슷한 연감年鑑(어느 분야에서 1년 동안 벌어진 각종 사항을 모아 해마다 발행하는 정기간행물-옮긴이)은 영어로 뭔지 아시나요? 바로 yearbook 혹은 almanac이라고 한답니다.

평소 무심코 쓰는 단어지만, 사실 magazine이 처음부터 잡지를 의미했던 것은 아닙니다. *ḫazana*(저장하다)라는 아랍어에서 파생된 *maḫāzin*(창고, 저장고)에서 유래했는데요. 이 말이 이탈리아어 *magazzino*, 프랑스어 *magasin** 등을 거쳐 영어로 자리를 잡았답니다.

* *magasin*은 창고 외에 상점을 뜻하기도 합니다.

처음에는 단순히 뭔가를 보관해두는 장소나 건물이라는 의미였지만, 점차 '탄약, 무기 등의 군수품 창고'라는 뉘앙스가 강해졌습니다. 예를 들어 powder magazine은 화약고를 뜻합니다. powder는 가루를 뜻하기도 하지만, 화약을 가리키기도 하죠. 이윽고 magazine은 자동소총 등에 보충용 총알을 채워두는 탄창이란 의미로 바뀌었고, 나아가 카메라나 영사기에 필름을 재빨리 끼워 넣기 위한 카트리지 역시 magazine이라 불렀습니다.

창고를 뜻하는 magazine에 잡지라는 새로운 의미가 더해진 것은 18세기의 일입니다. 1731년에 《The Gentleman's Magazine》이란 간행물이 발행됐죠. 캐치프레이즈는 "A Monthly Collection to treasure up, as in a Magazine, the most remarkable Pieces", 해석하면 '눈여겨봐야 할 다양한 기사를 창고처럼 머릿속에 저장해두는 월간 컬렉션'이었습니다.

The Gentleman's Magazine:
St. JOHN's GATE.
Or, MONTHLY INTELLIGENCER.
For JANUARY, 1731.
CONTAINING,

《The Gentleman's Magazine》 창간호.

흥미로운 이야기나 지식, 정보 따위가 잔뜩 수록된 간행물을 '지식의 창고'에 빗댄 셈입니다.

발행인은 에드워드 케이브라는 상인이었는데요. 그는 지식인이 흥미로워할 법한 읽을거리를 모아 정기적으로 발행하면 재미있겠다고 생각했습니다. 그래서 런던의 출판사와 서점 등에 제안했지만 번번이 거절당했고, 결국 자비로 발행했죠. 그런데 잡지가 날개 돋친 듯 팔려나가며 그는 막대한 부를 쌓았답니다.

이 잡지는 1922년까지 190년 동안 한 번도 휴간된 적 없이 꾸준히 발행됐습니다. 시인이자 비평가인 새뮤얼 존슨 역시 이 잡지에 글을 기고하며 세상에 이름을 알렸고, '문단의 거장'이라 불리기에 이르렀죠.

일본에서는 1867년에 서양학자 야나가와 슌산이 《서양잡지西洋雜誌》를 창간하며 잡지라는 말을 처음 썼습니다. 네덜란드 잡지를 번역한 간행물로, 서양 소식이나 최첨단 과학기술 등을 소개했죠.

003

robot
로봇

체코어의 강제 노역

영어 사전에서 robot을 찾아보면 먼저 로봇, 인조인간이 나오고, 이어서 '타인의 의지대로 움직이는 사람', '틀에 박힌 행동을 하는 사람', '일처리는 정확하지만 타인의 감정을 잘 파악하지 못하는 사람' 같은 부정적 의미가 이어집니다.

하지만 누가 뭐래도 인류에게 로봇은 미래를 향한 꿈과 희망의 상징이죠. 저처럼 나이 든 세대는 만화 〈우주소년 아톰〉이나 〈철인 28호〉, 젊은 사람들은 인공지능AI, Artificial Intelligence이 탑재된 이족보행 로봇 아시모나 대화를 나눌 수 있는 페퍼, 개처럼 생긴 애완 로봇 아이보 등이 익숙할 겁니다.

겉모습은 인간이나 개와 전혀 다르지만, 여러 공장에서도 로봇이 묵묵히 일하고 있습니다. 최근에는 원반형 로봇청소기도 인기죠. 하늘을 날아다니며 상품을 배달하는 드론이나 자율주행차도 곧 실용화될지 모릅니다. 이들 모두 AI를 탑재한 로봇의 일종입니다. 하지만 관련 법안이 제대로 정비될 수 있을까요? 어쩐지 로봇이 인간의 지혜를 시험하는 듯한 느낌마저 드는군요.

robot이란 단어는 1920년에 체코 소설가 카렐 차페크(1890~1938년)가 발표한 희곡 《R. U. R.- 로줌 유니버설 로봇》에서 처음 등장했습니다. 이듬해, 런던에서 연극으로 상연되고 높은 평가를 받으면서 체코어로 고역, 강제 노역을 뜻하는 *robota*(로보타)에서 생겨난 신조어 robot이 전 세계로 퍼졌고요.

극에서는 이 회사가 개발한 인조인간이 전 세계로 수출돼 사람 대신 수많은 노동을 합니다. 인간은 일하지 않고도 먹고살 수 있게 됐죠. 하지만 이로 인해 인간은 본래 지녔던 능력 대부분을 잃고, 끝내는 전 세계에 아기가 한 명도 태어나지 않는 지경에 처합니다. 한편 많은 지식과 능력을 얻은 로봇이 반란을 일으켜 인간을 몰살하고 세상을 지배한다는 스토리죠. 이 희곡은 일본에서도 1923년에 《인조인간》이라는 제목으로 발행됐습니다.

최근 들어 싱귤래러티라는 말을 자주 듣습니다. 영어로는 singularity라고 써요. 해석하면 기술적 특이점입니다. 인공지능 연구의 세계적 권위자이자 미국에서 손꼽히는 발명가며 미래학자기도 한 레이 커즈와일 박사가 주장한 개념인데요. AI가 인간 지능을 뛰어넘는 전환점을 가리킵니다. 더 자세히 말하자면, AI가 인간의 손을 빌리지 않고 자가 학습으로 고도로 발전해 인류 대신 지구상의 문명을 발전시키는 시점을 말합니다. 2045년 즈음이 되지 않을까 예상된답니다.

100년도 더 전에 로봇이 인간에게 반역을 일으키는 드라마를 그린 차페크는 싱귤래러티가 점점 현실로 다가오는 지금을 어떻게 느낄까요?

robot이라는 단어가 처음 등장한 연극 〈R. U. R.〉의 한 장면.

004

panic
패닉

그리스신화 속 목축의 신, 판

그리스신화에는 판Pān이라는 목축의 신이 등장합니다. 고요하고 평화로운 산악 지대 아르카디아에서 태어난 판은 인간의 상반신에 머리에 뿔이 났고, 하반신은 염소에 발에는 굽이 달렸죠.

판은 산과 들판을 자유분방하게 돌아다니다 피곤하면 장소를 가리지 않고 낮잠을 자곤 했어요. 그런데 어쩌다 누가 낮잠을 방해해 심기가 상하면 길길이 날뛰며 고요하던 산과 들을 난장판으로 만들었죠. 양은 미친 듯이 사방으로 뛰어다니고, 인간은 갑작스러운 사태에 큰 공포를 느꼈습니다. 여기서 공황, 공포를 뜻하는 panic이 유래했어요. 목축의 신이 일으키는 광란 상태, 이것이 바로 패닉이었던 거죠.

영어로 '패닉을 일으키다'는 cause a panic입니다. 또 '패닉에 빠지다'를 직역 투로 하면 get into a panic이 되죠. 그런데 panic은 동사기도 하거든요. 이를테면 I always panic at the thought of taking the entrance exams(입학시험을 생각하면 나는 항상 패닉에 빠진다)라고 쓸 수 있죠. 간단하고 편리한 표현이니 꼭 기억해두세요.

양, 소, 말 등의 번식을 관장하는 신이기도 했던 판은 여자를 밝힌 탓에 곳곳에서 성희롱 사건을 일으키곤 했습니다. 산과 들에는 아름다운 요정들이 살았는데요. 판은 그곳에서 시링크스라는 요정에게 한눈에 반해요. 시링크스는 두려움에 떨며 도망쳤지만 결국 강가에서 판에게 붙잡힐 위기에 처하죠. 판이 손을 뻗은 그 순간, 시링크스는 갈대로 모습을 바꿔버렸습니다. 바람이 갈대 사이를 스치고 지나가자 구슬픈 피리소리 같은 음색이 울려 퍼졌어요. 판은 그 갈대 다발로 피리를 만들어

얀 브뤼헐과 페테르 파울 루벤스가 그린 〈판과 시링크스〉, 독일 슈베린 주립박물관 소장.

늘 지니고 다니며 연주를 했답니다.

판의 또 다른 피해자는 에코라는 요정이었습니다. 에코가 자신의 구애를 거절하자, 크게 화가 난 판은 양치기들을 공포에 빠뜨려 에코를 죽이게 했죠. 그 뒤로 판이 갈대 피리를 불면 어딘가에서 메아리가 울려 퍼졌다고 해요. 영어로 메아리를 뜻하는 echo는 이 안타까운 요정의 이름에서 왔답니다.

pan-에는 '전全', '총總', '범汎'이라는 의미도 있습니다. Pan-Pacific은 '범태평양의', 다시 말해 '태평양 지역 전체의'라는 뜻이고, pandemic은 '전 세계에 유행하는 감염증'을 가리키죠. *Pān*이라는 신의 이름 역시 '전부'라는 의미에서 붙이지 않았을까 하는 설도 있지만, 사실은 아무런 관계도 없어요. 하지만 이 오해 덕분에 판이 위대한 신으로 많은 이에게 숭배를 받았는지도 모르죠.

005

gourmet
미식가

와인 상인의 시중꾼

영어에서 gourmet는 미식가, 식도락가를 뜻합니다. 맛있는 식당을 잘 알거나 요리에 대한 지식이 깊은 사람을 두고 '저 사람은 미식가야'라고 말하곤 하죠.

gourmet는 프랑스어에서 온 말이기 때문에 끝에 있는 t는 발음하지 않습니다. 발음을 그대로 적으면 고메*인데요. 본래는 귀족의 집에서 허드렛일을 하는 소년이나 마구간지기를 고대 프랑스어로 *gromet*라 불렀습니다. 이들이 믿음직하게 성장하면 시종이 돼 중요한 업무까지 맡았는데요. 그중에서도 중요한 일이 바로 요리에 맞는 와인을 고르는 것이었죠.

* bouquet 역시 끝에 있는 t가 묵음이어서 부케라고 발음하죠.

시간이 흘러 *gromet*는 와인 상인의 시중꾼을 뜻하게 됐고, 철자도 *gourmet*로 바뀌었습니다. 와인 상인은 지금으로 말하자면 소믈리에처럼 와인의 풍미에 통달한 감정사여야만 했습니다. 시음을 해보고 고객 개개인의 취향에 맞는 와인을 판매했죠. 그런 와인 상인을 따라 각지를 돌아다녔던 이들이 바로 *gourmet*였어요.

와인 상인과 늘 함께하니 어느 와인이 어떤 요리에 잘 어울리는지도 알 테고, 맛에도 민감한 데다 입맛도 고급스러울 거라는 인식이 생겼죠. 그래서 gourmet가 식도락가라는 의미로 바뀌었고, 19세기 전반에 영어로 통용되기 시작했습니다.

재갈

006

gag
개그

썰렁한 말장난을 아재개그라고 하죠. 몸을 써서 웃기는 것을 몸개그라고 부르고요. 영어로는 gag라고 씁니다.

이는 11세기경부터 15세기 즈음까지 쓰인 중세 영어에서 '질식시키다'라는 의미인 *gaggen*에서 온 말인데요. 목을 졸렸을 때 캑캑거리는 의성어에서 유래했다고도 해요. 처음에는 재갈이나 '입에 뭔가를 채워 침묵시키다'라는 의미였다가 시간이 흐르면서 동사로는 '발언을 금하다', '언론의 자유를 억압하다', 명사로는 발언 금지, 언론 억압 등으로 의미가 확산됐죠. 예를 들어 gag the press는 '출판의 자유를 억압하다'라는 뜻이에요.

근세로 접어들면서 이 단어에 또 하나의 의미가 추가되는데요. 바로 연극 용어인 gag죠. 극이 진행되는 중에 대본대로 대사를 읊는 대신 우스꽝스러운 애드리브를 넣거나, 이야기의 큰 줄기에서 벗어난 즉흥연기를 펼치는 것을 말합니다.

물론 대본대로 연기하는 것이 원칙이었습니다. 하지만 대사를 까먹어 머릿속이 새하얘졌을 때처럼 개그로 시간을 벌면서 기억을 떠올려야 하는 상황도 있었죠. 그런 최악의 상황에서 본래의 연극으로 흐름을 되돌리는 능력 역시 배우의 역량으로 받아들여졌고, 관객 중에는 '오늘은 어떤 gag가 나올까' 하고 기대하는 사람도 많았다고 합니다.

007

frank

솔직한

중세 프랑크왕국의 프랑크인

5~9세기, 서유럽에 프랑크왕국이란 대국이 있었습니다. 라인강 유역에서 이동해온 게르만족의 일파인 프랑크인이 세운 기독교 국가로, 카롤루스 대제(742~814년)가 지배하던 8세기 후반에 최고 전성기를 맞이했죠. 로마 교황은 지금의 프랑스부터 독일, 이탈리아 북부 일대를 지배한 카롤루스 대제에게 서로마제국 황제의 관을 씌워줬습니다.

프랑크왕국은 원주민인 갈리아인, 침입자인 로마인과 프랑크인 말고도 게르만인까지 함께 사는 다민족 국가였는데요. 지배층인 프랑크인은 거칠고 용맹한 부족으로, 중앙 유럽에서 포로로 데려온 슬라브인 등을 노예로 부리며 특권 계급으로 행세했죠.

따라서 이 프랑크왕국에서는 프랑크인만이 유일한 자유민으로 사회적·정치적 자유를 누렸습니다. 자신이 생각한 바를 그대로 발언하고 행동으로 옮길 수 있었죠. 이때부터 고대 프랑스어인 *franc*가 '자유로운'이라는 의미로 자리를 잡았고, 영어로 '솔직한'을 뜻하는 frank가 됐습니다. Tom is a frank guy라고 하면 '톰은 솔직한 녀석이다'라는 의미예요. 조금 다른 뉘앙스로는 '꾸밈없는', '거리낌 없는', '노골적인', '가식 없는'을 뜻하기도 하고요. To be frank with you~는 '솔직히 말해서'라는 뜻입니다. 부사인 frankly 역시 같은 의미죠.

영어가 모국어가 아닌 우리에게도 익숙할 정도로 흔히 쓰이는 단어지만, 중세 유럽 프랑크왕국의 프랑크인에서 유래했다는 사실을 아는 사람은 별로 없지 않을까요.

나라 이름인 France도, 유로가 유럽 단일 통화가 되기 전 프랑스

통화인 franc*도 모두 이 어원에서 출발합니다. 독일의 상업 도시 프랑크푸르트의 정식 명칭은 Frankfurt am Main(프랑크푸르트암마인)인데요. '마인 강가의 프랑크푸르트'라는 뜻으로, Frankfurt는 본래 '프랑크 병사가 걸어서 건널 수 있는 여울'이라는 의미였죠.

* 프랑스어로는 프랑이지만 영어로는 프랭크라고 발음합니다.

서양인 중에는 이름이 Frank인 사람이 무척 많아요. 프랑스계는 남성이 François(프랑수아), 여성이 Françoise(프랑수아즈), 이탈리아계는 남성이 Francesco(프란체스코), 여성이 Francesca(프란체스카), 스페인계는 남성이 Francisco(프란시스코), 여성이 Francisca(프란시스카)라는 이름을 많이 쓰는데 모두 Frank에서 파생했답니다.

권세를 떨쳤던 프랑크왕국도 9세기에 동부와 서부와 중부, 이렇게 세 국가로 갈라집니다. 시간이 흘러 동프랑크왕국은 신성로마제국 등을 거쳐 독일로, 서프랑크왕국은 프랑스로, 중프랑크왕국은 이탈리아로 발전해나갔어요.

알브레히트 뒤러의 〈카롤루스 대제〉, 게르만 국립박물관 소장.

008

denim

데님

프로방스의 마을, 님

프랑스 남부에 님Nîmes이라는 마을이 있습니다. 교외에는 고대 로마 시대에 지어진 퐁 뒤 가르Pont du Gard라는 수도교가 남아 있고, 마을 중심에는 원형 투기장이 있죠. 아를, 아비뇽과 어깨를 나란히 하는 프로방스 지방의 관광 명소랍니다. 이 마을은 예로부터 견직물 산지로 유명했는데요. 세월이 흐르며 남색 세로 실에 흰색 가로 실을 엮어 짠 튼튼한 천도 생산하기 시작했어요. 이 천을 프랑스어로 *serge de Nîmes**, 즉 '님의 능직물'이라 불렀죠.

* *serge*는 직물, *de*는 영어의 of나 from에 해당하는 전치사로, '세르주 드 님'이라고 발음합니다.

미국의 골드러시 시대, 샌프란시스코에서 리바이 스트라우스라는 재봉사가 마차를 덮는 천이나 텐트용 캔버스지로 작업용 바지를 만들어 팔았어요. 터지거나 잘 찢어지지 않아 큰 인기를 끌었죠. 이윽고 캔버스지 대신 님에서 만든 두꺼우면서도 부드러운 천을 대량으로 수입해 작업용 바지를 만들었답니다. 이때 *serge de Nîmes*에서 *serge*가 생략되면서 영어로 denim이 됐습니다.

님에서 생산한 이 옷감은 이탈리아 항구도시 *Genova*(제노바)를 거쳐 미국으로 보내졌는데요. 영어로는 Genoa(제노아)지만, 중세 프랑스어로는 *Gênes*(젠)이죠. 여기서 jeans라는 영단어가 만들어졌다고 해요. 미국 느낌이 강하게 풍기는 denim과 jeans라는 단어가 모두 유럽의 지명에서 유래했다니, 정말 재미있지 않나요?

카슈미르 지방

cashmere
캐시미어

저는 캐시미어 스웨터가 딱 한 벌 있는데요. 털이 가늘고 가볍지만 밀도가 높아서 무척 따뜻한 데다 착용감은 물론 피부에 닿는 촉감도 최고랍니다.

이미 아는 독자도 많겠습니다만, 이 고급 모직물은 인도 북부 산악 지대인 카슈미르Kashmir에서 생겨났습니다. 이 카슈미르부터 중국 북서부, 네팔, 몽골, 이란의 산악 지대까지 캐시미어 염소cashmere goat가 서식하는데, 이 염소의 털로 짠 모직 제품이 바로 cashmere입니다.

캐시미어 염소는 더울 때와 추울 때의 차이가 극심한 환경에서 살아가기 때문에 겉은 거칠고 긴 억센 털로 뒤덮여 있지만, 안쪽에는 비단처럼 부드러운 솜털이 빽빽하게 자라나 있습니다. 봄철에 털갈이를 할 때 안쪽에 난 솜털을 빗으로 긁어내거나 줍는 데 많은 품이 드는데, 스웨터 한 벌을 만들려면 네 마리분의 털이 필요하다고 해요. 그래서 생산량도 적고 비싸다 보니 '섬유의 보석'이라고도 불리죠.

캐시미어 염소.

010

bikini

비키니

원자폭탄 실험장이 된 '비키니환초'

1946년, 프랑스에서 자크 에임이란 디자이너가 여성의 가슴과 허리만 가린 투피스 수영복, 아톰atom을 선보였습니다. atom은 원자라는 뜻으로, 그리스어로 '더 이상 쪼개지지 않는다'는 뜻인 *atomos*(아토모스)에서 유래했어요. 그런데 여성들은 맨살이 너무 많이 드러난다며 좋아하지 않았고, 수영복은 이대로 묻히는 듯했죠.

바로 그해, 미국이 제2차 세계대전 이후 처음으로 태평양 마셜제도 비키니환초에서 원자폭탄 실험을 실시했습니다. 일본 히로시마와 나가사키에 원자폭탄이 투하된 지 1년도 채 지나지 않은 때였죠. 신문과 라디오는 연일 이 뉴스를 대대적으로 보도했어요. 원자폭탄의 위력이 점점 강해지고 군비경쟁이 심해졌다간 인류가 멸망할지도 모른다는 위기감이 전 세계에 감돌았죠.

프랑스인 루이 레아르가 아톰보다도 작아 배꼽까지 훤히 드러나는 수영복을 만든 것은 바로 이때였습니다. 그가 새로 만든 수영복의 매력을 한껏 드러낼 강력한 이름이 없을까 고민하던 차에 라디오에서 원자폭탄 실험 뉴스가 흘러나왔고, 한 가지 아이디어가 번득였어요. 바로 bikini였죠.

레아르는 신문기자들을 불러 새 수영복을 발표하는 자리를 갖기로 했습니다. 그런데 이 수영복을 입어줄 모델을 좀처럼 찾을 수가 없었어요. 몸을 가리는 부분이 너무 적었기 때문에 다들 난색을 표했던 거예요. 레아르는 하는 수 없이 극장 카지노 드 파리에서 스트립 댄서로 일하던 19세 여성 미슐린 베르나르디니를 모델로 고용했습니다.

비키니환초에서 이루어진 원자폭탄 실험.

이 수영복 발표회 기사가 사진과 함께 보도되자 남성들 사이에서 화제가 됐고, 비키니는 전 세계에서 크게 히트를 쳤죠. 모델 베르나르디니에게는 5만 통이 넘는 팬레터가 날아들었고요.

1960년대에는 비키니에 이어 모노키니monokini라는 수영복도 선을 보였는데요. 뒤에서 보면 등과 엉덩이를 가리는 천이 위아래로 나뉘어 있지만 앞에서는 원피스처럼 보이는, 천 한 장으로 만든 수영복이죠. bikini의 bi-에는 two라는 의미도 있어요. mono-는 one을 의미하고요. 예를 들어 monorail은 '하나의 레일 위를 달리는 철도'를 말하죠.

시간이 흘러 모노키니는 또 다른 스타일의 수영복까지 가리키게 되는데요. 바로 가슴 부분에 아무것도 걸치지 않고 허리 부분만 가린 토플리스였죠. 이 또한 한 장짜리 천으로 만든 monokini인 거예요.

OK는 어디에서 왔을까

OK는 전 세계 어디에서나 통용되는 대표적인 영어입니다. 새삼 설명할 필요도 없지만, '좋다', '괜찮다', '틀림없다', '순조롭다', '건강하다', '충분하다' 등 상황에 따라 다양한 의미로 쓰이죠. 하지만 이렇게나 유명한 말인데도 어원에 대해서는 오만 가지 설이 나돌 뿐 정확한 사실은 밝혀진 바가 없답니다.

가장 유명한 설은 미국 7대 대통령 앤드루 잭슨(1767~1845년)과 관련이 있습니다. 잭슨 대통령이 서류를 승인할 때 실수로 All Correct(모두 맞는다)를 Oll Korrect라고 적었고, 이를 또다시 OK 두 자로 줄였다는 거죠.

14세에 고아가 된 잭슨은 영미전쟁이 시작되자 대륙군에 입대해 눈부신 무공을 쌓으며 영웅이 됐습니다. 그 명성 덕분에 대통령에 선출됐고, 이후로 서부 개척을 추진하고 모든 백인 남성에게 선거권을 부여하는 등 민주주의 정책을 펴나갔어요. 잭슨 민주주의Jacksonian democracy라는 말까지 생겼죠.

잭슨은 초등교육조차 받지 못했지만 고학으로 판사가 됐고 대통령의 자리에까지 오른 인물입니다. 그런 사람이 겨우 이런 철자를 틀렸을 리는 없겠죠. 그래서 처리가 늦어진 서류에 Order Received(순서대로 접수했다)의 머리글자를 따서 OR이라고 쓴 것을 주변 사람이 OK로 잘못 읽은 탓일지도 모른다고 말하는 사람도 있어요.

잭슨의 뒤를 이어 마틴 밴 뷰런(1782~1862년)이 8대 대통령으로 취임했는데요. 그가 선거운동을 펼쳤던 근거지는 뉴욕주 올드 킨더훅Old Kinderhook이라는 마을이었죠. 이 마을의 머리글자를 따 OK 클럽이라는 후원 조직을 만들고, OK를 슬로건으로 내세워 대대적인 선거운동을 벌였습니다. 이 슬로건이 일반인에게 널리 퍼졌다는 설도 있답니다.

또 미시시피강 하류 지역에 살던 아메리카 원주민인 촉토족 말로 '동의한다'는 뜻인 *okeh*가 널리 퍼졌다는 이야기도 있어요.

카리브해 아이티의 항구도시인 오카이Aux Cayes가 어원이라고 주장하는 언어학자도 있습니다. 여기서 만드는 럼주가 너무 맛있어서 선원들이 '오카이의 럼주만 마실 수 있다면 아무 문제도 없다'는 뜻에서 OK라고 했다는군요. 미국의 저명한 언어학자인 찰스 벌리츠(1914~2003년)가 내세운 설이니 덮어두고 부정할 수는 없어요.

OK는 편하게 써먹기 좋지만, 한편으로는 무척 애매모호한 말이기도 해요. 미국인 친구가 오스트레일리아 시드니의 카페에서 커피를 마시는데 점원이 "Would you like more coffee?(커피 더 드릴까요?)"라고 물었대요. 그래서 친구가 괜찮다는 뜻으로 "I'm OK"라고 대답했더니 커피를 따라주더래요.

011

camera
카메라

돔

영국 옥스퍼드에는 래드클리프 카메라Radcliffe Camera라는 돔 건축물이 있습니다. 18세기에 지어져 오랫동안 옥스퍼드대학교 도서관으로 쓰이다가 지금은 열람실로 바뀌었죠. 1층 홀 중앙에 있는 계단을 오르면 돔 바깥으로 나갈 수 있는데요. 돔을 둘러싼 좁은 통로에 서면 옥스퍼드 거리가 한눈에 들어옵니다.

래드클리프는 존 래드클리프John Radcliffe라는 의사의 이름에서 따왔어요. 그는 새로운 대학 도서관을 건립하려고 계획하던 중 세상을 떠나고 말았죠. 그러나 결국 그의 유산으로 건물을 짓기 시작했고, 1748년에 무사히 완공됐습니다.

그렇다면 camera는 어디서 왔을까요? 본래 그리스에서는 둥근 천장, 둥근 지붕을 *kamarā* (카마라)라고 불렀습니다. 이 말이 '천장이 둥근 건물'로 바뀌었고, 라틴어로 방, 상자를 뜻하게 됐죠.

옥스퍼드의 돔 건축물, 래드클리프 카메라.

새까만 방 벽에 작은 구멍을 뚫어놓으면 맞은편 벽에 바깥 풍경이 비친다는 사실은 기원전에도 알려져 있었습니다. 위아래가 뒤바뀌지만, 밑그림을 그리거나 할 때 도움이 됐어요.

15세기에는 이 원리를 응용한

camera obscūra(카메라 오브스쿠라)라는 장치가 발명됩니다. 라틴어로 '어두운 방'이라는 뜻으로, 안쪽을 어둡게 한 상자라는 의미에서 어둠상자라고 부르기도 해요. 한쪽 면에 볼록렌즈를 붙여 바깥에 있는 물체를 유리판이나 흰색 종이에 비추게 하는 장치였죠. 17세기 네덜란드 화가 요하네스 페르메이르(1632~1675년)도 이 장치를 이용해 사람이나 배경의 윤곽, 자세한 부분을 그렸을지도 모른다는 설이 있습니다.

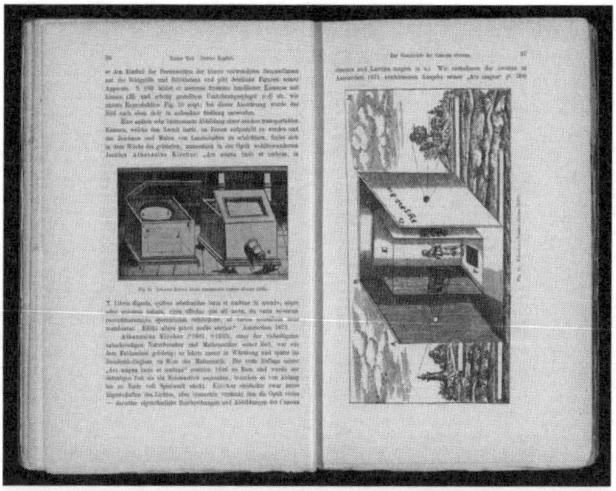
카메라 오브스쿠라의 구조를 해설한 도서(1900~1905년경).

1824년, 프랑스 발명가 조제프 니세포르 니엡스(1765~1833년)가 여덟 시간이나 걸려 카메라 오브스쿠라에 투영된 상을 판에 정착시키는 데 성공했어요. 1839년에는 마찬가지로 프랑스 사진가인 루이 자크 망데 다게르(1789~1851년)가 은도금한 동판을 감광시키는 기술을 완성했죠. 1841년에는 네거필름이 개발돼 추가 인화도 할 수 있게 됐고요.

그 뒤로 어둠상자가 점점 작아지고 다양하게 개량되는 사이에 *camera obscūra*에서 *obscūra*가 떨어져 나가면서 camera라는 영단어로 정착했습니다.

지금은 스마트폰으로 쉽게 사진을 찍을 수 있고, 그 데이터를 곧장 여기저기로 보낼 수도 있죠. 마음대로 색조도 보정할 수 있고요. 정말 엄청나게 발전했네요.

012

focus

초점

난로

focus라는 영단어가 있습니다. 이 단어에는 여러 의미가 있지만 가장 먼저 떠오르는 것은 초점, 중심, 혹은 사진의 핀트가 아닐까요? 이 단어 역시 어원을 거슬러 올라가면, 본래 의미는 지금과 전혀 달랐습니다.

라틴어 *focus*(포쿠스)는 놀랍게도 난로, 다시 말해 집 한가운데서 가족 모두를 따뜻하게 해주는 불이었습니다. 여기서 불을 의미하는 이탈리아어 *fouco*, 스페인어 *fuego*, 프랑스어 *feu*가 파생됐죠.

이 *focus*라는 단어는 독일 천문학자 요하네스 케플러(1571~1630년)가 1604년에 쓴 책에서 기하학의 '초점'이라는 뜻으로 처음 쓰였습니다. 그 뒤에 천문학 용어로도 쓰였고요. 케플러가 주장한 케플러의 법칙은 "행성은 태양을 하나의 초점으로 삼아 타원궤도를 그린다"는 내용으로, 이 법칙이 니콜라우스 코페르니쿠스(1473~1543년)가 주장한 지동설의 우위를 결정지었죠. 케플러는 집 한가운데서 가족을 불러모으는 난로에서 착안해, 라틴어 *focus*를 초점이라는 의미로 쓰지 않았을까요?

우리가 흔히 아는 초점이 또 하나 있는데요. 어린 시절에 돋보기로 햇빛을 한곳에 모아 검은 종이를 태우는 놀이를 해본 적이 있지 않나요? 과학 시간에 해본 사람도 있을 테고요. 빛이 모여 온도가 높아지는 점 역시 focus라고 하죠. 그렇다 보니 예전 일본에서는 소점燒点(초점焦点과 일본어 발음이 같다. 또 한자로 焦는 '탈 초', 燒는 '불사를 소'다-옮긴이)이라고 쓰기도 했어요. 이 또한 집 한가운데 있던 난로의 '불'을 연상시키네요.

카메라의 핀트 역시 focus죠. '이 사진은 핀트가 맞는다'는 영어로

The picture is in focus고, '핀트가 맞지 않는다', '핀트가 나갔다'는 out of focus입니다. 참고로 이 핀트란 말은 본래 네덜란드어인 *brandpunt*(브란드푼트)를 짧게 줄인 표현입니다. *brand*-가 '타다', -*punt*가 '점'이니 이 또한 소점이라는 의미였던 셈입니다.

요하네스 케플러의 초상화.

18세기 말에는 focus에 사회적인 흥미의 '중심'이라는 뜻이 더해졌습니다. 예를 들어 The singer is the focus of our attention은 '저 가수는 우리의 주목을 받고 있다'라는 뜻이죠. focus는 동사로 정신을 '집중시키다'라는 의미로도 자주 쓰여요. He focused his attention on his work는 '그는 업무에 집중했다'는 의미고, '나는 책을 쓰는 데 집중하고 있다'를 영어로 바꾸면 I am focusing on writing the book이 되죠. 전치사 on이 붙는다는 사실을 잊지 마세요.

이 focus처럼 라틴어에서 온 학술 용어가 많은 이유는 당시 과학자들이 라틴어로 책이나 논문을 썼기 때문입니다. 라틴어는 유럽 전역에서 통용되는 공통어였고, 대학에서는 라틴어로 수업을 했죠. 오늘날 연구자들이 논문을 영어로 쓰지 않으면 세계적으로 인정받기 어려운 것과 마찬가지였던 셈이에요.

013

sirloin

설로인

허리 위쪽 고기

과거 유럽에서 왕이나 영주를 위해 목숨 걸고 싸운 기사를 영어로 knight라고 부릅니다. '말을 타고 싸우는 병사'라는 뜻으로 cavalier라고도 하는데, 이는 라틴어로 말을 의미하는 *caballus*에서 왔죠.

시간이 흐르며 knight는 귀족에 버금가는 작위로 자리를 잡았습니다. 대물림할 수는 없지만, 왕이 공적을 인정하면 출신 성분이 어떻든 기사 작위를 받을 수 있었어요. knight가 된 사람은 Sir라는 칭호로 불리는데, 재미있게도 Sir 다음에 성last name이 아니라 이름first name이 온답니다. 가령 knight 칭호를 받은 비틀스 멤버 폴 매카트니는 Sir McCartney가 아니라 Sir Paul로 불리죠.

설로인이라는 고기 부위가 있습니다. 영어로는 sirloin이라고 쓰는데요. 소의 등살로, 너무나 부드러워 맛있다고 손꼽히는 부위죠. 이는 프랑스어로 허리 위쪽을 의미하는 *surlonge*에서 온 말입니다. *sur-*(위에)와 *-longe*(허리, 허리 살)이 합쳐진 말로, 프랑스어 발음을 최대한 그대로 표기한다면 쉬흐롱주 정도가 될 거예요. 그런데 이 프랑스어를 영어로 옮길 때 *sur*를 sir로 착각했다는군요. 다시 말해 철자를 잘못 쓴 거예요.

재미난 설이 또 하나 있는데요. 16세기 초 잉글랜드의 헨리 8세(1491~1547년)가 이 부위를 먹고 너무 맛있어서 감격한 나머지 고기에 knight 칭호를 내려 Sir Loin이라 불렀다는 이야기도 있답니다.

014

freelance

프리랜스

용병

특정한 조직이나 단체에 속하지 않고 자신의 능력이나 기술을 활용해 자유롭게 일하는 사람을 프리랜스라고 하죠. 저널리스트, 카메라맨, 일러스트레이터, 최근에는 엔지니어, 프로그래머, 블로거 등도 있고요. 요즘 어린 친구들이 가장 희망하는 직업이 유튜버라고 하는데, 이 또한 전형적인 프리랜스 사례라고 할 수 있습니다.

영어로는 freelance라고 하는데요. free는 당연히 자유를 의미하고, lance는 창을 뜻해요. 이 lance에는 창기병, 즉 창을 든 병사라는 의미도 있습니다. 예전에는 병사가 말을 탄 채 창을 들고 적과 싸웠거든요.

중세에는 기사 대부분이 왕에 귀속된 가신이었기에 국가에 충성을 다해 싸우는 것이 당연했습니다. 하지만 개중에는 국가에 소속되지 않고, 전쟁 때마다 높은 보수를 지불하는 주인에게 고용돼 싸운 베테랑 병사도 있었는데요. 그런 병사를 '자유로운 창기병'이란 의미에서 freelance 혹은 freelancer라고 부르게 됐습니다. 다시 말해 용병인 거예요. 이때의 free는 당연히 무료, 공짜가 아니라 '구속되지 않은', '자유로운'이라는 의미입니다.

이 말이 1860년대 즈음부터 '조직에 소속되지 않고 일하는 사람'이라는 뜻으로 쓰이기 시작했답니다.

015

travel
여행

고문

'여행', '여행하다'를 뜻하는 영단어는 몇 개나 될까요? trip은 '짧은 여행'을 뜻하는데, 마약으로 환각 상태에 빠진 경우에도 쓰여요. tour는 시찰이나 관광처럼 '여러 나라를 두루 돌아다니는 여행'을 뜻합니다. journey는 여행의 과정이나 내용에 초점을 둔 단어로, sentimental journey라고 하면 감상感傷 여행이 되고요. voyage는 본래 프랑스어로, 배나 비행기를 타는 장거리 여행에서 우주여행까지를 의미해요. '장기간에 걸친 탐험 여행'이라는 뉘앙스를 풍기죠.

무엇보다 여행이라고 했을 때 가장 먼저 떠오르는 단어는 바로 travel일 텐데요. 장거리 여행이나 해외여행을 가리키는 이 단어가 라틴어로 고문, 고문 기구를 뜻하는 *tripālium*(트리팔리움)에서 왔다면 좀처럼 믿기 어려울 겁니다. *tri*-는 3, -*pālium*은 말뚝, 기둥이란 뜻인데요. 고대 로마에서는 세 말뚝의 한가운데를 고정하고 활짝 펼쳐 형틀을 만든 다음 죄인이나 노예의 몸통과 팔다리를 묶어서 불로 지지거나 고통을 줬다고 해요.

고문 기구 트리팔리움을 그린 삽화.

이 고문 기구 이름이 고대 프랑스어인 *travailler*(고통을 주다)를 거쳐 '과혹한 노동을 하다', 이윽고 '힘들게 여행하다'라는 의미로 바뀌었어요. 이 말이 영어로 오면서 '여행', '여행하다'를 뜻하는 travel이 된 거예요. 확실히

먼 옛날에는 여행이 현대인의 상상을 초월할 정도로 힘든 일이었겠죠. 깊은 숲속에서 길을 잃고 며칠씩 헤맬 때도 있었을 테고, 산적이나 노상강도를 만날 가능성도 있었겠죠. 맹수가 숨어 있었을지도 몰라요. 배를 타더라도 언제 풍랑에 침몰해 목숨을 잃을지 모르는 일이었죠. 여행에는 언제나 위험이 도사리고 있었던 거예요.

하지만 지금은 travel에서 고통스러운 뉘앙스는 사라지고, 오히려 즐겁게 여행한다는 의미만 남았어요.

travel과 어원이 같은 영단어로 travail이 있는데요. 고통, 수고, 고역을 의미하는데, 놀랍게도 진통, 출산의 고통이라는 뜻까지 포함하고 있답니다. 예를 들어 woman in travail이라고 하면 '산기가 있는 여성'이라는 뜻이죠. travel에서는 사라진 고통의 흔적이 travail에는 남아 있는 셈이에요.

travel과 travail의 어원인 고대 프랑스어 *travailler*는 당시 철자 그대로 현대 프랑스어에 남아 '노동하다', '일하다', '공부하다'는 뜻으로 쓰이고 있어요. 여행과는 거리가 멀죠. 프랑스어에서는 *voyage*라는 존재감 넘치는 단어가 여행을 뜻했기 때문에 의미가 확장되지 않았는지도 모른다는군요.

이 프랑스어 *travailler*의 명사형이 바로 *travail*입니다. 영어 travail과 철자는 똑같지만 노동, 공부, 나아가 일자리를 의미하죠.

재미있는 어원 이야기

하룻밤 사이에 만들어진 영단어

‘상대에게 문제를 내고 맞히게 하는 놀이’를 퀴즈라고 부릅니다. 영어로는 quiz죠. 제게 가장 익숙한 영어 퀴즈는 ‘What is the longest English word?’입니다. 자, 가장 긴 영단어는 과연 뭘까요? 정답은 smiles입니다. 동사 smile에 3인칭 단수 현재 시제의 s가 붙었거나, 명사 smile의 복수형이라고 생각할 수도 있는 이 단어가 가장 긴 단어인 이유는 s와 s 사이에 mile이 있기 때문이에요. 1마일은 약 1,600미터니 확실히 정말 긴 단어 아닌가요? 유명한 수수께끼라서 이미 아시는 독자도 있겠네요.

미국이나 캐나다 학교에서는 지식을 얼마나 습득했는지 확인하기 위한 간단한 시험도 quiz라고 부릅니다. 예고 없이 갑자기 치는 쪽지 시험은 pop quiz라는 속어로 불리죠. pop이란 ‘펑 소리가 나다’ 혹은 사람 등이 ‘갑자기 나타나다’라는 자동사입니다만, 형용사로 ‘불시의’라는 의미도 있거든요.

quiz라는 영단어가 어떻게 생겨났는지에 대해 재미있는 이야기가 전해집니다. 1780년 아일랜드 더블린에서 제임스 데일리라는 극장 지배인이 술에 취해 ‘아무도 모르고 의미도 없는 신조어를 24시간 안에 사람들에게 퍼뜨릴 수 있는가?’라는 내기를 받아들였습니다. 그는 아이들을 많이 모아놓고 돈과 분필을 건네며, 밤사이에 온 거리의 벽에 QUIZ라는 네 글자를 쓰라고 시켰어요.

다음 날, 사람들은 곳곳에 적힌 QUIZ라는 글자를 보고 이게 대체 뭐냐며 대화를 나눴죠. 이 수수께끼가 사람들의 흥미를 자극해 큰 소동이 벌어졌고, 지배인은 내기에서 이겼답니다. 이렇게 해서 quiz는 ‘농담’, ‘조롱’, ‘놀리다’, ‘빤히 쳐다보다’라는 의미가 됐고, 시간이 흘러 지금은 ‘문제를 내는 놀이’, ‘수수께끼’를 뜻하게 됐어요.

이 이야기는 유명한 사전이라면 어디에나 실려 있는 정석적인 해설입니다. 그런데 항상 의심스럽다거나 신빙성은 낮다는 식으로 끝을 맺고 있죠. 그렇다면 굳이 뭐 하러 쓸까 싶기도 하지만, 이야기가 워낙 재미있어서 사전 편찬자도 소개할 수밖에 없었나 봅니다.

라틴어로 '뭐?', '누가?'를 의미하는 *quis*(쿠이스)에서 유래했다거나, 영어로 '질문하기 좋아하는', '캐묻기 좋아하는'을 뜻하는 inquisitive나 취조, 심문을 뜻하는 inquisition의 철자에 들어 있는 quis에서 quiz가 유래했을 것이라는 설이 좀 더 신빙성 있다고 여겨집니다.

quiz가 세상에 처음 활자로 모습을 드러낸 것은 1782년에 패니 버니(별칭 Madame D'Arblay)라는 작가가 쓴 일기에서인데, 여기서는 '색다른 사람'이라는 의미로 쓰였어요. 《옥스퍼드 영어 사전》에는 1843년에 '문의', '질문하는 것'이라는 의미로 처음 등장했죠.

016

gym
체육관

알몸의

gym에 다니면서 운동하는 분이 많을 텐데요. 저도 젊었을 때는 제법 강도 높은 운동을 했지만, 최근에는 오로지 건강 유지와 노화 방지를 위해 스트레칭이나 가벼운 근육 트레이닝, 수중 워킹 등을 한답니다.

gym은 gymnasium* 의 줄임말로, 체육관, 실내경기장을 뜻합니다. 그런데 어원을 거슬러 올라가면 고대 그리스어 *gymnos* (알몸의)에 이르게 되죠.

* 복수형은 gymnasiums 외에 gymnasia도 있습니다.

그리스에서 처음 시작한 고대올림픽에서는 단거리경주나 중장거리 경주, 원반던지기, 창던지기, 높이뛰기, 레슬링, 복싱 등 다양한 경기가 펼쳐졌는데요. 선수들은 모두 알몸으로 경기에 임했답니다. 그 이유는 허리에 둘렀던 '조마'라는 속옷이 엉키면서 목숨을 잃는 선수가 나왔기 때문이라거나, 옷가지를 벗고 몸을 가볍게 해서 우승한 선수를 보고 다들 따라 하기 시작했기 때문이라고 해요. 본래 올림픽은 신들에게 남성의 육체미를 선보이기 위한 제전이기도 했으니 일면 자연스러워 보이기도 합니다. 유일한 예외는 전차 경주, 다시 말해 전투용 마차 레이스였어요. 기수가 마차에서 떨어져 큰 부상을 입거나 죽는 경우까지 있었기에 이 종목만큼은 옷을 입어야 했습니다.

고대 그리스에서는 청년들이 모여 운동하는 단련소를 *gymnasion*(김나시온)이라고 불렀습니다. '알몸으로 신체를 단련하다'를 뜻하는 동사 *gymnazein*에서 온 말이었죠. 청년들은 문자 그대로 알몸 체육관에서 신체를 단련한 다음 목욕탕에서 몸을 청결히 하고 편안하게 휴식을 취했어요.

시간이 흘러 이 단련소에 철학, 도덕, 윤리 등을 가르치는 학교가 세워졌습니다. 고명한 철학자나 웅변가가 강의하고, 학문에 뜻을 둔 일반인도 모여들어 활발하게 토론을 벌이는 학술 공간으로 거듭난 거예요.

이윽고 *gymnasion*은 *gymnasium*(김나시움)이라는 라틴어가 됐습니다. 지금의 독일에서는 대학 진학을 전제로 하는 9년제 중등학교를 *Gymnasium*(김나지움)이라고 하는데, 격조 높은 라틴어가 그대로 쓰인 셈이에요.

영단어 gym과 관련된 단어로는 체조 선수, 체육 교사를 가리키는 gymnast, 그리고 '체조의', '체육의', '정신 단련의', '지적 훈련의'를 뜻하는 형용사 gymnastic 등이 있습니다. 모두 gymn-으로 시작하죠.

그 밖에 gymn-으로 시작하는 영단어 중에는 알몸이라는 의미를 내포한 것들이 있는데요. '알몸의'를 뜻하는 그리스어 *gymnos*의 흔적이라고 할 수 있겠죠. gymnosophist는 그다지 일반적이지는 않지만 나체주의자를 가리킵니다. 밤낮으로 금욕적인 수행을 쌓으며 옷도 거의 걸치지 않았다고 하는 힌두교의 나체 수행자를 의미해요.

gymnosperm은 소나무나 은행 같은 겉씨식물을 가리켜요. 씨앗이 겉에 드러나 있기 때문이죠. 전기뱀장어는 gymnotus라고 해요. 이름 그대로 electric eel이라고 하기도 하지만, 등지느러미가 없어서 알몸이나 다름없기 때문에 그리스어인 *gymnos*(알몸의)와 *nōton*(등)이 합쳐져 이런 영단어가 생겼죠.

017

alcohol

알코올

검은 가루

alcohol이라고 하면 흔히 와인이나 맥주 같은 술을 떠올리는데요. 이는 아랍어 *al-kuḥl* (알쿠흘)에서 온 말입니다. *al-**은 정관사로 영어의 the에 해당하고, *kuḥl*은 검고 고운 가루라는 뜻이었어요.

* alkali(알칼리)의 kali는 '(어떤) 식물을 태운 재', algebra(대수학)의 gebra는 '(빠진 것을 보충해) 원래대로 되돌린다'라는 뜻입니다.

고대이집트의 부유한 여성들은 안티몬(휘안석)이라는 광택 나는 검은 돌을 곱게 빻아 만든 가루로 눈썹을 짙게 칠하기도 하고, 아이섀도를 바르거나 아이라인을 그리기도 했어요. 화장품이었던 셈이죠.

이 *al-kuḥl*이 중세 라틴어나 프랑스어의 *alcohol*을 거쳐 영어로 자리를 잡았는데, 이 과정에서 의미가 살짝 변했습니다. 연금술로 광석 가루에서 불필요한 물질을 제거해 순도를 높였는데요. 이 때문에 alcohol이 물질의 순수한 형태, 다시 말해 에센스, 진액을 뜻하게 됐죠.

18세기에 접어들어서는 술에도 이 단어가 쓰이기 시작했어요. 포도를 나무통에 가득 집어넣고 당분을 발효시킨 다음 여과해 불순물을 걸러낸 것이 바로 와인인데요. 이 진액을 alcohol of wine이라고 불렀던 거예요. 이렇게 해서 사람을 취하게 만들어서 기분을 좋게 해주는 액체까지 두루 alcohol이라 부르게 됐답니다.

018

shampoo

샴푸

눌러라!

샴푸라고 하면 누구나 머리를 감는 데 쓰는 비누를 떠올릴 텐데요. 그만큼 영어인 shampoo가 그대로 우리의 일상생활에서 자연스럽게 쓰이고 있죠. 저는 오랫동안 미국 아니면 영국의 비누회사가 생각해낸 상표명이 일반명사로 굳어졌다고만 생각했답니다. 갓난아이도 바로 기억할 것 같은, 한번 들으면 좀처럼 잊기 힘든 인상적인 작명이니까요.

하지만 그렇지 않았습니다. 이 영단어는 힌디어로 '누르다'를 뜻하는 동사 *chāmpnā*의 명령형인 *chāmpō*에서 유래했어요. 다시 말해 '눌러라!'라는 뜻이었던 셈이죠. 과거 인도에는 권력자나 부자가 뜨거운 탕에 몸을 담그고 나오면 하인이 팔다리, 근육 등을 손가락으로 누르고 주물러 결림이나 피로를 풀어줬는데요. 이런 몸 관리를 *chāmpō*라고 불렀습니다. 네, 마사지 말이에요. 이 말이 인도를 지배하던 영국인의 언어, 다시 말해 영어인 shampoo로 자리를 잡았답니다.

그러다가 향료나 약초를 써서 머리를 주무르고 두피나 머리카락을 관리하는 행위까지 shampoo라고 부르게 됐죠. 18세기 접어들어 이 머리 마사지가 유럽에 전해지며 큰 인기를 끌었거든요.

19세기에 들어서면서 shampoo는 '머리를 감다' 혹은 '머리를 감는 데 쓰는 비누'라는 뜻으로 전 세계에 널리 퍼졌습니다.

019

umpire
심판

동등하지 않은 사람

영문법의 기본 중에서도 기본인데, '나는 책 한 권을 갖고 있습니다'를 영어로 하면 I have a book입니다. '사과 한 알을 갖고 있습니다'는 I have an apple이고요. 학교에서 '단수 명사 앞에는 하나를 의미하는 a를 붙이는데, 명사가 a, e, i, o, u 등 모음으로 시작할 때는 예외적으로 an을 붙인다'라고 배운 기억이 나시나요?

그런데 사실 엄밀하게 따지자면 이 설명이 꼭 맞다고만은 할 수 없어요. 영문법을 설명할 때 현대 영어의 관점에서 생각할지, 아니면 옛 영어의 역사적 흐름을 살펴볼지에 따라 완전히 달라지는 경우가 있거든요. a나 an을 문법 용어로는 부정관사라고 하는데, 본래 명사 앞에서 '하나의'를 나타내는 부정관사는 모두 an이었습니다. one이 변해 an이 된 거거든요.

그런데 모두 an으로 해버리면 그다음에 이어지는 명사가 자음으로 시작할 경우 발음이 어려워요. I have an book을 한번 소리 내 읽어보세요. an의 n이 다음에 오는 b와 겹치면서 발음이 약해지거나 사라지지 않나요? 이런 이유로 자음 앞에서는 예외적으로 a를 쓰게 된 거죠.

그런데 생각해보면 모음으로 시작하는 명사보다 자음으로 시작하는 명사가 월등히 많아요. 많은 쪽이 보편적이고 적은 쪽이 예외라는 인식 때문에 '모음으로 시작하는 명사 앞에는 예외적으로 an이 온다'라고 설명하게 된 겁니다.

부정관사 a와 an 때문에 단어 자체가 달라진 경우도 있어요. 바로 심판을 뜻하는 umpire(엄파이어)인데요. 이는 본래 non(아님)+peer(지위가 동등한 사람, 또래)에서 온 단어로, 재판 등이 벌어졌을 때 중재자들 사이에서도 의견이 일치하지 않을 경우 '동등하지 않은' 높은 위치에서 판단해줄 중재자를 의미했습니다. 고대 영어에서는 *noumpere*라고 썼고, 이후 *numpire*가 됐죠. 그런데 부정관사를 붙여서 a *numpire*라고 하다가 a와 제일 앞에 있는 n이 붙어 an umpire가 되면서 n이 떨어져나갔습니다. 이 umpire라는 단어가 스포츠 심판이라는 뜻으로 쓰이기 시작한 때가 18세기 초였습니다.

an 때문에 달라진 단어가 또 있어요. 바로 앞치마를 뜻하는 apron인데요. 이 단어 역시 본래는 *napron*이었습니다. 부정관사 a를 붙여서 a *napron*이라고 하는 사이에 an apron이라고 잘못 아는 사람이 점점 늘어나면서 apron으로 바뀌고 만 거죠.

*nape*는 고대 영어에서 식탁보입니다. napkin 역시 일상에서 흔하게 쓰이지만, 사전을 보면 작은 수건, 손수건, 네커치프라고 설명돼 있죠. *napron*도 같은 어원으로, 본래는 천을 의미했음을 알 수 있어요.

또 있습니다. 흔히 쓰이는 단어는 아니지만, 독사를 adder라고 하는데요. 이 또한 본래는 *nadder*였죠. 나선형 드릴 역시 auger라고 쓰는데 처음에는 *nauger*였어요. 이처럼 다양한 요인에 따라 단어나 문법이 달라지면서 지금의 영어가 됐답니다.

현재 영국이 있는 브리튼섬에는 본래 켈트계인 브리튼인이 켈트어를 쓰면서 살았습니다. 그런데 독일 쪽에서 게르만족 일파인 앵글로색슨인이 침입해 지배권을 빼앗아버렸죠.

앵글로색슨인이 쓰던 말은 현대 영어의 선조라고도 볼 수 있는 고대 영어Old English였습니다. 게르만어의 방언 중 하나로 앵글로색슨어라고도 불렸으며, 5~11세기경 쓰였어요. 8세기 후반에는 북방 게르만인인 바이킹이 침입해 정착하기 시작하면서 고대 영어에도 영향을 미쳤죠. 묵음 k가 붙은 knife 등이 바로 바이킹에게서 전래된 단어예요.

1066년, 프랑스 북부 노르망디공국의 왕 기욤(1027~1087년)이 수많은 병사와 무기, 기마와 함께 바다를 건너 브리튼섬에 상륙해 잉글랜드군을 격파했습니다. 기욤은 브리튼섬에서 윌리엄 1세로 즉위하고, 지금의 영국 왕실을 세웠죠. 잉글랜드에서는 왕뿐 아니라 귀족이나 성직자까지 노르만인이 대신하게 됐고, 거상이나 고급 직인도 대륙에서 넘어왔어요. 이렇게 해서 지배층은 프랑스어, 농민을 비롯한 서민은 영어로 말하는 이중 언어의 국가가 됐죠. 이 사건이 바로 노르만 정복Norman Conquest이에요. 이때부터 15세기경까지 프랑스어의 영향을 강하게 받은 영어를 중세 영어Middle English라고 부릅니다.

르네상스 시대에는 고대 그리스 로마의 문학과 사상을 다시금 배우고자 하는 기운이 고조되면서 고전 연구가 왕성해졌고, 그리스어나 라틴어에서 유래한 많은 단어가 영어로 편입됐죠. 같은 시기에 마르틴 루터가 종교개혁에 나서면서 성서가 독일어로 번역됩니다. 구텐베르크가 활판인쇄술을 개량한 덕분에 대량으로 찍어내 일반 서민에게까지 널리 보급됐죠. 인쇄술이 발전하자 그때까지 애매모호했던 철자나 영문법에 일정한 질서가 필요해졌고, 이에 영국의 시인이자 비평가인 새뮤얼 존슨이 《영어 사전》을 편찬했어요.

1492년에 콜럼버스가 신대륙에 도착하자 잉글랜드는 미국에 식민지를 건설했고, 그곳에서도 영어가 쓰이게 됐죠. 잉글랜드에서의 르네상스는 이탈리아보다 늦은 16세기 후반에 연극과 문학을 중심으로 꽃을 피웠어요. 대표적인 작가가 바로 윌리엄 셰익스피어로 3,000개에 달하는 새로운 단어와 표현을 만들어냈죠. 18세기 후반에 이르면 산업혁명으로 인해 새로운 기술 용어가 속속 탄생합니다. 이처럼 르네상스 시대부터 근대까지 격동의 시대 속에서 발전한 영어가 근대 영어Modern English 입니다.

그리고 20세기에 접어든 이후의 영어는 현대 영어Present-day English 로 불리며 지금에 이르고 있습니다.

020

lounge
라운지

로마군 대장, 롱기누스

예수 그리스도가 십자가에 매달려 처형당한 것이 기원후 30년경의 일입니다. 로마제국의 속주였던 이스라엘에서 벌어진 일이죠. 역사가들은 《신약성서》에 묘사된 이 이야기를 사실로 받아들이는 분위기입니다.

십자가에 매달린 그리스도의 생사를 확인하기 위해 옆구리에 창을 찌른 사람은 롱기누스Longīnus라는 로마군 백인대* 대장이었습니다. 여기서 '롱기누스의 창'이라는 말이 생겼죠. 기독교 수난의 상징으로 여겨지지만, 반대로 신성한 창으로 숭배의 대상이기도 해요.

이 *Longīnus*라는 대장의 이름이 호텔이나 공항에 있는 lounge의 어원이라니, 놀랍지 않나요? 그리스도가 매달린 십자가 주변에서는 병사들이 바삐 움직이고 있었어요. 개중에는 그리스도가 입었던 옷을 누가 챙길지 내기하는 이들도 있었죠. 당시 의복은 무척이나 값비싼 귀중품이었거든요.

프라 안젤리코가 그린 템페라 〈그리스도의 책형〉. 그리스도를 창으로 찌르는 사람이 롱기누스다. 산마르코 국립미술관 소장.

* 약 100명 단위로 이루어진 고대 로마 시대의 군대 조직. 라틴어로는 *Centuria*(켄투리아)라고 합니다.

그런 와중에도 대장 롱기누스만은 냉정하고 침착해서, 십자가 밑에 느긋이 앉아 있었습니다. 이 일화의 영향으로 *Longīnus*라는 이름이 고대 프랑스어로 느림보, 게으름뱅이를 뜻하는 *longis*로 자리를 잡았고, 16세기에는 영어로 흘러들어 가 lounge가 됐어요.

성 롱기누스의 상, 산피에트로 대성당.

lounge는 물론 호텔이나 공항 등에 있는 휴식 공간을 가리키지만, 동사로는 '느긋하게 시간을 보내다'라는 의미입니다. 예를 들어 lounge around에는 '빈둥거리다', 나아가 '기대다'라는 의미도 있어서 lounge in a chair라고 하면 '의자에 편안히 기대다'가 되죠.

놀랍게도 롱기누스는 그 뒤에 기독교 세례를 받았습니다. 백내장으로 실명할 위기였는데, 그리스도의 옆구리를 찔렀을 때 창을 타고 흘러내린 피가 눈에 들어가 시력을 되찾았기 때문이었어요. 그 뒤에도 수많은 기적을 접하며 신앙심이 점점 깊어졌고요. 붙잡혀서 개종을 강요당했지만 거부하다 끝내 참수형에 처해졌다고 해요.

기독교의 사회적 위치는 시간이 흐르면서 완전히 달라집니다. 313년, 로마 황제 콘스탄티누스는 기독교를 공인하는 밀라노칙령을 발표했어요. 392년에는 황제 테오도시우스가 기독교를 로마 국교로 정했고요.

오늘날, 십자가에 매달린 그리스도의 옆구리를 찌른 롱기누스는 성인으로 추대돼 기독교도들에게 숭배를 받고 있습니다. 바티칸 산피에트로 대성당에는 당당하게 창을 든 롱기누스의 상이 서 있답니다.

021

alphabet
알파벳

그리스문자의 알파와 베타

고대이집트는 상형문자 약 800개를 썼다고 해요. 히에로글리프라는 이 문자는 19세기에 프랑스 고고학자 샹폴리옹이 해독하기 전까지 아무도 알아보지 못했죠. 고대이집트에서도 몇몇 특권계급만 이해할 수 있을 뿐, 서민은 종잡을 수도 없는 글자였대요. 글자를 읽지 못하면 새로운 정보나 지식도 얻을 수 없죠. 민중이 힘을 모아 지배자에게 반기를 들기도 어렵고요. 왕후와 귀족은 문자를 지배함으로써 민중을 지배했던 거예요.

이윽고 새로운 문자가 발명됐는데요. 바로 페니키아인이 만든 페니키아문자였죠. 문자 하나가 음 하나를 나타내는 표음문자로, 겨우 스물두 자를 조합해 다양한 단어를 만들 수 있었습니다.

페니키아인은 중동 지중해 연안을 거점으로 삼아 아프리카 북부와 유럽에 진출해 지중해 무역을 도맡던 상인들이었어요. 다른 민족과 거래하려면 누구나 빠르고 정확하게 이해할 수 있는 기록법이 필요하죠. 서로의 기억에만 의지해 상품 개수나 가격 등의 조건을 정했다간 거래가 이루어지지 않으니까요.

시간이 흘러 고대 그리스인이 이 페니키아문자를 도입했습니다. 영어의 alphabet은 문자 그대로 그리스문자의 첫 두 자인 α(알파)와 β(베타)를 합한 말이에요. 고대 그리스어에서는 *alphabētos*라고 불렀는데요. 이 말이 라틴어인 *alphabētum*을 거쳐 영어로 자리를 잡은 거예요.

alphabet은 물론 A부터 Z까지 스물여섯 자를 가리키지만, 동시에 초보, 기초 지식을 의미하기도 해요. 예를 들어 Nowadays, when it comes to mathematics, college freshmen don't even know the alphabet은 '요즘 대학 1학년은 기초적인 수학 지식도 모른다'라는 뜻입니다.

물론 초보적인 지식을 ABC라고 표현하기도 하죠. '그는 자동차 운전법을 기초부터 다시 배울 필요가 있다'라고 말하고 싶다면 He has to learn how to drive again, starting with the ABCs라고 하면 돼요.

A to Z 혹은 ABC and XYZ라는 표현도 자주 쓰이는데요. 특정 분야의 '기초부터 응용까지 모든 것'이라는 뜻으로, 교칙본(기본적인 연주 기교를 초보적인 단계부터 점진적으로 배열한 책-옮긴이) 등의 제목에서 자주 볼 수 있어요.

영어권에서는 알파벳과 단어를 잘 연결하지 못하고 기초 단계에서 쩔쩔 매는 아이들이 있다고 하는데요. 일본어의 경우, 아이우에오あいうえお를 익히면 아오あお, 파랑라는 단어와 의미를 한번에 배울 수 있습니다. 카키쿠케코かきくけこ까지 익혔다면 아카あか, 빨강까지 그대로 외울 수 있죠. 이런 식으로 일본어를 자꾸자꾸 머릿속에 집어넣는 거예요.

그런데 영어권 아이들은 알파벳을 모두 외우고도 문자의 조합과 단어의 의미를 잘 연결하지 못한다는군요. 알파벳을 그대로 발음해봐야 의미를 갖지 못하기 때문입니다. 스물여섯 자 중 B, L, U, E를 이어 붙여서 BLUE로 만들면 왜 '파랑'이 될까? 어째서 R, E, D는 '빨강'이 되는 걸까? 이를 이해하려면 한 단계 높은 사고력이 필요하거든요.

022

cancel

취소하다

격자

여행하며 이용할 비행기, 호텔, 레스토랑 등을 예약했다가 취소하는 것을 흔히 캔슬이라고 합니다. 물론 영어 cancel에서 온 표현이죠.

이 cancel은 사실 격자를 뜻하는 라틴어에서 유래했습니다. 중세 유럽에서는 공문서나 재판 기록을 라틴어로 써야 했습니다. 그런데 잘못 쓰더라도 종이를 찢어버리고 다른 종이에 다시 쓸 수는 없었어요. 당시 종이는 무척 값비싼 물건이었거든요.

로마 시대나 중세에는 글자를 지울 때 줄을 하나만 긋는 것으로는 부족하다 여겨 가로세로로 각각 두 줄씩 그어 #을 옆으로 길게 늘인 것 같은 표시를 했습니다. 격자는 라틴어로 *cancellī*(캉켈리)라고 했어요. cancel이라는 영단어는 이 격자에서 생겨난 말이죠.

'글자를 지우다', '삭제하다'라는 뜻이었던 cancel은 시간이 흐르며 예약이나 주문을 '취소하다', 계획이나 예정을 '중지하다', 계약을 '무효화하다' 등으로 의미가 점점 확장됐어요. 급기야 '상쇄하다'라는 의미로까지 쓰이기 시작했죠. 예를 들어 The wage increase will be canceled out by higher prices는 '임금 인상은 물가 상승으로 상쇄될 것이다'라는 뜻입니다.

nice

나이스

무지한

nice는 일상에서 흔히 듣는 친숙한 영단어입니다. 상황에 따라 다양한 의미로 쓰이는데요. 식사가 '맛있다'는 nice, '좋은 날씨'는 nice weather입니다. I had a nice time은 '무척 즐거운 시간이었다'라는 뜻이고, It's so nice to meet you는 '만나서 반갑습니다'예요. 골프를 치러 가서 윗사람이 공을 쳤을 때 Nice shot!이라고 소리치며 아첨을 떨기도 하죠.

이렇게 nice에는 온통 좋은 뜻뿐이지만 그 어원인 라틴어 *nescius*(네스키우스)는 놀랍게도 '무지한', '어리석은'이라는 의미였습니다. 이 말이 고대 프랑스어 *nice*를 거쳐 12세기에 영어로 들어오면서 의미가 완전히 바뀐 거예요.

무지하면 창피당하기 십상이니 남들과의 대화를 꺼리죠. 여기서 '내성적인', '부끄럼쟁이'라는 의미로 변했고, 16세기에 접어들어 '까다롭다'에서 '섬세한'이라는 뜻으로 변했습니다. 섬세한 사람은 자잘한 부분까지 꼼꼼하게 잘 챙기므로 정확하고, 상대의 처지에서 생각하고 세심하게 배려도 할 줄 알기 때문에 친절하며, 그런 마음이 겉모습이나 태도에까지 드러나기 때문에 '고상한'이라는 뜻이 됐습니다. 18세기 들어서는 '훌륭하다', '느낌이 좋다', '유쾌한'이라는 의미로 변했죠.

그런데 최근에는 nice가 지나치게 자주 쓰이면서 비아냥거리는 뉘앙스로도 쓰이고 있습니다. 예를 들어 Here is a nice mess는 '곤란하게 됐다', What a nice smell!은 '정말이지 끔찍한 냄새로군!'이라는 뜻이에요.

024

bank
은행

벤치

은행은 영어로 bank입니다. 그렇다면 의미가 전혀 다른 또 하나의 bank를 아시나요? 바로 둑, 제방을 가리키는데요. 예를 들어 강둑은 riverbank라고 하죠. 이 두 bank의 뿌리는 모두 게르만어로 '흙으로 쌓아 올린 평평한 장소'라는 의미인 *baŋkōn*(방콘)입니다.

이 게르만어에서 고대 프랑스어 *banc*가 파생됐는데요. 벤치, 긴 의자를 뜻했죠. 둑이나 벤치 모두 지면에서 높이 솟아 있으며 윗면이 평평합니다. 여기서 이탈리아어로 은행을 뜻하는 *banca*가 탄생했어요. 그런데 과연 둑, 벤치와 은행은 무슨 연관이 있는 걸까요?

은행은 본래 고리대금업을 가리켰어요. 《성경》에 "형제에게 이자를 위하여 돈을 빌려주지 말라"라는 말이 나오듯 기독교에서는 돈을 빌려주고 이자를 취하는 행위를 금했습니다. 이를 어기는 자는 파문한다는 규정까지 있었죠.

하지만 세상에는 원칙과 본심이 다른 경우도 있기 마련입니다. 중세 유럽 역시 마찬가지였죠. 교회에 기부하고 사례 명목으로 이자를 받거나, 자선사업에 투자해 이득을 취할 수도 있었죠. 중세 후기로 접어들자, 오히려 교회가 이런저런 편의를 봐주며 고리대금이 공공연해지기 시작했어요.

로마가톨릭교회가 대량으로 발행한 면벌부* 역시 산피에트로 대성당을 재건할 비용을 충당하기 위해서였죠. 푸거라는 고리대금업자가 이 면벌부 판매를 독점하며 떼돈을 벌었습니다. 독일 화가 루카스 크라나흐는

* 면죄부라고도 하는데, 죄를 면해준다는 뜻이 아니라 죗값을 치르기 위한 벌을 면해준다는 뜻입니다.

종교개혁을 추진한 마르틴 루터의 친구였는데, 타락한 로마 교회에 대한 비판을 담아 〈신전에서 고리대금업자를 쫓아내는 그리스도〉라는 판화를 그린 바 있습니다.

루카스 크라나흐의 목판화 〈신전에서 고리대금업자를 쫓아내는 그리스도〉.

지중해 무역이 활발해지고 온갖 지역의 화폐가 유통되기 시작하자 고리대금업은 환전상을 겸하며 크게 번성합니다. 이들은 교회 앞 광장에 계산대를 차려놓고 벤치에 앉아 돈거래를 했죠. 이 벤치와 계산대까지 모두 포함한 거래 공간을 이탈리아어로 *banca*라 부르기 시작했고, 이 말이 프랑스어 *banque*, 영어로는 bank가 됐어요.

고리대금업자나 환전상은 돈을 맡을 때는 이자를 지불하고, 돈을 빌려줄 때는 이자를 받아냈습니다. 그러다 자금 융통이 어려워져 문을 닫는 사람도 나왔죠. 장사를 접을 때는 법에 따라 사용하던 벤치와 책상을 부숴야 했습니다. 그래서 이탈리아어로 도산한 사람을 *banca rotta*(부서진 벤치)라고 부르게 됐어요. 영어로 파산자를 뜻하는 bankrupt는 여기서 유래했습니다. 파산, 도산은 bankruptcy라고 하고요. 물론 손해를 입은 고객이 노발대발하며 의자와 책상을 마구 부숴버린 경우도 있었을지 모르죠.

025

siren

사이렌

바다의 요정, 세이렌

서사시 《*Odysseia*(오디세이아)》는 기원전 8세기경에 시인 호메로스가 정리했다고 전해집니다. 주인공인 그리스 이타카섬의 왕 *Odysseus*(오디세우스)가 트로이전쟁에서 그리스군을 승리로 이끈 뒤 고향으로 돌아가기까지 10년에 걸친 모험을 그린 이야기죠. 바로 여기서 '긴 모험 여행'을 뜻하는 영단어 odyssey가 유래했어요.

오디세우스는 돌아가는 길에 들른 어느 섬에서 폴리페모스라는 외눈박이 거인의 공격을 받아 잡아먹힐 위기에 처하지만, 그 눈을 찌르고 간신히 탈출하는 데 성공합니다. 그런데 이 거인은 바로 바다의 신 포세이돈의 아들이었습니다. 포세이돈이 미친 듯이 분노하며 마술을 걸어 수많은 시련을 내리는 바람에 오디세우스는 좀처럼 고향으로 돌아갈 수 없었어요.

그러던 어느 날, 오디세우스와 부하들이 시칠리아섬 인근을 항해하던 중이었습니다. 그 해역에는 *seirēn*(세이렌)이라는 반은 물고기, 반은 사람*인 요정이 살았는데, 아름다운 노랫소리로 선원들을 유혹해서는 배를 난파시켜 죽음에 이르게 했죠. 암초에는 세이렌에게 잡아먹힌 선원들의 유골이 산더미처럼 쌓여 있었습니다.

오디세우스는 모든 부하의 귀를 밀랍으로 막아 소리를 듣지 못하게 한 다음 자신의 몸을 밧줄로 돛대에 동여매게 했습니다. 그렇게 해서라도 세이렌의 노랫소리를 들어보고 싶었다나요. 부하들에게는 자신에게 무슨 일이 일어나더라도 무시하라는 엄명을 내렸죠.

세이렌의 노래를 들은 오디세우스는 길길이 날뛰었

* 반인반조半人半鳥라고 도 합니다.

지만 아무 소리도 듣지 못하는 부하들은 그대로 계속해서 배를 몰았습니다. 이렇게 오디세우스는 세이렌의 노래를 듣고도 살아남은 유일한 사람이 됐죠. 이 이야기를 모티프로 한 그림이 여럿 있는데, 그중 하나가 바로 영국 고전주의 화가 제임스 드레이퍼가 그린 〈율리시스*와 세이렌들〉입니다.

* *Odysseus*는 라틴어로 *Ulixēs*(울릭세스)인데, 이것이 영어로 Ulysses(율리시스)가 됐습니다.

1819년, 프랑스 물리학자 카냐르 드 라 투르가 구멍 뚫린 원반 두 장을 맞붙인 뒤 회전시키며 공기를 보내, 양쪽 구멍이 마주쳤을 때만 공기가 진동해 큰 소리를 내는 장치를 발명했습니다. 드 라 투르는 《오디세이아》에 등장하는 바다의 요정 세이렌을 떠올리고, 이 장치에 프랑스어로 *sirène*(시렌)이라는 이름을 붙였죠. 이것이 영어로 siren이 됐답니다.

아름다운 노랫소리가 아니라 귀를 찢는 듯한 소리로 변해버렸지만, 이 사이렌은 과거에 공습이나 화재, 공장에서 일을 시작하는 시간과 끝마치는 시간을 알리는 데 쓰였어요. 지금도 순찰차, 구급차, 소방차 등 긴급차량의 경보음으로 쓰이고요. 꿈나라로 이끄는 달콤한 목소리가 주의를 환기시키고 의식을 현실로 되돌리는 굉음으로 바뀌어버린 셈이에요.

제임스 드레이퍼의 〈율리시스와 세이렌들〉, 페렌스 미술관 소장.

026

stoic
금욕적인

철학 강의가 열리는 '주랑'

모든 유희를 포기하고 날마다 힘겨운 훈련을 참고 견디는 운동선수, 육체미를 얻고자 근육을 단련하는 사람, 원하는 학교에 합격하기 위해 열심히 공부하는 수험생, 이렇게 노력하는 사람들을 두고 '저 사람은 금욕적이야'라고 말하곤 하는데요.

'금욕적인'은 영어로 stoic입니다. 자신을 다스려 끈기 있게 참는다는 뜻이죠.

이 말은 그리스철학 학파 중 하나인 스토아학파에서 유래했어요. 기원전 4세기에 제논(기원전 334~기원전 262년)* 이라는 철학자가 살았습니다. 제논이 제자들에게 강의했던 곳은 아테네 중심에 있는 공공 광장 아고라와 마주한 건물의 주랑柱廊이었어요. 주랑은 원기둥으로 지붕을 떠받친 복도를 말해요. 한쪽은 건물과 맞닿아 있으며 나머지 한쪽은 광장을 향해 활짝 열려 있었죠. 지붕 덕분에 강한 햇살이나 세찬 빗줄기도 막을 수 있었기에 철학을 강의하기에 안성맞춤이었답니다. 일반인도 자유롭게 강의를 들을 수 있는, 말하자면 '열린 교실'이었던 셈이에요.

이 주랑을 고대 그리스어에서는 *stoā*(스토아)라고 불렀습니다. 여기서 그리스어로 '주랑에 모인 사람'이라는 뜻인 *Stōikos*를 거쳐서 stoic이라는 영단어가 탄생했어요. 처음에는 스토아철학, 스토아철학자를 뜻했지만, 점점 금욕주의자, '금욕적인'으로 의미가 확장됐죠.

키프로스섬에서 태어난 제논은 장성해 상인이 됐지만 22세가 되던 해, 타고 있던 배가 난파하면서 아테네까지 표류했어요. 그곳에서

* 이름이 제논인 철학자가 두 명인데요. 스토아학파의 제논은 '키프로스의 제논', 나머지 한 명은 '엘레아의 제논'이라 불리는 변증법의 창시자죠.

플라톤(p. 82)의 《소크라테스의 변명》을 비롯한 책을 읽고 철학에 눈을 떴답니다.

제논은 금욕을 중시하며 사회적 행동은 물론 사회와의 관계까지 거부하는 키니코스* 학파의 철학을 배우고, 플라톤이 아테네 교외의 아카데메이아 숲(p. 236)에 세운 학교에서 지식을 체득하며 자신만의 철학 사상을 확립해나갔죠.

* *kynikos*는 '개와 같은'이라는 뜻으로, 견유주의犬儒主義라고도 합니다. 영어로는 cynic으로, '냉소적인'을 의미하는 cynical의 어원입니다.

스토아학파 철학의 특징은 중용을 중시하는 것입니다. 살다 보면 기쁜 일도 있고, 나쁜 일도 있죠. 끔찍한 재난과 마주하거나 강렬한 욕망에 휩싸일 때도 있고요. 그런데 안정되고 평온한 나날을 보내려면 이성과 지성에 따라 자신의 감정을 다스려야 한다는 것이 제논의 생각이었습니다. 이는 지금의 우리가 생각하는 금욕과는 조금 달라요.

확실히 뉴스 등을 보고 있노라면, 일시적인 욕망에 사로잡혀 스스로를 망치거나 제 손으로 인생을 파멸에 몰아넣는 사람이 적지 않은 듯합니다. 지금 이 시대도, 아니, 지금이야말로 제논이 주장한 스토아학파 철학을 다시 배워야 할 때인지도 모르겠습니다.

아테네 아고라에 복원된 주랑.

027

flea market

플리마켓

벼룩시장

휴일이면 공원, 광장, 쇼핑몰 등 곳곳에서 플리마켓이 열립니다. 영어로는 flea market이라고 쓰는데요. flea란 벼룩으로, 벼룩이 있을 법한 낡은 양복이나 골동품 등을 팔았기 때문에 그렇게 불렀죠.

free market으로 착각하는 사람이 의외로 많아요. free에 자유, 무료, 공짜라는 뜻이 있고 누구나 자유롭게 참가하고, 공짜나 다름없는 값으로 물건을 살 수 있으니 이런 이름이 붙었다고 생각하는 게 아닐까요?

flea market은 본래 프랑스어 *marchè aux puces*를 번역한 말이에요. *marchè*는 시장, *aux*는 장소를 나타내는 전치사+관사*, *puces*는 벼룩을 의미하죠.

* 영어로는 in + the입니다.

flea market이 네덜란드어에서 유래했다는 설도 있는데요. 뉴욕이 있는 맨해튼섬이 아직 네덜란드 식민지였던 17세기, 네덜란드에서 이주해온 사람들이 *Vallie market*이라는 시장을 열었습니다. *Vallie*는 늪지를 뜻하는 네덜란드어로, 맨해튼섬 이스트강 부근의 지명이었습니다. 이 *Vallie*가 *vlie*로 바뀌고, 마지막으로 flea로 변했다는군요.

참고로 네덜란드인들은 외부의 공격이나 침입을 막기 위해 맨해튼섬 남쪽에 울타리를 만들었어요. 그곳이 지금은 세계 금융의 중심지로 자리 잡은 Wall Street랍니다. wall은 벽, 울타리라는 뜻이죠.

일본에서는 플리마켓을 줄여 후리마フリマ라고 부르죠. 최근에는 온라인상에서 물품을 사고파는 후리마 앱이 인기예요. 우선 판매자가 앱에 물품 사진을 올리고 판매 가격을 제시합니다. 그러면 구매자가 앱 운영 회사에 대금을 내고, 상품을 무사히 받으면 판매자에게 대금이 지불

되는 구조예요.

메루카리メルカリ도 이 후리마 앱 회사 중 하나인데요. 회사 이름을 처음 들었을 때 깜짝 놀랐답니다. 라틴어로 '매매하다'라는 의미인 *mercārī*에서 유래한 말이었기 때문이죠. 영어로 상인을 merchant라고 하는데, 이 또한 위의 라틴어가 어원입니다.

앞서 플리마켓은 벼룩시장이라고 강조했는데요. 일본에서 플리마켓 개최를 촉진하는 회사인 일본플리마켓협회 홈페이지를 보면, 영어로 Freemarket이라고 적혀 있어요. 누구나 편하게 참가할 수 있기를 바라며 그렇게 했다는데, 아마도 벼룩이 득시글거리는 낡은 물건을 판다는 이미지를 불식시키고 업계 수준을 높이려는 마음이 드러난 게 아닐까 싶네요.

또 하나 주의해야 할 부분이 있는데, 영어 free market의 뜻은 따로 있다는 사실입니다. 영어 사전을 찾아보세요. 경제 용어로 자유시장이라는 의미입니다. 국가의 간섭이나 규제를 받지 않고 자유의지에 따라 상거래를 하는 경제체제를 가리키죠.

플리마켓이 열리고 있는 광장.

028

biscuit

비스킷

두 번 구운 보존식

15세기 말부터 17세기 중반에 걸쳐 유럽인은 범선을 타고 너른 바다를 누비며 아프리카, 아메리카, 아시아로 진출했습니다. 이 시대를 대항해 시대라고 부르죠. 방향을 알려주는 나침반이 발명되고, 항해술이 발달한 덕분에 지구 어디든 갈 수 있게 된 거예요.

하지만 큰 문제가 있었습니다. 바로 물과 식량이었어요. 배에서는 물, 고기, 채소가 금세 썩어버리고 맙니다. 오래 보존하기 위해 고기를 소금에 절이는 등 갖가지 방법을 써봤지만, 썩은 냄새가 지독해 도저히 먹을 것이 못 됐죠. 그래서 갑판 밑에 공간을 만들어 바닷물을 부은 다음 바다거북을 여러 마리 잡아서 등딱지와 등딱지, 배와 배를 붙여 층층이 쌓았습니다. 그렇게 하면 바다거북이 장시간 살아 있어, 선원이 신선한 고기를 먹을 수 있었죠.

또 다른 보존식은 바로 biscuit이었는데요. 이는 프랑스어로 '두 번'을 뜻하는 *bis*와 '구운'을 뜻하는 *cuit**를 합친 말에서 유래했어요. 밀가루를 빚어 한 번 굽고, 낮은 온도에서 말린 뒤 다시 한 번 딱딱하게 구워 오랜 항해에도 썩지 않고 잘 보존되게 한 거예요. 혹시 몰라서 네 번이나 구웠다는 기록도 있답니다.

* 독일어로는 *Zwieback*인데, 역시 '두 번 구운'이란 뜻이에요.

참고로 미국에는 Triscuit이란 크래커가 있는데요. tri-는 3을 뜻하죠. 정말 세 번이나 구웠는지는 모르겠지만, 아주 바삭하고 맛있는 과자랍니다. 소금 맛부터 벌꿀 맛까지 종류도 무척 다양하고요.

모두를 위해

029

bus
버스

1662년, 프랑스 파리에서 승합마차가 영업을 시작했습니다. 철학자 블레즈 파스칼(1623~1662년)이 고안해, 국왕 루이 14세로부터 허가를 받아 개업한 것이었죠. 파스칼은 "인간은 생각하는 갈대다", "클레오파트라의 코가 조금만 낮았더라면" 같은 말을 남긴 철학자기도 하지만, 동시에 발명가이자 실업가기도 했습니다.

지붕이 덮인 네 바퀴 마차를 말 두 마리가 끌었으며, 여덟 명까지 탈 수 있었죠. 다섯 개 노선이 개통돼 시간표에 따라 운행됐습니다. 그때까지 마차는 왕과 귀족의 소유물로, 서민은 탈 수 없는 교통수단이었는데요. 승합마차가 등장하면서 운임만 내면 누구나 자유롭게 마차를 탈 수 있게 됐죠.

이 승합마차는 라틴어로 *omnibus*(옴니부스)라고 불렸습니다. 프랑스어로는 옴니뷔스*라고 발음합니다. '모든 사람을 위해'라는 뜻인데, 앞쪽이 잘려나가면서 bus가 됐답니다.

* 현대 프랑스어에서는 버스를 *bus*(뷔스)라고 해요.

지금 영어에서는 omnibus가 '잡다한 것을 포함한', '다목적의'라는 뜻의 형용사죠. 이 말이 대중적으로 알려지면서, 옴니버스영화라는 말도 흔히 들을 수 있게 됐는데요. 이는 독립된 단편 몇 편을 하나로 엮은 작품을 가리켜요.

19세기 런던 거리를 달리던 승합마차.

030

school

학교

여가

영단어 school은 그리스어 *skholē*(스콜레), 라틴어 *schola*(스콜라)에서 유래했습니다. 둘 다 원래는 여가, 짬이란 뜻이었어요. 하지만 '무료함을 달래기 위한 권태롭고 무의미한 시간'을 가리키지는 않았습니다. '지적 사고를 펼치는 충실한 시간'이라는 뜻이었죠. 당시 사람들은 시간적으로나 정신적으로나 여유로워야 비로소 차분하게 사고하고, 토론하고, 학습할 수 있다고 여겼어요. 그래서 여가, 짬이 지적인 일에 쓰는 시간, 나아가 학문과 교육을 실시하는 장소, 그리고 학교로 변한 거예요.

고대 그리스 로마 사회는 새삼 설명할 필요도 없이 노예제를 기반으로 돌아갔어요. 귀족이나 시민에게는 여유 시간이 넘쳤기 때문에 정치, 철학, 예술 등이 고도로 발달할 수 있었죠. 그들에게 학문을 위한 시간은 무엇과도 바꿀 수 없는 무척이나 자유롭고 행복한 시간이었어요. 하지만 일상생활에 쫓기거나 전쟁이라도 벌어졌다간 그런 시간적 여유도 사라지고 말죠. 당시 사람들은 충실한 여가 시간을 무척이나 소중히 여겼습니다.

이미 아는 독자도 많을 텐데, public school이 미국에서는 공립학교를 가리키지만, 영국에서는 사립 중·고등학교를 의미해요. 이튼칼리지나 럭비스쿨이 유명하죠. 과거 잉글랜드 귀족은 개인 교사를 고용해 집에서 학문을 가르쳤는데, 근세에 접어들어 기숙학교가 생기면서 그곳에 아이들을 모아 교육을 시켰어요. 가정에서의 개인적인 교육이 아니라 공공 교육이라는 의미에서 public school이라 부르게 된 거죠.

학자를 의미하는 scholar 역시 라틴어로 여가를 뜻하는 *schola*가 어원입니다. 본래는 그리스 로마 문학을 전문적으로 연구하는 고전학자를 가리키는 말로, 라틴어로 '학교의'라는 의미인 *scholāris*(스콜라리스)에서 파생됐어요.

scholastic이란 영단어도 있습니다. '학자의', '학교의'라는 뜻의 형용사인데, 스콜라철학자*라는 의미이기도 하죠. 스콜라철학은 scholasticism입니다. 중세로 접어들면서 학문의 중심이 기독교 교리를 배우는 신학으로 옮겨 갔는데요. 신학을 아리스토텔레스를 비롯한 그리스철학자의 사상으로 뒷받침해 체계화하고자 한 결과물이 바로 스콜라철학이에요.

* 스콜라철학자는 영어로 schoolman이라고도 합니다.

요즘 학교를 보면, 아이들은 숙제 말고도 학원에 다니고 과외를 받느라 여가를 누릴 시간이 전혀 없어요. 선생님 역시 수업 외에 부담할 것이 많아져 장시간 잔업을 해야 한다죠. 수험생쯤 되면 머리끈을 질끈 동여매고 잘 시간까지 줄여가며 공부에 매진합니다.

본래 '여가'를 의미했던 학교가 정반대로 '바빠서 여유가 없는 곳'으로 변해버리고 말았네요. 한때 일본은 유토리(일본어로 여유를 의미한다-옮긴이) 교육이라 해서, 과도한 주입식 교육 대신 여유로운 교육을 추구해 창의력과 자율성을 키워주자며 교육 방침을 바꾼 적도 있습니다. 하지만 모든 아이들이 학원까지 다니며 필사적으로 공부에 매달려 입시 전쟁만 심해졌고, 오히려 여유가 사라지고 말았죠.

고대 그리스 로마인처럼 시간적으로나 정신적으로나 여유롭게 공부할 방법은 정말 없는 걸까요?

031

alibi
알리바이

다른 곳에서

실제 범죄 수사에서든 추리소설에서든 알리바이라는 말이 자주 등장합니다. 피의자가 정말 범행을 저질렀다면, 범행 시각에 범행 현장에 있어야만 하죠. 틀림없이 범인이라고 생각했던 피의자가 범행 현장이 아닌 다른 장소에 있었다는 사실이 종종 밝혀지면서 풀려나기도 하는데요. 이를 현장부재증명이라고 해요.

영단어 alibi는 본래 라틴어 부사로 '다른 곳에서'라는 의미였습니다. 과거 영국에서는 재판 기록을 모두 라틴어로 써야만 했어요. 그래서 재판이나 법률 용어 중에는 라틴어에서 유래한 표현이 많죠.

예를 들어 영어로 She has an alibi for that time은 '그녀는 그 시간에 알리바이가 있다', The detective broke the suspect's alibi는 '탐정이 그 용의자의 알리바이를 무너뜨렸다'라는 뜻이에요. alibi라는 단어 하나만으로도 '알리바이를 증명하다'라는 동사가 되는데, 예를 들어 She alibied her friend out of a difficult situation은 '그녀는 친구의 알리바이를 증명해 곤경에서 구해냈다'라는 의미죠.

최근에는 스마트폰 GPS 기능 덕분에 알리바이를 쉽게 증명할 수 있게 됐어요. 미국에서는 스마트폰 위치 정보를 조사한 결과, 살인 사건 용의자가 다른 곳에 있었다는 사실이 드러나 석방된 일이 있었어요. 그런데 사실은 그 용의자가 진범이었죠. 알고 보니 스마트폰을 범행 현장에서 멀리 떨어진 곳에 놔뒀던 거예요.

하인

032

family

가족

family는 가족이라는 뜻인데 재미있게도 하인, 머슴을 뜻하는 라틴어 *famulus*(파물루스)에서 유래했답니다.

고대 로마 시대, 부유한 귀족은 노예를 여럿 거느렸어요. 노예는 온갖 일을 했는데요. 시골에 넓은 농지가 있는 귀족은 노예들에게 경작을 시켰고요. 도시의 귀족 가정에는 문지기, 청소 담당, 세탁 담당, 요리 담당, 접대 담당, 심지어 침실에서 주인의 시중을 드는 여성 노예까지 있었습니다.

이윽고 하인이나 노예뿐 아니라 한집에서 사는 남편, 아내, 아이들을 포함한 모두를 *familia*라고 부르게 됐고요. 이 말이 family라는 영어가 됐답니다.

family에는 일가, 가문이라는 뜻도 있어요. 예를 들어 the Kennedy family는 케네디 가문이라는 뜻이고, He is a man of good family는 '그는 명문가 출신이다'라는 뜻이에요. 공통된 생각이나 가치관을 공유하는 집단 역시 family입니다. 1972년에 개봉해 크게 흥행한 프랜시스 코폴라 감독의 영화 〈대부〉에서는 유대감 강한 마피아 일당을 family라고 불렀어요.

033

hobby
취미

말 이름, 하비

독자 여러분은 어떤 취미가 있나요? 독서나 영화나 음악 감상? 우표 수집? 원예나 낚시? 어쩌면 조깅, 테니스, 축구, 야구 같은 스포츠를 즐기는 독자도 있겠군요.

취미라고 하면 가장 먼저 떠오르는 영단어가 hobby가 아닐까 싶은데요. 그 밖에도 pastime, interest, diversion 등이 있어요. pastime은 '한가한 시간의 심심풀이'를 뜻하는 표현으로, kill time이라고도 하죠. interest는 형용사형이 interesting(흥미로운)이라는 사실에서도 알 수 있듯 '지적 호기심을 동반하는 취미'를 가리킵니다. 마지막으로 diversion이라는 딱딱한 단어도 있는데요. 공부나 작업에 집중하다가 질렸을 때 기분을 전환시켜줄 오락을 뜻한답니다.

가장 흔히 쓰이는 hobby의 어원을 되짚어보면, 본래는 망아지의 이름이었다고 해요. 옛날에는 영국의 많은 가정에서 농사일을 도울 말을 길렀어요. 거의 가족처럼 소중히 여기며 Robin이나 Dobbin, 아니면 Hobin 같은 이름까지 지어주고 애지중지했죠. 이 중 Hobin을 아기들 말투로 바꾸면 Hobby가 됩니다.

부유한 집안에서는 크리스마스나 생일에 부모가 자녀에게 장난감 말을 선물했죠. 나무 막대기 끄트머리에 말 머리가 달린 장난감이나 다리 부분이 아치형으로 휘어 있어서 아이가 타고 놀 수 있는 목마도 있었어요. 아이들은 그런 장난감 말에도 이름을 붙였는데, 그 대부분이 Hobby였습니다. 그래서 장난감 말을 hobby horse라 부르게 됐죠.

아이들은 그런 단순한 장난감 말에도 무척 기뻐하며 시간 가는 줄 모르고 정신없이 가지고 놀았습니다. 하지만 장난감 말을 타고 집 밖으로 멀리 나갈 수는 없는 노릇이죠. 그래서 '단순히 즐겁다'는 이유만으로 뭔가에 몰두하는 활동을 hobby라 부르게 됐습니다.

알론소 산체스 코엘료의 〈아스투리아스 공 디에고의 초상화〉. 왼손에 하비 호스를 쥐고 있다. 리히텐슈타인 미술관 소장.

설이 하나 더 있습니다. 영국에서는 봄의 도래를 축하하며 오월제라는 축제를 여는데요. 이때 추는 모리스댄스Morris dance(영국 민속무용 중 하나로, 익살스러운 모습으로 분장하는 것이 특징이다-옮긴이)에는 말에 탄 것처럼 말 머리와 몸통을 본뜬 장식을 허리에 찬 사람이 등장합니다. 이 또한 hobby horse라고 부르며, hobby의 어원으로 추정하죠. 모리스댄스 중에는 이야기 형식으로 꾸며진 것도 있는데, 무용수는 각자 맡은 역을 연기했다고 해요. 그중 하나가 바로 말이었어요.

034

taboo

터부

통가어의 금지된 행위

18세기 대항해시대, 남태평양을 탐험하던 영국인 탐험가 제임스 쿡(1728~1779년)은 통가에 다다랐습니다. 섬사람들은 무척이나 우호적이었지만, 쿡은 점차 그들의 행동이나 말에 규제가 많다는 사실을 알아차렸어요. 특정한 사물을 만지거나 그에 대해 말하는 것, 특정한 장소에 들어가는 것까지 엄격하게 금했던 거죠. 주민들은 이처럼 금지된 행위를 *tabu*라고 불렀습니다. 통가 말로 '신성한', 금제禁制라는 뜻이죠.

쿡이 여행기에서 이 말을 인용해 통가의 관습과 민속을 소개하면서 *tabu*가 taboo라는 영어로 발전했어요. 써먹기 좋은 단어였기 때문인지 그때까지 쓰이던 경고나 주의를 촉구하는 영단어가 모두 taboo로 대체됐죠. 처음에는 종교적인 금지나 금기라는 의미였지만, 시간이 흐르며 지배자나 권력자가 사회질서를 유지하고자 이 단어를 써서 사람들의 언동을 규제하기 시작했어요.

1931년 미국에서 〈타부tabu〉라는 영화가 개봉했습니다. 남국을 무대로 청년과 처녀의 허락받지 못한 사랑을 그렸는데요. 쿠바 음악가 마르가리타 레쿠오나가 이 영화에 감명을 받아 〈터부〉라는 곡을 썼죠. 일본에서는 유명한 공개 코미디 방송에 쓰이면서 큰 인기를 끌었답니다.

035

불길한 새, 개미잡이

jinx
징크스

어느 프로야구팀 감독은 시합에 이기면, 그 행운이 계속되길 바라는 마음에서 속옷을 갈아입지 않는 징크스가 있었다고 합니다. 반대로 '2년 차 징크스'라는 말도 있죠. 1년 차에 크게 활약해 신인왕을 차지했더라도 2년 차에 긴장감을 놔버리거나 상대 선수에게 공략법이 드러나 성적이 뚝 떨어지는 경우를 가리켜요.

이렇게 징크스는 좋든 나쁘든 '그 기운을 불러들이는 행동'이라는 의미로 쓰이는데요. 사실 영어의 jinx에는 불운, 불길, 재수 없는 것 등 나쁜 의미뿐이죠.

이는 그리스어 *iyux*, 라틴어 *iynx*에서 유래한 말입니다. 둘 다 융크스라고 발음하며, 개미잡이라는 새를 가리켜요. 딱따구리과에 속한 새로, 이름에서 알 수 있듯 긴 혀로 개미를 잡아먹죠. 위험을 느끼면 머리를 빙그르르 180도 돌려서 위협하는데요. 그 모습이 언뜻 뱀처럼 보인다는 이유로 마력을 지닌 불길한 새로 여겨졌고, 주술이나 점술에도 쓰였죠. 마녀가 최음제를 만들 때 개미잡이 깃털을 넣었다는 이야기도 전해집니다.

jinx의 어원인 개미잡이.

036

mentor

좋은 조언자

오디세우스의 가신, 멘토르

언제부턴가 mentor라는 말이 자주 들리는데요. 좋은 지도자, 좋은 조언자라는 의미죠. 회사에서는 신입 사원에게 업무를 지도할 뿐 아니라 사생활 고민을 들어주는 등 정신적으로 도움을 주는 선배 사원을 가리켜요. 입사하자마자 그만두는 청년들이 많다 보니 이런 멘토 제도를 실시하는 회사가 많아졌어요. 신입 사원 교육은 mentoring이라고 합니다. 이 또한 회사에서 자주 듣는 용어예요. 최근에 생긴 말처럼 들릴지도 모르지만, 알고 보면 기원전 8세기경에 *Homēros*(호메로스)*라는 음유시인이 집대성한 서사시 《오디세이아》에 나오는 현자 *Mentōr*(멘토르)의 이름에서 유래한 단어입니다.

이 이야기의 주인공은 오디세우스로, 에게해에 떠 있는 이타카라는 작은 섬의 왕이었습니다. 그리스 연합군과 요새 국가 트로이 사이에서 전쟁이 벌어졌죠. 바로 트로이전쟁**인데요. 오디세우스와 가신들이 이타카섬을 떠나 참전하지만, 교착 상태가 이어지며 좀처럼 결판이 나지 않았죠. 이때 오디세우스가 생각해낸 작전이 바로 트로이의 목마였습니다.

견고한 성벽에 둘러싸인 트로이를 공략하는 데 애를 먹던 그리스군은 커다란 목마를 요새 문 앞에 버려둔 채 후퇴했습니다. 트로이군이 홀로 남겨진 그리스 병사를 붙잡아 고문하자, 병사는 "목마는 여신의 노여움을 가라앉히기 위해 만든 것으로, 이렇게 큰 이유는 이 목마가 트로이의 성벽 안으로 들어가면 그리스가 패배한다는 점술가의 예언을 받았기 때문"이라는 거짓말을 늘어놨습니다. 트로이 사람들은

* 영어로는 Homer(호머)라고 합니다.

** 트로이아전쟁이라고도 해요. 영어로는 Trojan War(트로전 워)입니다.

목마를 끌어 성문 안으로 들여놨죠. 그런데 목마 안에는 그리스 병사들이 숨어 있었고, 밤이 되자 몰래 빠져나와 굳게 잠긴 성문을 열어젖히고 밖에서 기다리던 아군을 끌어들여 트로이를 모두 불태워버렸습니다.

트로이전쟁에서 공을 세워 의기양양하게 고향으로 향하던 오디세우스였지만, 도중에 표류한 섬에서 외눈박이 거인 폴리페모스에게 사로잡히고 맙니다. 오디세우스는 거인이 술에 취했을 때 빈틈을 노려 눈을 찌르고 도망치는 데 성공했어요. 그런데 이 거인은 알고 보니 바다의 신 포세이돈의 아들이었죠. 오디세우스는 분노한 포세이돈의 마법에 걸려 고국에 도착하기까지 숱한 시련과 마주해야 했습니다.

오디세우스는 트로이전쟁에 종군하면서 믿음직한 가신이자 친구인 멘토르에게 저택과 재산을 관리하고, 아들 텔레마코스 왕자의 교육을 맡아달라고 부탁했어요. 왕이 오랫동안 자리를 비우자, 왕위와 재산을 노린 남자들이 오디세우스의 아내 페넬로페에게 구혼을 해댔습니다. 텔레마코스 역시 차기 왕위 후보였기 때문에 목숨의 위협을 받았죠. 멘토르는 구혼자들을 쫓아내는 한편 텔레마코스에게 용기를 북돋워주며 아버지를 찾아 여행을 떠나라고 조언했어요. 이 에피소드를 통해 멘토르라는 이름이 mentor라는 영단어로 자리 잡았고, '경험이 적은 사람이나 젊은이에게 지식을 전해주는 역할을 맡은 인물'을 의미하게 됐습니다.

텔레마코스와 멘토르. 프랑수아 페늘롱이 지은 《텔레마코스의 모험》(1699년 간행)의 삽화.

가이 포크스 가면을 쓴 사람.

2장

인명에서 유래한 영단어

영어의 일반명사나 동사 중에는 사람 이름에서 생겨난 표현이 적지 않습니다.

녀석, 사내라는 의미의 guy는 어떤 역사적 사건을 일으킨 범인의 이름에서 유래했는데요. 과연 어떤 인물일까요?

037

Platonic love

플라토닉 러브

플라톤

고대 그리스를 대표하는 철학자, 플라톤Platōn(기원전 427~기원전 347년). 영어로는 Plato, 플레이토라고 발음하죠. 형용사는 Platonic으로 '플라톤의', '플라톤 철학의'라는 의미입니다.

흔히 Platonic love라는 표현을 쓰는데요. 이는 문자 그대로 '플라톤의 사랑'이라는 뜻으로, '남녀 간의 육체관계가 아닌 정신적인 사랑'을 가리킵니다. 하지만 만약 플라톤이 이 세상에 환생한다면 자신의 이름이 들어간 단어가 이런 의미로 쓰인다는 사실에 분명 화들짝 놀랄 거예요. 플라톤은 그런 말을 한 적이 없거든요.

플라톤의 스승은 소크라테스(기원전 470~기원전 399년)로, 저서를 단 한 권도 남기지 않았습니다. 그럼에도 위대한 철학자로 후세에 이름을 남길 수 있었던 이유는 제자 플라톤이 소크라테스가 한 말을 글로 남겼기 때문이죠. 저서는 대부분 소크라테스가 사람들과 나눈 대화 형식으로, '대화편'이라 불립니다. 그중 하나가 《향연》인데요. 그리스어로는 *symposion*(심포시온)이라고 하는데, '함께 술을 마신다'라는 의미입니다. 영어 symposium(p. 234)은 이 그리스어에서 유래했어요.

《향연》에서는 '사랑이란 무엇인가'를 주제로 소크라테스를 비롯해 문학청년, 정치가, 의사, 희극작가, 비극 시인 등이 자신의 생각을 펼칩니다. 가장 먼저 문학청년이 거침없이 성애의 신, 에로스를 찬미해요. 다음 발언자는 육체적인 애욕에 취하는 세속적 사랑이 아니라 이성적인 남성이 소년에게 품는 사랑이야말로 신성한 천상의 사랑임을 주장하죠. 당시는 성인 남성이 유능한 소년의 후견인이 돼 사랑하고 키워주는

〈아테네 학당〉 일부. 라파엘로가 다빈치에게서 영감을 얻어 플라톤을 그렸다고 추정된다. 바티칸 미술관 소장.

소년애가 사회적으로 용인됐을 뿐 아니라 장려됐거든요. 좀 오래된 영어 사전을 보면 Platonic love의 의미 중 하나로 '남성 간 사랑'이 설명돼 있기도 합니다.

이 같은 발언이 이어지던 중 소크라테스가 등장하며 토론의 양상이 돌변합니다. 궁극적인 사랑이란 미의 이데아를 추구하는 행위라는 거죠. 이데아란 뭘까요? 간단히 설명하기 어려운데 본질, 원형이라고 하면 될까요? 그러니까 미의 이데아란, 이 세상에는 아름다운 것이 수없이 많지만 그러한 개개의 미를 초월한 미의 이상적 형태를 말합니다.

르네상스 시대로 접어들어 15세기에 마르실리오 피치노라는 플라톤 연구가가 메디치가의 후원을 받아 《플라톤 전집》을 라틴어로 번역합니다. 이때 *amor platōnicus*(아모르 플라토니쿠스, 플라톤적 사랑)라는 표현을 썼죠.

이 말이 17세기에 들어서면서 기독교적 사랑의 이념인 *agapē*(아가페)*와 합쳐져 '남녀 간의 육체관계가 아닌 정신적인 사랑'으로 해석되기 시작했어요. 소년애와도, 미의 이데아와도 동떨어진 의미로 바뀌고 만 거죠. 플라톤도 깜짝 놀랄 일입니다.

* 인간에 대한 신의 무한하고 무조건적인 사랑을 가리킵니다.

038

July
7월

율리우스 카이사르

고대 로마 시대에 처음으로 만들어진 달력은 기원전 8세기, 초대 왕인 로물루스(p. 172)가 정한 로물루스력이었습니다. 이 달력은 지금과 다르게 봄부터 가을까지 10개월뿐이었어요. 달력은 파종 시기, 수확 시기 같은 농사일을 할 시기를 알려주는 것이었으니 밭일을 할 수 없는 두 달간의 한겨울은 공백으로 남았던 거죠.

제일 첫 달은 *Mārtius*(마르티우스)로, 전쟁의 신 마르스의 달이었어요. 이것이 지금의 3월인 March(p.174)의 어원입니다. 봄이 되면 따뜻해져 농사일이 수월해지지만, 동시에 전쟁을 할 때 군대를 움직이기도 쉬워지죠.

로물루스 왕이 세상을 떠나자 원로원의 지명에 따라 누마 폼필리우스가 2대 왕의 자리에 오릅니다. 누마는 누마력이라는 달력을 제작했어요. 10개월 뒤에 *Jānuārius*(야누아리우스)와 *Februārius*(페브루아리우스)라는 두 개 달을 더해 1년을 12개월로 만들었죠. *Jānuārius*는 로마신화에 등장하는 두 얼굴의 신인 *Jānus*(p. 178)의 달이고, *Februārius*는 속죄의 신인 *Februus*(페브루우스)의 달이라는 의미였습니다.

그 뒤로 600년 가까이 큰 변화가 없다가 기원전 2세기에 접어들어 누마력 개혁이 단행됐어요. 마지막 두 달을 1년의 첫머리로 옮겨 1월과 2월로 바꾼 겁니다. 3월은 그대로 마르스의 달인 *Mārtius*, 4월은 그리스 신화 속 사랑과 미의 여신 아프로디테의 달 *Aprilīs*(아프릴리스), 5월은 풍요의 여신 마이아의 달 *Māius*(마이우스), 6월은 결혼의 수호신 유노의 달 *Jūnius*(유니우스)로 변함이 없었어요.

문제는 7월부터였죠. 달 이름이 라틴어 숫자를 토대로 붙여졌기 때문인데요. 역법을 고치기 전에는 7월이 1년 중 첫 번째 달인 *Mārtius*(지금의 3월)부터 헤아려서 다섯 번째 달이라는 의미로 *Quīntīlis*(퀸틸리스)라 불렸습니다. 다섯 명이 노래를 부르거나 연주하는 그룹을 quintet(퀸텟)이라고 하는데, 이는 라틴어 5에서 유래한 말이에요. 그런데 1년의 첫머리에 두 개 달이 추가되는 바람에 다섯 번째 달이 7월로 바뀌고 만 거예요. 여섯 번째 달인 *Sextīlis*(섹스틸리스) 역시 8월로 바뀌는 등 12월까지 2개월씩 오차가 생겨버린 셈입니다.

지금의 영어에서 10월은 October인데, 이 또한 본래는 여덟 번째 달이라는 의미였습니다. 바다에 사는 문어를 영어로 octopus라고 하죠. 문어 다리가 여덟 개이기 때문이에요. 라틴어에서는 8이 *octō*(옥토)거든요. 마찬가지로 9월을 뜻하는 September의 *septem*(셉템)은 라틴어로 7, 11월인 November의 *novem*(노웸)은 9, 12월인 December의 *decem*(데켐)은 10에서 유래했습니다.

기원전 46년에는 천문학을 비롯한 과학이 발전했던 이집트에서 돌아온 율리우스 카이사르(기원전 100~기원전 44년)*가 새로운 달력을 정했습니다. 이 달력이 바로 율리우스력이에요. 1년 365일을 원칙으로 하는 태양력으로, 4년에 한 번씩 윤년이 있죠. 홀수 달을 31일, 짝수 달을 30일로 하고, 2월은 예외적으로 29일로 했어요. 더불어 카이사르는 자신이 태어난 7월 *Quīntīlis*를 자기 이름에서 따온 *Jūlius*(율리우스)로 바꿔버렸습니다. 이 *Jūlius*가 바로 영어 July가 된 거예요.

* 영어도 철자는 같지만 발음은 '줄리어스 시저'입니다.

039

August
8월

초대 로마 황제, 아우구스투스

고대 로마 최초의 황제는 아우구스투스(기원전 63~기원후 14년)입니다. 카이사르 여동생의 손자로, 어린 시절 이름은 옥타비아누스죠. 어릴 때부터 돋보였던 재능 덕에 카이사르의 양자가 됐는데요. 카이사르가 암살된 뒤 그를 후계자로 지명하는 유서가 발견됐죠.

옥타비아누스는 안토니우스(기원전 82~기원전 30년), 레피두스(?~기원전 13년)와 함께 두 번째 삼두정치*의 한 축을 담당했어요. 안토니우스의 아내는 옥타비아누스의 누나 옥타비아였는데요. 안토니우스가 이집트 원정 당시, 카이사르의 아내였던 여왕 클레오파트라(기원전 69~기원전 30년)의 매력에 빠져 아내와 이혼하고 클레오파트라와 결혼해버렸죠.

* 첫 삼두정치는 기원전 1세기 중엽, 카이사르, 크라수스, 폼페이우스가 이끌었습니다.

레피두스가 실각하자, 옥타비아누스와, 그의 누이와 이혼한 안토니우스의 대립이 심해졌습니다. 그러다 안토니우스가 클레오파트라와 함께 동방의 속주를 모조리 지배할 계획을 세우면서 돌이킬 수 없는 지경에 이르렀어요.

옥타비아누스는 안토니우스와 클레오파트라가 이끄는 이집트 연합군을 그리스 서부에서 벌어진 악티움해전에서 격파했습니다. 안토니우스는 자살했고, 클레오파트라 역시 독사인 코브라가 자신의 가슴을 깨물게 만들어 죽었다고 전해져요.

로마로 개선한 옥타비아누스는 원로원에 권력을 돌려주고, 카이사르와 같은 독재자가 되지 않겠다는 뜻으로 스스로를 *prīnceps* (프린켑스)라 칭했습니다. '시민의 제1인자'라는 의미죠. 이 말이 영어로 왕자를 뜻하는

prince의 어원입니다.

이에 대해 원로원은 옥타비아누스에게 아우구스투스라는 칭호를 내리죠. '존엄한 자'라는 뜻입니다. 원로원이 수차례 독재관이 되라고 권했지만 아우구스투스는 고사해요. 하지만 그는 군사적·정치적 권력을 자연스럽게 집중시키며 권위를 확립했고, 40년에 걸쳐 군림했기에 후세로부터 사실상 황제였다는 평가를 받았죠.

기원후 8년, 아우구스투스는 종조부뻘인 카이사르가 정한 율리우스력을 개혁해, 악티움해전에서 승리한 8월을 자신의 이름을 따 *Augustus*로 바꿔버립니다. 이것이 영어로 8월을 뜻하는 August의 어원입니다.

그때까지 8월은 1년 중 첫 번째 달인 *Mārtius*(마르티우스)에서 여섯 번째 달이라는 의미로 *Sextīlis*(섹스틸리스)라 불렸어요. 라틴어로 6을 의미하는 *sex*(섹스)에서 유래한 이름이었죠. 이로써 8월까지는 오차가 해결됐답니다.

다만 아우구스투스는 자신의 이름이 붙은 8월이 30일까지로 다른 달보다 날이 적으면 자신의 위엄이 떨어진다면서 8월을 31일로 바꾸고, 2월을 하루 더 줄여 28일로 만들었어요. 그에 따라 9월, 11월이 30일로, 10월과 12월이 31일로 바뀌면서 홀수 달이 31일인 큰달, 짝수 달이 30일인 작은달이라는 기존 원칙이 무너지고 말았죠.

아우구스투스 대리석상, 바티칸 미술관 소장.

카이사르가 제왕절개술로 태어났다고?

로마공화정 시대의 최고 영웅을 꼽아보라고 하면 누가 뭐래도 *Jūlius Caesar*가 아닐까요? 라틴어로는 율리우스 카이사르지만 영어로는 줄리어스 시저라고 발음하죠. 임산부의 자궁을 절개해 태아를 꺼내는 수술인 제왕절개술은 영어로 Caesarean section입니다. Caesarean은 '카이사르의'라는 뜻의 형용사, section은 절단, 분단이니, Caesarean section은 '카이사르의 절개'로 해석돼 오랫동안 카이사르에서 유래한 표현이라고 여겨졌어요. 하지만 이제는 민간어원으로 통해요.

우선 카이사르가 제왕절개술로 태어났기 때문이라는 설명이 있는데, 이는 사실이 아닙니다. 고대 로마에서는 분만을 하며 임산부가 사망했을 때만 배를 갈라 태아를 꺼냈어요. 당시 의술로는 임산부와 태아 모두를 살릴 수 없었거든요. 카이사르가 이렇게 태어났다면 모친은 그때 세상을 떴어야 할 텐데, 카이사르의 어머니인 아우렐리아는 54세까지 살았습니다. 당시로서는 꽤 오래 산 셈이죠.

죽은 어머니의 배에서 꺼낸 태아는 라틴어로 *caesō*(카이소) 혹은 *caesar*(카이사르)라고 불렸습니다. *caedere*(자르다)의 과거분사인 *caesus*(잘려나갔다)에서 파생됐죠. 16세기로 접어들어 이 수술법은 라틴어로 *sectiō caesarea*라 불렸습니다. 굳이 해석하자면 '잘려나간 자의 절개'라는 중복 표현이 되는데, 이것이 Caesarean section이라는 영단어로 변한 거예요.

그렇다면 제왕절개술의 제왕은 어디서 온 말일까요? 여기서 이야기는 다시 율리우스 카이사르로 돌아갑니다. 카이사르는 독재관 자리에는 올랐지만 평생 황제는 되지 않았어요. 최초의 황제는 카이사르 여동생의 손자이며 양자이기도 했던 아우구스투스였죠. 그는 한층 관록을 더하고자 로마 황제의 칭호로 양부의 이름인 *Caesar*를 썼어요.

중세에 세워진 신성로마제국의 황제는 *Kaiser*(카이저)라고 불렀어요. 위의 *Caesar*에서 온 말이죠. 일본은 주로 메이지 시대에 독일로부터 의술을 받아들였어요. 독일어로 제왕절개는 *Kaiserschnitt*(카이저슈니트)라고 합니다. *Kaiser*는 황제, *schnitt*는 자르는 것, 절개라는 의미죠. 이 *Kaiser*라는 독일어에는 어디까지나 카이사르라는 칭호에서 유래한 황제라는 의미밖에 없습니다. 이를 그대로 번역하면서 제왕절개술이라고 하게 된 거죠.

참고로 아직까지도 일본 의료 현장에서는 제왕절개를 카이저라고 한답니다.

040

pantaloon

판탈롱

성 판탈레온

일본에서는 보통 판탈롱이라고 하면 허리부터 허벅지까지는 딱 달라붙고 무릎 아래로는 헐렁헐렁하게 퍼진 바지를 의미합니다. 나팔바지라고 부르기도 하죠. 그런데 실제로 판탈롱에는 그런 의미가 없어요. 그냥 긴 바지*라는 뜻이에요. 영어로 판탈롱은 bell bottoms입니다. bell은 종을 뜻하는데, 종은 아래쪽으로 갈수록 점점 넓어지죠. bottom은 바닥을 가리키지만, 바짓부리라는 의미도 있어요.

* 긴바지를 뜻하는 또 다른 영단어로는 trousers가 있습니다. 이 단어가 더 일반적이죠.

1960년대 후반, 패션을 선도하던 프랑스에서 긴바지를 뜻하는 단어 판탈롱이 일본에 알려졌는데요. 때마침 우연찮게도 벨보텀스 역시 유행했기에 판탈롱과 벨보텀스가 혼동되고 말았죠.

그런데 이 판탈롱에는 무척 흥미로운 역사가 숨겨져 있습니다. 4세기 로마에 판탈레온Pantaleōn(?~305년)이라는 명의가 살았어요. 수많은 환자의 중병을 고쳐 유명해졌고, 황제의 눈에도 들면서 훗날 황제의 주치의가 되기로 정해져 있었죠. 다만 딱 한 가지 문제가 있었는데요. 바로 기독교도라는 점이었어요. 아직 기독교가 공인되지 못하고 가장 심하게 박해받던 시대였거든요.

판탈레온의 명성을 질투한 다른 의사들이 황제에게 그가 기독교도란 사실을 밀고했습니다. 분노한 황제는 판탈레온에게 가혹한 고문을 가했죠. 판탈레온은 신의 기적을 믿으며 참고 견뎠지만 끝내 참수형에 처해지고 말았어요. 이렇게 순교자가 된 판탈레온은 의사의 수호성인, 나아가 베니스의 수호신으로 현재까지 많은 기독교도에게 숭배받고 있답니다.

아직 뒷이야기가 남아 있는데요. 16세기 이탈리아에서는 *commedia dell'arte*(코메디아 델라르테)라는 즉흥 가면극이 인기를 끌었어요. 예능인이나 배우가 대본 없이 간단한 줄거리에 따라서 애드리브로 이끌어가는 희극이었죠. 여기서 매번 등장하는 인물이 바로 어리석고 쩨쩨한 베니스의 늙은 상인이었습니다. 배역 이름은 *Pantalone*(판탈로네)로, 성 판탈레온의 이름을 살짝 비틀어 만들었죠. 피에로에게 바보 취급을 당하는 배역으로 언제나 독특한 빨간 바지를 입고 있었어요.

이윽고 이 즉흥극은 팬터마임 같은 무언극으로 발전했어요. 여기에서도 판탈로네가 등장했는데요. 마찬가지로 앙상한 늙은이로, 광대의 상대역으로 등장해 관객을 웃음바다에 빠뜨렸습니다. 팬터마임은 프랑스에서도 큰 인기를 끌었고, 판탈로네와 그가 입고 나오는 화려한 긴바지는 *pantalons*(판탈롱)이라 불리게 됐죠. 그때까지 귀족 남성은 퀼로트라고 해서 무릎까지 내려오는 짧은 바지를 입었는데, 프랑스혁명 이후로는 모두 긴바지를 입었어요.

이 말이 pantaloon(팬털룬)*이라는 영어로 자리를 잡았습니다. 물론 긴바지를 뜻하는데, 점점 짧아지면서 pants로 바뀌었죠. 요즘 젊은이들은 바지를 팬츠라고 부르기도 하는데요. 저는 당연히 하반신에 입는 속옷이 긴바지라는 의미로 바뀐 줄 알았는데, 아니더군요. 그런데 영국에서는 하반신에 입는 속옷을 pants라고 부른답니다. 정말이지 영어는 참 복잡하다니까요.

* 다리가 들어가는 구멍이 두 개기 때문에 보통 복수형 pantaloons라고 씁니다. 오해를 피하기 위해 한 벌을 말할 때는 a pair of pantaloons라고 하고요.

041

Bloody Mary

블러디 메리

잉글랜드 여왕, 메리 1세

Bloody Mary라는 칵테일이 있습니다. 블러디 메리나 블러디 마리라고 하는데, 술을 마시지 않는 사람이나 미성년자라도 이름은 들어본 적이 있을 거예요. 보드카에 토마토 주스를 섞고 레몬즙을 떨어뜨린 붉은색 술이죠.

이 칵테일 이름은 잉글랜드 여왕 메리 1세(1516~1558년)에서 유래했어요. 가톨릭으로 개종하지 않는 수많은 프로테스탄트를 처형한 악명 높은 여왕이죠. bloody란 '피범벅의', '피투성이의', '피로 얼룩진'이라는 의미로, 칵테일의 빨간색이 여왕에게 처형당한 사람들이 흘린 피를 연상시킨다는 이유에서 이런 이름이 붙었습니다.

메리의 아버지인 헨리 8세는 독실한 가톨릭교도였습니다. 왕비 캐서린도 가톨릭 국가인 스페인에서 왔고요. 이 두 사람 사이에서는 좀처럼 사내아이가 태어나지 않았어요. 이때 헨리 8세에게 앤 불린이라는 애인이 생겼죠. 가톨릭 교리에서는 이혼을 인정하지 않습니다. 물론 로마 교황 역시 이혼을 허락할 리 없었죠.

그래서 헨리 8세는 터무니없는 짓을 단행했습니다. 잉글랜드에서 최고위 가톨릭 사제인 캔터베리 대사교에게 캐서린과의 이혼을 인정하게 한 거예요. 로마 교황은 헨리 8세를 파문합니다. 그러자 이에 대항해 국왕은 자신을 수장으로 하는 영국국교회를 세우고, 온 나라를 로마가톨릭교회에서 이탈시켜버렸어요. 국왕의 이혼이라는 개인 사정 때문에 국가의 종교를 바꿔버린 셈이죠.

이런 큰일을 치르면서까지 이혼한 헨리 8세였지만, 앤 불린과 재혼하자마자 제인 시모어라는 애인이 생겨요. 헨리 8세는 이혼하려 하지 않는 앤 불린을 간통했다는 죄를 뒤집어씌워 처형하고 말았죠. 앤 불린이 왕비의 자리에 앉았던 기간은 겨우 1,000일 정도였습니다.

안토니스 모르의 〈메리 1세〉, 프라도 미술관 소장.

헨리 8세가 죽자, 당시 아홉 살이었던 제인 시모어의 아들 에드워드 6세가 즉위합니다. 그는 대륙에서 벌어진 종교개혁에 공감하는 열렬한 프로테스탄트이자 품행이 단정한 청년이었지만, 병약한 탓에 열여섯이라는 젊은 나이에 세상을 뜨고 말았죠. 이어서 헨리 8세 여동생의 손녀인 제인 그레이가 잉글랜드 최초의 여왕으로 즉위했어요. 하지만 헨리 8세의 첫 왕비였던 캐서린의 딸 메리의 음모로 겨우 9일 만에 퇴위당하고 참수형에 처해졌죠.

이렇게 해서 메리 1세가 즉위했습니다. 어머니처럼 경건한 가톨릭교도로 자라온 메리는 나라의 종교 정책을 180도 바꿔버렸어요. 로마가톨릭교회와 화해하고 국내의 프로테스탄트를 심하게 탄압했죠. 가톨릭으로 개종하지 않는 자는 가차 없이 처형했습니다. 그 숫자가 여성과 어린아이까지 포함해 300명에 달했어요. 그 뒤로도 잉글랜드에서는 종교를 둘러싸고 피로 얼룩진 아수라장이 펼쳐졌습니다.

042

nicotine

니코틴

포르투갈 주재 프랑스 대사, 장 니코

1492년, 이탈리아 제노바에서 태어난 콜럼버스(1451년경~1506년)가 아메리카에 다다릅니다. 이 신대륙에서 유럽으로 감자, 옥수수, 토마토 등의 작물 외에도 담배가 전파됐죠. 어느 항해일지에는 "인디오가 말린 잎을 말아서 한쪽 끝에 불을 붙이고 반대쪽으로 그 연기를 들이마시는 모습을 봤다"는 내용이 적혀 있습니다.

콜럼버스가 아메리카에 오고 반세기가 지났을 무렵, 장 니코Jean Nicot*(1530~1600년)라는 프랑스 외교관이 탁월한 어학 능력 덕분에 대사가 돼 포르투갈 리스본으로 파견을 갑니다. 겨우 다섯 살이었던 포르투갈 왕과 프랑스 왕의 여섯 살 난 딸의 결혼을 성사시키기 위해서였죠. 서른 살 젊은이였던 니코는 리스본 항구에서 아메리카 대륙에서 돌아온 선원들과 친해졌고, 신기한 식물을 손에 넣었어요. 바로 담뱃잎이었습니다.

니코는 담배를 프랑스로 가져가 약초라고 소개했어요. 프랑스 왕 앙리 3세의 어머니 카트린 드메디시스가 두통약으로 복용하면서, 담배는 상류계급에까지 퍼지죠. 이렇게 해서 담배는 니코의 이름을 따 라틴어로 *nicotiāna*(니코티아나)라고 불리게 됐습니다. 이것이 바로 nicotine의 어원이죠. 지금은 담뱃잎에 포함된 성분을 의미해요.

현대 영어에서는 tobacco가 담뱃잎, 살담배, 씹는담배를 의미하는데요. 이는 스페인어 *tabaco*에서 유래했습니다. cigarette은 지궐련, cigar는 엽궐련을 가리키는데, 이는 놀랍게도 매미를 뜻하는 스페인어 *cigarra***

* 프랑스어에서 Nicot의 마지막 t는 발음하지 않습니다.

** 영어로 매미는 cicada라고 쓰고, 시케이다라고 발음합니다.

에서 왔다는 설이 있습니다. 확실히 얇은 종이로 싼 모습이 매미 날개처럼 보이기도 하고, 시가는 땅딸막한 매미 몸통 같기도 하죠.

장 니코의 초상화.

17세기 접어들어 프랑스 궁정에서 파이프 담배가 유행하는데요. 루이 13세(1601~1643년)가 담배 연기를 코로 내뿜는 모습이 천박하다며 이를 금지해버리죠. 그러자 귀족들은 담배를 가루로 만든 뒤 손으로 집어 코로 빨아들여 향기를 즐기기 시작했습니다. 이것이 바로 코담배예요.

잉글랜드에서 파이프 담배를 널리 퍼뜨린 인물은 군인이자 정치가인 월터 롤리(1552년경~1618년)였습니다. 엘리자베스 1세(1533~1603년)의 총애를 받아 아메리카 동부 로어노크섬 일대를 잉글랜드 최초의 이주지로 삼고자 계획을 세우고, Virginia라는 이름을 붙였죠. 엘리자베스는 평생 결혼하지 않았기 때문에 Virgin Queen이라 불렸거든요. 궁정 사람들은 그만큼 영향력이 강했던 롤리를 따라 담배를 피우기 시작했습니다.

롤리가 처음 자신의 방에서 파이프 담배를 피웠을 때의 일화가 남아 있어요. 연기가 피어오르는 모습을 본 하인이 롤리의 몸이 타고 있는 줄 알고 다급히 양동이에 물을 담아 와서 머리 위에 끼얹었다는군요. 하지만 이 이야기의 진위 여부는 밝혀진 바가 없습니다.

043

quixotic

공상적인

돈키호테

실존 인물뿐 아니라 소설 속 주인공의 이름에서 탄생한 영단어도 있는데요. 스페인 작가 미겔 데 세르반테스(1547~1616년)가 쓴 《돈키호테》의 주인공 Don Quixote에서 유래한 quixotic이라는 영단어도 그중 하나입니다. '돈키호테적인'이라는 뜻이지만 '공상적인', '비현실적인', '기사 행세를 하는', '로맨틱한'이라는 의미부터 '뜬금없는'까지 다양하게 쓰이는 형용사죠. 퀵사틱*이라고 발음해요.

* Don Quixote를 영어에서는 단퀵서트라고 발음하는데, 스페인어식으로 돈키호테라고 발음해도 전혀 상관없습니다.

풍차를 거인의 대군으로 착각한 돈키호테가 애마 로시난테를 탄 채 창을 들고 전력으로 돌진하는 장면은 너무나도 유명하죠. 그때 갑자기 세찬 바람이 불어와 커다란 풍차 날개가 돌아가기 시작하자, 돈키호테는 튕겨 나가고 마는데요. 그는 자신을 시기한 마법사가 거인을 퇴치했다는 공적을 빼앗으려 풍차로 바꾼 거라 우기죠.

돈키호테는 틈만 나면 기사도 이야기에 푹 빠져 지냈습니다. 잠까지 줄여가며 책을 탐독하는 사이에 머릿속은 바짝바짝 말라붙어갔고, 급기야 정신까지 이상해지죠. 수많은 책에서 읽은 황당무계한 사건을 모두 진실이라 착각해버린 거예요.

사리를 분별하지 못하게 된 돈키호테는 그때까지 세상 사람 누구도 생각하지 못한 기묘한 아이디어를 떠올리는데요. 자신이 읽은 이야기 속 기사들처럼 갑옷과 투구를 걸치고, 말을 타고 각지를 돌아다니며 모험하기로 결심한 거예요. 이 세상에서 부정을 뿌리 뽑고자 몸소 궁지에 몸을 내던지고 이를 극복해, 영원토록 사람들 입에 오르내릴 업적을 세우자는 인생의 목표를 정했습니다.

돈키호테는 산초 판사라는 농부를 데리고 여행에 나섰어요. 하지만 당시는 더 이상 기사가 활약하는 중세가 아니었죠. 시대에 뒤떨어진 주인공 일행이 여행길에서 마주친 사람들과 만들어내는 우스꽝스러운 에피소드가 쉴 새 없이 이어집니다.

세 차례에 걸친 여행을 마치고 고향 마을로 돌아온 돈키호테는 열병에 걸려 생사를 헤맵니다. 눈을 떴을 때 돈키호테는 제정신으로 돌아와 있었죠. 산초에게 "기사 이야기를 진짜라고 믿었던 내 잘못이다. 너까지 미친 사람처럼 보이게 해서 미안했다"라고 사과합니다. 산초는 눈물을 흘리며 대답하죠. "죽지 마십시오. 진짜 미친 짓은 슬프다고, 힘들다고 스스로 죽는 짓입니다"라고요. 이 말에는 둘이서 함께했던 유쾌한 여행에 대한 만족감이 가득 차 있었죠.

지금 사회는 앞길이 보이지 않는 막막한 분위기가 가득해, 큰 꿈을 향해 돌진하는 젊은이를 찾아보기 힘들다고들 말합니다. 하지만 한 번뿐인 인생, 남들의 비웃음을 사든 비판을 받든 자신이 믿는 길을 걸어가야 한다고, 이야기 속 돈키호테는 강하게 호소합니다.

덴마크 화가 빌헬름 마르스트란이 그린 〈갈림길에 선 돈키호테와 산초〉.

044

guy
녀석

화약 음모사건의 주범, 가이 포크스

구어체로 녀석을 뜻하는 말로 guy를 쓰곤 하는데요. 예를 들어 He's a good guy는 '그는 좋은 녀석이다'라는 뜻이죠. 다소 거칠게 표현하면 놈에 가까울지도 모르겠군요.

guy에는 사내라는 의미도 있기 때문에 저는 여성에게는 결코 쓰지 않으려 했습니다. 그런데 얼마 전, 미국인 친구와 함께 길을 가는데 남녀 일행과 마주쳤어요. 지인이었는지 친구가 그들에게 손을 들며 Hi, guys!(안녕, 친구들!) 하고 인사하더군요. 제가 "여성한테 guy라는 말을 써도 괜찮아?"라고 묻자 "단수는 남성한테만 쓰지만, 복수인 guys는 남녀는 물론이고 여성들만 있어도 쓸 수 있다"고 알려줬습니다.

이 guy가 사람 이름에서 유래했다면 놀라는 독자가 있을지도 모르겠군요. 17세기 초, 잉글랜드에서는 종교 대립이 격해지고 있었습니다. 국왕이 믿는 종교에 따라 정책이 쉴 새 없이 바뀌었고, 이교도로 몰리면 줄줄이 처형당하는 피로 얼룩진 시대였죠. 당시 국왕 제임스 1세는 영국

화약 음모사건으로 체포되는 가이 포크스.

국교회를 국가의 주된 종교로 지정하고, 가톨릭뿐 아니라 프로테스탄트인 puritan(청교도)까지 탄압했어요.

그런 시기에 벌어진 사건이 바로 화약 음모사건이었습니다. 1605년 11월 5일, 가톨릭 과격파가 국회의사당 지하에 폭약을 설치해서 의회에 출석한 제임스 1세를 암살하고자 했죠. 그 주범 중 하나가 바로 가이 포크스Guy Fawkes(1570~1606년)라는 사내였습니다. 가이 포크스는 폭약을 지키고 있다가 발각당해 체포되고 말았죠. 처음에는 철저히 입을 다물었지만, 끔찍한 고문 끝에 결국 사건의 전모를 자백하고 교수형에 처해지고 말았어요.

그 뒤로 이 폭파 미수사건을 사람들이 오래도록 기억하도록 11월 5일을 '가이 포크스의 날'로 정했죠. 아이들은 포크스를 본뜬 기괴한 인형을 만들어 온 거리에 끌고 다니며 "11월 5일을 잊지 마라 / 가이 포크스, 가이 / 굴뚝에 처넣어 죽여버려라"라는 노래를 불렀고, 밤이 되면 횃불로 인형을 태워버렸어요.

이렇게 Guy라는 이름이 '기이한 사람', '우스꽝스러운 사람'에서 '조리돌리다', '조롱하다'라는 동사가 됐고, 시간이 흘러 19세기 중엽에 이르러서는 녀석, 사내라는 의미로 자리를 잡았습니다. 지금도 정치적 항의 운동을 벌일 때면 살짝 웃는 듯한 눈매에 입술과 콧수염 끄트머리가 올라간 우스꽝스러운 가면을 쓴 사람을 볼 수 있습니다. 바로 가이 포크스 가면이죠.

가이 포크스 데이에 행진하는 모습을 그린 일러스트.

sandwich
샌드위치

샌드위치 백작

빵에 고기나 채소 따위를 끼운 음식을 sandwich라고 하죠. 삶은 달걀이나 으깬 감자를 넣기도 하고, 햄이나 스테이크, 치즈, 때로는 돈가스를 끼우기도 하는데요. 이 음식은 18세기 영국 귀족인 샌드위치 백작Earl of Sandwich의 이름에서 유래했습니다.

백작의 이름은 존 몬터규(1718~1792년)였는데요. 부유한 귀족 집안에서 태어나 명문 이튼칼리지를 졸업하고, 케임브리지대학교에 진학한 뒤 여러 나라로 유학을 다녀왔죠. 귀국하고서는 귀족원 의원이 됐고, 서른에 해군 장관의 자리에 오른 엘리트였어요.

그런 그에게는 딱 하나 흠이 있었습니다. 심각한 도박광이었던 거예요. 쉬지 않고 한참 동안 카드 도박을 하던 백작은 하인에게 게임을 중단하지 않고 한 손으로 먹을 수 있게끔 고기를 끼운 빵을 만들어 오라고 했습니다. 이렇게 해서 만든 간단한 음식을 샌드위치라고 부르게 됐죠. 하지만 그가 샌드위치를 고안하거나 발명한 것은 아닙니다.

샌드위치 백작 존 몬터규의 초상화, 영국 국립해양박물관 소장.

빵에 고기를 얹거나 끼운 요리는 오래전부터 있었거든요. 고대 로마인은 동그란 빵에 고기를 채운 음식인 오풀라óffŭla를 즐겨 먹었고, 고대 인도에서도 난에 양고기를 끼워 먹었죠. 기원전 1세기에는 유대교 랍비가 축제 때 제물로 바친 양을 구워

씁쓸한 약초와 함께 넓적한 빵에 끼워서 먹었다는 기록도 남아 있고요. 16~17세기경 영국에서도 고기와 빵을 함께 먹었는데, 이는 bread and meat라고 불렀습니다.

음식으로서 샌드위치라는 단어가 처음 등장한 문헌은 《로마제국 쇠망사》를 지은 영국 역사가 에드워드 기번의 일기였습니다. 1762년 11월 24일에 "런던의 클럽에서 상류층 영국 남성 20~30명이 식은 고기 약간, 혹은 샌드위치를 테이블에서 먹고 있었다"라고 적었죠. 1765년에 프랑스 작가 피에르 그로슬레가 쓴 런던 체류기에는 "국무 장관은 도박장에서 24시간을 보내며, 게임을 하면서 빵에 끼운 소고기를 먹는다. 이 음식은 내가 머무는 동안에 크게 유행했는데, 이를 발명한 장관의 이름으로 불렸다"라고 기록돼 있습니다.

이 국무 장관은 물론 몬터규를 가리킵니다. 그런데 사실 그는 이 무렵 해군 장관 등 국가 요직을 수행하느라 눈코 뜰 새 없이 바빴을 겁니다. 최초의 세계대전으로 여겨지는 7년 전쟁*과 아메리카에서 일어난 프렌치·인디언 전쟁**의 전후 처리 때문에 잠을 잘 시간도 없었을 테죠. 업무 중에 앉은 자리에서 샌드위치를 먹기야 했겠지만 도박에 정신이 팔릴 시간 따위는 없었을 것입니다.

* 프로이센과 오스트리아의 대립이 유럽 전역으로 확산된 전쟁으로, 영국은 프로이센 측에 서서 승리를 거뒀습니다.

** 아메리카에서 원주민과 동맹을 맺은 프랑스와 영국 사이에서 일어난 전쟁으로, 영국이 승리를 거뒀습니다.

이는 거짓 소문을 만들어내서 업무를 내팽개친 채 노름에 빠져 있다는 이미지를 심고자 한 정적의 음모였을지도 몰라요. 샌드위치라는 음식 이름이 몬터규가 덮어쓴 오명이었을 가능성도 무시할 수 없겠죠.

046

silhouette

실루엣

프랑스 재무 장관, 실루엣

검은 종이를 사물의 윤곽 형태로 오려낸 것이나 윤곽만 그려놓고 안쪽을 온통 검게 칠한 그림을 실루엣이라고 부릅니다. 특히 인물의 옆얼굴을 그린 경우가 많은데요. 영화나 사진 중 역광을 받은 사람이나 산이 검게 칠해진 이미지 컷, 빛과 두 손을 이용한 그림자놀이로 하얀 벽에 만들어내는 여우나 닭 모양, 복식 디자인에서 양복 윤곽을 단순한 선으로 그린 스케치까지 모두 실루엣이라고 하죠.

영어로는 silhouette이라고 씁니다. 프랑스 귀족으로 정치가이자 작가로 활동한 에티엔 드 실루엣Étienne de Silhouette(1709~1767년)의 이름에서 유래했는데요. 그는 프랑스 중부에서 태어나 젊은 시절에 런던으로 유학을 떠나서 영국 경제학을 배운 인물이죠.

프랑스는 이전 국왕이었던 태양왕 루이 14세(1638~1715년)가 베르사유궁전을 짓는 데 돈을 물 쓰듯 하고, 유럽 최강이라 불린 군대를 이끌고 곳곳에서 침략 전쟁을 벌인 탓에 재정적으로 심각한 어려움에 처해 있었습니다. 그런데 그의 뒤를 이은 루이 15세(1710~1774년)까지 선대 왕과 마찬가지로 확장 정책을 취하면서 프랑스는 극도의 재정난에 빠지고 말았어요.

실루엣이 재무 장관에 오른 것은 1759년으로, 루이 15세의 시대였습니다. 7년 전쟁이 한창이던 때죠. 러시아와 오스트리아의 영토 분쟁에서 시작해 프랑스와 영국의 식민지 분쟁까지 엮이면서 영국은 프로이센, 프랑스와 러시아는 오스트리아와 동맹을 맺고 싸운, 최초의 세계대전이었습니다. 비슷한 시기에 아메리카를 무대로 영국과 벌인 프렌치·

인디언 전쟁에서도 열세에 놓인 상황이었죠.

이러한 국가 위기 상황에서 재무 장관이 된 실루엣은 국가 경제를 재건하고자 과감한 긴축재정을 단행했어요. 서민에게는 더 무겁게 세금을 물렸고, 세금을 면제받았던 귀족에게까지 세금을 징수하려 했습니다. 당연히 프랑스의 온갖 계층으로부터 맹렬한 반대를 받으면서 실루엣은 고작 8개월 만에 직위를 내려놔야 했어요.

실루엣 본인도 상당한 검약가였습니다. 화가에게 초상화를 그리게 할 때도 물감이 아깝다며 검은색 하나로 얼굴 윤곽만 그려달라고 했대요. 그 자신도 종이 오리기 공예를 즐겼으며, 집을 단색 그림으로 장식하는 취미가 있었죠. 사람들은 전 재무 장관의 이런 검소한 면을 비웃었고, *silhouette*이라는 말은 '쩨쩨하고 인색한', '불완전한 싸구려'라는 의미로 쓰이기 시작했어요. 하지만 지금의 프랑스어에서는 이 같은 의미가 전혀 남아 있지 않아요. 실루엣의 검소한 면모를 사람들이 흥미롭게 느꼈기 때문이겠죠.

18세기 말로 접어들어 silhouette은 간단한 단색 선으로 그린 초상화를 가리키는 말로도 쓰이기 시작했습니다. 지금처럼 '흰색 배경에 그린 검은 그림'이라는 의미로 자리 잡은 것은 19세기도 절반이나 지난 무렵이었습니다.

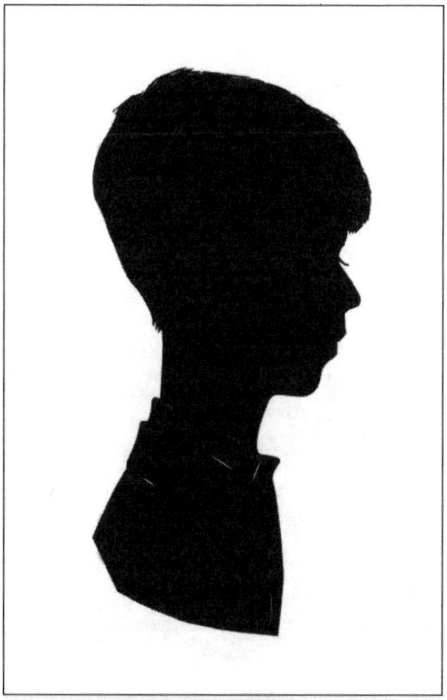

종이를 잘라 표현한 소년의 실루엣.

047

guillotine
단두대

파리대학교 의학부 교수, 조제프 기요탱

18세기 프랑스에서는 귀족을 사형시킬 때 참수형을 집행했습니다. '므시외 드 파리'라 불리는 세습직 사형집행인이 도끼로 죄인의 머리를 잘랐죠. 그런데 집행인이 미숙하거나 술에 취한 탓에 단번에 머리를 자르지 못해 사형수에게 엄청난 고통을 주는 일이 적지 않았어요.

이런 이유로 파리대학교 의학부 교수이자 국민의회 의원이기도 했던 조제프 기요탱Joseph Guillotin (1738~1814년)은 사형수에게 불필요한 고통을 주지 않는 인도적 처형 장치를 사용하자는 주장을 지속적으로 펼쳤습니다.

설계를 의뢰받은 사람은 당시 많은 처형 도구를 발명한 앙투안 루이라는 외과의였습니다. 시행착오 끝에 죄인을 엎드리게 하고 머리를 고정시킨 다음 위에서 커다란 도끼날 같은 칼을 떨어뜨려 순식간에 머리를 절단하는 장치가 탄생했죠.

조제프 기요탱의 초상화, 카르나발레 미술관 소장.

정식 명칭은 '브와 드 쥐스티스(정의의 기둥)'이었지만, 얼마 지나지 않아 다들 설계자인 루이의 이름을 따 루이제트라고 불렀습니다. 그런데 의회에서 이 참수 장치가 얼마나 인도적인지를 설파하고, 도입을 위해 적극적으로 법을 정비하려 한 기요탱이 사람들의 뇌리에서 떠나가질 않았는지 *guillotine*이라는 이름이 정착되고 말았어요. 이를 영어식으로 읽으면 길로틴이 되죠.

기요탱 박사는 이 불명예스러운 명칭에 거세게 항의했지만 고쳐지지는 않았습니다. 하는 수 없이 그의 가문은 성을 바꾸고 말았어요.

그즈음 프랑스혁명이 일어났습니다. 왕실의 낭비와 불어난 전쟁 비용 때문에 재정난이 심각해지자, 시민들이 반란을 일으켜 왕정을 무너뜨린 거죠. 루이 16세(1754~1793년)와 왕비 마리 앙투아네트(1755~1793년) 모두 단두대에서 목이 잘렸어요. 이렇게 해서 상공업 발달로 부유해진 부르주아라 불리는 사람들이 중심이 돼 왕정 대신 공화정을 세웠습니다. 그런데 공화파 중에서도 급진적이었던 자코뱅파의 막시밀리앙 로베스피에르(1758~1794년)가 실권을 장악하고 공포정치를 펼치자 숙청의 피바람이 몰아쳤어요.

단두대로 처형당한 이는 국왕과 왕비뿐만이 아니었습니다. 급기야 공포정치의 우두머리였던 로베스피에르마저 반대파에게 붙잡혀 단두대 칼날에 희생되고 말았죠.

기요탱 자신도 단두대에 올랐다는 이야기가 전해지지만, 실제로는 전염병에 걸려서 죽었다고 해요.

게오르크 지베킹의 동판화 〈단두대에 오른 루이 16세〉.

재미있는 어원 이야기

네 명의 린치

보통 린치라고 하면 '남의 눈에 띄지 않는 곳에서 집단으로 가하는 폭력 행위'를 의미합니다. 하지만 본래 영단어 lynch의 의미는 '공적 법률에 의거하지 않고 사적으로 처벌하다'였어요. 즉 '사형私刑에 처하다(死刑이 아니에요)'라는 뜻이었죠. 다만 영어 lynch는 동사고요. 명사형은 lynching으로 -ing가 붙습니다.

이 영단어가 Lynch라는 사람의 이름에서 유래했다는 사실을 아는 독자가 이미 많을지도 모르겠어요. 그러나 구체적으로 파고들면 여러 남자가 거론되기 때문에 하나로 좁히기가 꽤나 어렵답니다.

첫 번째로는 윌리엄 린치William Lynch라는 미국인 대령이 있습니다. 18세기 후반에 펜실베이니아주에서 자경단을 조직해 정식으로 법률상 절차를 거치지 않고 멋대로 약식재판을 하곤 형벌을 내렸죠. 이를 lynch law라고 불렀는데, 예를 들어 교수형은 다음과 같은 식으로 집행됐어요.

먼저 린치가 말에 올라탄 사형수의 두 팔을 묶고, 입은 헝겊으로 가득 채웁니다. 그런 다음 나뭇가지에 묶어놓은 밧줄을 목에 감은 뒤 린치와 그의 동료들은 자리를 뜨는 거예요. 말이 언제까지고 나무 밑에 얌전히 있을 리 없겠죠. 말이 움직이면 몸은 나뭇가지 아래로 덜렁덜렁 매달리게 됩니다. 린치 일당이 돌아와 보면 목이 매달려 있어요. 그러면 두 팔을 묶고 있던 밧줄을 풀고 입에 채워놓은 천을 빼내죠. 연방 정부의 공식 범죄 수사기관이 린치와 그의 일당에게 혐의를 돌리자 린치는 "조금 전에 만났을 때는 평소처럼 이야기를 나눴는데 왜 자살 같은 걸 했는지 전혀 모르겠습니다"라고 시치미를 뗐습니다.

아일랜드 골웨이의 시장 제임스 린치 피치-스테판James Lynch Fitz-

Stephens에게서 유래했다는 설도 있습니다. 15세기 말, 시장의 아들이 사람을 죽이고 바다에 시체를 버리는 사건이 벌어졌습니다. 재판관도 겸임하던 린치는 엄준한 법에 따라 아들을 교수형에 처하라는 판결을 내렸죠. 판결을 번복하라고 설득하는 사람도 있었지만, 그는 끝내 아들의 목에 밧줄을 감고 자신의 집 2층 창문에 매달아 재판관으로서의 직무를 다했어요.

세 번째는 버지니아주의 찰스 린치Charles Lynch라는 보안관입니다. 미국독립전쟁 말기에 잉글랜드 지지자를 고문했는데, "자유를 영원히"라는 미국의 구호를 외칠 때까지 멈추지 않았다는군요.

네 번째도 버지니아주에서 벌어진 일인데요. 사람들의 신뢰가 두터웠던 제임스 린치James Lynch라는 농부가 발탁돼 죄인을 재판했다는 기록이 있습니다. 재판소와 멀리 떨어진 변경이었기 때문에 강구된 초법규적 조치였는데, 이 농부가 상당한 인격자였는지 공평한 판결을 내리는 명재판관으로 유명해졌답니다.

048

braille

점자

루이 브라유

루이 브라유라는 프랑스인을 아시나요? 대중적인 인지도는 썩 높지 않지만 초등학교 고학년이라면 많이들 아는 위인입니다. 일본에서는 초등학교 4학년 국어 교과서에 "브라유라는 인물을 조사해보자"라는 과제가 실린 적이 있는데요. 모든 어린이가 인터넷으로 검색하면서 한 포털 서비스의 '어린이 검색 랭킹' 인명 부문에서 1위에 오르기도 했죠.

1809년, 파리 교외에서 태어난 루이 브라유Louis Braille(1809~1852년)는 세 살 때 실수로 송곳에 왼눈을 찔리고, 다섯 살 때 오른눈마저 눈병에 걸리면서 두 눈을 모두 잃고 말았습니다. 당시 사람들은 장애가 있는 아이에게 교육은 필요 없다고 여겼지만, 브라유는 그의 총명함을 알아본 신부님 덕분에 마을 학교에 다닐 수 있었어요. 그는 눈이 불편한데도 다른 학생들보다 월등히 좋은 성적을 거뒀죠. 수업을 들으면, 그 자리에서 배운 것을 모두 머릿속에 집어넣었다고 해요.

주변에서도 도와준 덕분에, 브라유는 열 살 때 파리 왕립 맹아학교에 장학생으로 입학했습니다. 이 학교 학생들은 불룩 솟은 선을 따라서 글자의 형태를 확인하는 돋을새김 글자로 글을 읽었는데요. 이 글자는 시각장애인이 직접 쓰기 어렵고, 읽는 데도 시간이 오래 걸렸어요.

브라유가 열두 살이 됐을 무렵, 샤를 바르비에라는 군인이 야간에도 작전 명령문을 읽을 수 있도록 점이 가로로 두 개, 세로로 여섯 개 있는 12점식 암호를 고안해냈습니다. 이를 널리 보급시키고자 했던 바르비에는 시각장애인에게도 도움이 되지 않을까 싶어 브라유가 공부하던 왕립 맹아학교에 소개했어요.

맹아학교도 이 12점식 점자를 쓰기로 했는데요. 다만 점의 개수가 너무 많아 손가락으로 만져서 읽기에도, 뾰족한 송곳으로 점자를 쓰기에도 시간이 너무 오래 걸렸어요. 브라유는 알파벳을 나타내기 위해서라면 가로 두 개, 세로 세 개면 충분하다 생각했습니다. 그리고 친구들과 연구를 거듭해 새롭게 6점식 점자를 만들었어요. 맹아학교 학생들도 이 점자가 무척 편리하고 이해하기 쉽다고 칭찬했죠.

루이 브라유의 초상화.

시간이 흘러 맹아학교 교사가 된 브라유는 점자를 한층 더 쓰기 쉽게 개량하고, 점자 찍는 기구도 개발했습니다. 1829년에는 점자 해설서까지 발행했어요.

맹아학교는 파리 센강 기슭에 있었는데, 본래는 감옥이었죠. 습기도 많고 비위생적이었던 탓에 브라유는 젊은 나이에 폐결핵에 걸렸고, 43세가 되던 해인 1852년에 세상을 뜨고 말았습니다. 그로부터 2년 뒤, 프랑스에서 브라유의 점자가 정식으로 채택됐어요.

세계의 많은 언어가 점자를 braille이라고 해요. 영어로는 브레일이라고 발음합니다. 프랑스인 *Braille*의 이름을 영어식으로 발음한 거죠.

049

boycott
보이콧

찰스 보이콧

17세기 중반, 영국에서는 청교도혁명의 폭풍이 몰아치고 있었습니다. 지도자인 올리버 크롬웰은 군대를 이끌고 가톨릭교도가 많았던 아일랜드까지 쳐들어가 실질적인 식민지로 삼아버렸죠. 크롬웰은 장병들에게 급료 대신 현지의 토지를 지급했습니다. 그런데 장병들은 아일랜드에 정착하는 대신 부재지주로서 아일랜드인 농민들에게 소작료를 거둬, 본국인 영국에서 유유자적하게 생활했어요. 반대로 현지 주민 다수는 감자를 주식 삼아 근근이 연명했고, 아일랜드는 유럽에서도 가장 가난한 국가가 되고 말았습니다.

1801년, 아일랜드는 정식으로 영국과 합병돼 '그레이트 브리튼 및 아일랜드 연합 왕국'의 일부가 됐습니다. 하지만 여전히 많은 농민이 영국인 부재지주의 소작인으로 남아 가난에 허덕였죠. 1840년대 후반, 이상기후와 장마의 영향으로 아일랜드에서 감자 기근이 발생했습니다. 전염병까지 크게 유행하면서 수많은 사람이 죽고 말았죠. 살아갈 양식을 잃은 사람들은 해외로 이주했습니다. 그중에는 후에 미합중국 35대 대통령이 되는 존 F. 케네디의 선조도 있었어요.

1879년, 아일랜드에서 선출된 연합 왕국 하원 의원인 찰스 파넬(1846~1891년)이 이끄는 아일랜드 토지 동맹이 결성됩니다. 동맹은 '안정된 소작권', '공정한 토지세', '소작권 매매의 자유'를 외치며 농민운동을 펼쳐나갔어요. 체포되는 사람이 나올 정도로 동맹의 활동은 과격했지요.

이런 상황 속에서 1880년에 찰스 보이콧Charles Boycott(1832~1897년)이

라는 영국인 퇴역 대위가 아일랜드를 찾았습니다. 영국인 부재지주로부터 토지 1,500에이커와 소작인 38명을 관리하라는 임무를 받고 온 것이었죠.

그해도 농사는 흉작이었습니다. 보이콧을 고용한 지주는 소작료를 10퍼센트 낮추겠다고 했지만, 농민들은 25퍼센트 인하를 요구했어요. 지주는 완강히 거절했고요. 두 입장 사이에 놓인 보이콧은 고용주의 의향에 따라 가차 없이 소작료를 징수했습니다. 소작료를 내지 못하면, 토지를 몰수하고 마을에서 추방하는 등 강경한 수단을 동원했죠.

분노한 농민들은 단체로 모든 농사일을 거부하고 보이콧을 절대 상대하지 않겠다며 대항했어요. 상점이 물건을 팔지 않는 데다 집 창고에 저장돼 있던 농산물까지 도둑맞는 바람에 보이콧 일가는 굶어 죽을 위기에 처했습니다. 협박장까지 날아들자, 보이콧은 목숨의 위협을 느끼고 영국으로 도망쳤죠.

보이콧은 본국 신문기자에게 일련의 사건을 털어놨습니다. 이 기사가 화제를 불러일으키며 boycott이라는 이름이 '배척·불매운동(을 하다)', '보이콧(하다)'를 의미하게 됐죠. 그러니까 보이콧은 보이콧당한 사람이었던 셈이에요.

레슬리 워드의 〈찰스 보이콧〉, 잡지 《베니티페어》에서 발췌.

050

cardigan
카디건

카디건 백작

가슴에 단추가 달린 앞트임식 긴소매 스웨터를 cardigan이라고 하죠. 이는 영국 귀족원 의원이자 육군 중위였던 7대 카디건 백작 7th Earl of Cardigan, 제임스 브루드넬(1797~1868년)에게서 유래해요.

카디건 백작은 성미가 급해 주위 사람들과 이따금 마찰을 일으킨 탓에 출세하지 못하다가, 러시아와 영국·프랑스·오스만 연합군이 싸운 크림전쟁에서 기병 여단 지휘관 자리에 올랐습니다. 하지만 과격한 성격은 여전했죠. 자신의 부대에 무모한 돌격을 명령했다가 수많은 사상자를 내고 만 거예요. 그런데 이 행동이 용감하다는 칭송을 받았고, 그는 영웅 대접을 받았어요.

카디건 백작, 제임스 브루드넬.

부상당한 병사들은 야전병원에서 고통과 추위에 신음했습니다. 상처를 처치하려면 옷을 벗어야만 하죠. 그래서 카디건은 병사들이 보온용으로 겹쳐 입었던 스웨터 앞부분을 세로로 찢고 단추로 고정해 추위를 막았습니다.

당시는 마침 산업혁명 시대였어요. 쉽게 입고 벗을 수 있는 이 스웨터는 기계화를 통해 대량으로 생산돼, 카디건이라는 이름과 함께 전 세계로 퍼져나갔답니다.

어밀리아 블루머

bloomer
블루머

블루머가 뭐지? 고개를 갸웃거리는 독자도 많을 듯한데요. 블루머란 옛날에 일본 학교에서 여학생들이 입었던 짧은 체육복 바지입니다. 1964년에 개최된 도쿄올림픽 배구 경기에서 '동양의 마녀'로 불린 일본 여자 선수들이 금메달을 땄는데요. 혹시 당시 영상을 봤을지 모르겠는데, 그 선수들이 입었던 유니폼이 바로 블루머예요.

블루머는 19세기에 미국에서 활동한 여성해방운동가이자 신문 편집자 어밀리아 블루머Amelia Bloomer(1818~1894년)의 이름에서 유래했어요. 당시는 여성의 몸을 옥죄는 드레스나 옷이 많았고, 이런 옷을 여성 억압의 상징으로 여긴 사람도 있었죠. 이때 엘리자베스 밀러라는 여성운동가가 무릎 아래까지 내려오는 펑퍼짐한 바지를 고안해냅니다. 어밀리아 블루머가 잡지 《릴리》에 대대적으로 소개한 블루머는 많은 여성의 지지를 받았고, 운동을 즐기던 여성들이 입기 시작했어요.

블루머가 즐겨 입었던 블루머와 드레스의 조합을 그린 석판화, 대영박물관 소장.

일본에서도 메이지 시대에 미국으로 유학을 갔던 이노쿠치 아쿠리라는 교육자가 블루머를 들여오면서 많은 여학교에서 입었습니다. 하지만 길이가 짧아지자, 허벅지가 고스란히 드러나 부끄럽다는 목소리가 높아졌고요. 1990년경부터는 반바지나 트레이닝복을 입는 학교가 늘어났죠.

052

sideburns

구레나룻

번사이드 북군 장군

구레나룻을 영어로 뭐라고 하는지 아세요? 이런 영단어는 학교에서도 배울 일이 없다 보니 의외로 어렵습니다. 바로 sideburns라고 하는데요. 미국 남북전쟁 당시 북군 장군이었던 앰브로즈 번사이드Ambrose Burnside(1824~1881년)의 이름에서 유래했답니다.

번사이드는 웨스트포인트 육군사관학교를 졸업하고 미묵전쟁에 참전합니다. 묵墨은 멕시코를 가리켜요. 한자로는 멕시코를 음역해 묵서가墨西哥라고 하거든요. 이 전쟁은 멕시코에서 독립한 텍사스 공화국을 둘러싼 영토 분쟁이었는데요. 승리한 미국은 텍사스뿐 아니라 캘리포니아까지 손에 넣었죠.

번사이드는 잠시 미 육군에서 물러나 있었지만, 로드아일랜드주 방위군 자격은 유지하고 있었습니다. 그동안 라이플 등을 만드는 무기회사를 설립했죠. 그의 이름을 딴 번사이드 카빈총이 주력 상품이었어요.

남북전쟁*이 발발하자, 번사이드는 로드아일랜드주 준장으로 참전합니다. 이어서 북군에 지원하자마자 소장으로 승격했죠. 그는 양쪽 뺨에 수염을 풍성하게 길렀고 키도 컸으며 세련된 펠트 모자를 쓰고 다녔습니다. 거기다 소탈하기까지 해 무척 인기가 많았어요. 그를 동경해 똑같이 수염을 기른 병사도 많았다고 합니다.

* 남북전쟁을 South-North War 혹은 North-South War라고 하면 상대는 알아듣지 못할 겁니다. the Civil War라고 표현해야 해요. 내전이라는 의미죠.

하지만 군인으로서는 그다지 바람직한 평가를 받지 못했어요. 우유부단하며 결단력도 없었기 때문에 많은 작전에 실패했고, 수많은 병사가 목숨을 잃었죠. 그의 휘하에 조지프 후커라는 지휘관이 있었는데요.

번사이드를 바보 취급하고 명령도 잘 따르지 않았다고 합니다. 번사이드가 거듭된 작전 실패로 해임당한 뒤에 그 후임으로 취임했죠.

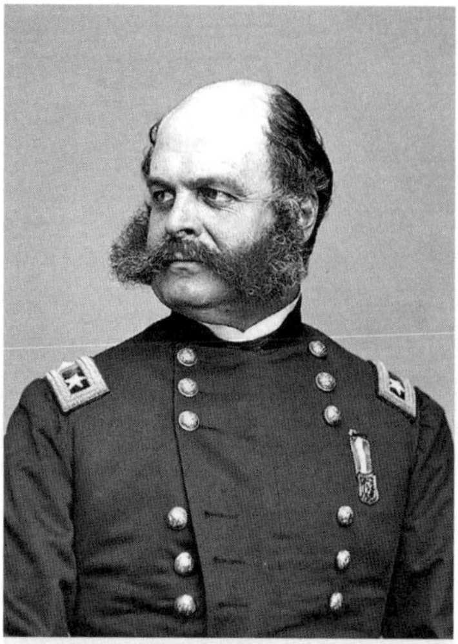
독특한 수염을 기른 번사이드 장군.

번사이드라는 이름이 아직까지 남아 있는 이유는 독특한 수염 때문입니다. 한자에는 수염을 뜻하는 말이 참 많아요. 콧수염은 髭(자), 턱수염은 鬚(수), 뺨에 난 수염은 髥(염)입니다. 영어에서도 콧수염은 mustache, 턱수염은 beard라고 하죠. 뺨에 난 수염은 whiskers인데, 개나 고양이의 수염이라는 의미도 있어요.

번사이드는 두 뺨에 난 수염과 콧수염을 하나로 연결하고, 턱수염은 말끔하게 밀어낸 독특한 스타일을 고수했습니다. 이렇게 뺨에 난 수염을 사람들은 burnsides라고 불렀는데, 시간이 흐르며 세련되게 앞뒤를 바꿔 sideburns라고 하게 됐죠. 본래 side whiskers라고 불렀기 때문에 똑같이 side를 앞쪽으로 가져왔을 거라고들 말해요. 이렇게 sideburns라는 단어는 일반인들 사이에 구레나룻이라는 의미로도 알려지며 현재에 이르렀습니다.

053

hooligan
훌리건

패트릭 훌리건

축구 경기장에서 폭도처럼 난동을 부리는 집단을 hooligan이라고 부릅니다. 19세기 말, 런던 서더크 지구에 살던 아일랜드인 무법자 패트릭 훌리건Patrick Hooligan과 그 일가에서 유래한 말이죠. 실제 이름은 Houlihan이라는 말도 있고, 성이 Holley여서 Hooley's gang(훌리의 갱)이라고 불리는 사이에 Hooligan으로 짧아졌다는 말도 있어요.

1899년, 클래런스 루크라는 작가이자 언론인이 《훌리건 나이트The Hooligan Nights》라는 책을 썼습니다. 당시 런던의 노동자계급을 사실적으로 그려낸 작품이죠. 이 책에도 Patrick Hooligan이라는 남자가 등장하는데, 걸핏하면 협박하고 폭력을 휘둘러 많은 사람들을 다치게 한 악당으로 묘사됐어요. 비슷한 시기에 음악 주점에서는 법 무서운 줄 모르고 날뛰는 훌리건 일가를 비웃는 노래가 크게 유행했습니다. 이런 일이 있다 보니 Hooligan이라는 이름이 난폭자, 무법자, 혹은 불량배, 깡패를 의미하는 단어로 자리를 잡았죠.

그리고 20세기 중엽부터는 지나치게 흥분해 경기장 안팎에서 폭력 사건을 일으키거나 물건을 부수는 축구 서포터를 의미하기 시작했습니다. 이들의 존재는 1985년 5월, 벨기에 브뤼셀의 헤이젤 스타디움에서 열린 유럽 챔피언스 컵에서 일어난 폭동을 계기로 전 세계에 알려졌어요.

잉글랜드 리버풀과 이탈리아 유벤투스가 결승전에 올랐는데요. 주최측도 미리 대책을 강구해 양 팀 서포터들의 응원석을 골 뒤쪽에 배치해 멀리 떼어놨죠. 그런데 암표상이 일반 관객석 입장권을 유벤투스 팬들에게도 팔아버린 거예요. 그 자리는 리버풀 서포터 응원석 옆이었고요.

응원석을 갈라놓는 철망을 사이에 두고 시합 전부터 빈 깡통이나 깃발을 던지는 등 소란을 부리던 두 팀의 서포터들은 급기야 철망을 부수고 한데 뒤엉켜 난투극을 벌였어요. 도망치다 막다른 곳에 몰린 관중들은 담벼락을 기어올랐는데, 낡은 벽이 그 무게를 견뎌내지 못하고 무너져 많은 사람들이 깔려버렸어요. 결국 39명이 사망하고 400명 이상이 부상하는 대참사가 벌어지고 말았습니다.

이 폭동을 텔레비전으로 본 영국 대처 수상은 리버풀 서포터 측에 잘못이 있음을 인정하고 이탈리아 정부에 사죄했으며, 희생자 유족에게 위로금을 지불했습니다. 엘리자베스 2세는 이탈리아와 벨기에 양국에 조의를 표하는 메시지를 보냈죠.

이 사건은 스타디움 이름을 따 헤이젤 참사라 불립니다.

헤이젤 스타디움 참사 사망자들을 추모하는 기념비.

054

Fahrenheit

화씨

가브리엘 파렌하이트

16세기 말, 이탈리아의 천문학자이자 물리학자인 갈릴레오 갈릴레이(1564~1642년)가 습도와 기압에 따라 공기가 팽창하거나 수축한다는 사실을 이용해 온도계를 만들었습니다. 18세기에 접어들어 과학이 한층 더 발전하면서 온도를 더욱 정확하게 측정해줄 기구가 필요해졌죠.

독일 물리학자 가브리엘 파렌하이트Gabriel Fahrenheit(1686~1736년)는 자신이 직접 측정할 수 있었던 야외의 최저 온도를 0도, 자기 자신의 체온을 100도, 그리고 물의 어는점을 32도, 물의 끓는점을 212도로 정하고 그 사이를 180등분한 값을 1도로 하는 온도계를 발명했습니다. 이것이 바로 화씨온도계, 화씨 눈금으로, 영어로는 발명자의 이름을 따서 Fahrenheit라고 부르죠. 단위는 머리글자에서 따온 °F입니다. 화씨라는 말은 파렌하이트를 중국식으로 음역한 화륜해특華倫海特에서 유래했어요.

미국에서는 보통 온도를 화씨로 나타내지만, 세계적으로는 섭씨(p. 120)가 널리 쓰입니다. 화씨에서 섭씨로 온도를 환산하는 공식은 여러 가지인데, (화씨온도-32)÷1.8이 가장 간단해요. 하지만 일일이 계산하기 번거로운 사람도 있을 테죠. 대략적으로 따졌을 때 화씨 60도가 섭씨 15.6도로 지내기 편한 날씨, 화씨 90도가 섭씨 32.2도로 한여름 날씨, 화씨 100도가 섭씨 37.8도로 한여름 폭염이나 감기에 걸려 고열에 시달릴 때의 체온이라고 기억해두면 편할 거예요.

1953년에 미국 작가 레이 브래드버리가 《화씨 451》이라는 SF를 발표했습니다. 소설 속 무대인 가상 도시에서는 독서나 책을 지니는 것을 법으로 금하고, 이를 어긴 사람은 체포했어요. 책에서 유입된 유해한 정보가 사회질서를 무너뜨린다는 이유에서였죠. 책을 가진 사람을 체포하고, 책을 소각하는 임무를 맡은 주인공이 여기에 서서히 의문을 느낀다는 이야기입니다. 화씨 451도는 종이가 불타는 온도예요.

가브리엘 파렌하이트를 그린 삽화.

1985년에는 미국 록 밴드인 본 조비가 〈7,800° Fahrenheit〉란 앨범을 발표했는데요. 화씨 7,800도는 바위까지 녹이는 온도입니다.

마이클 무어 감독의 〈화씨 9/11〉이라는 영화도 있습니다. 미국 9·11 테러 사건과 그 이후 부시 대통령의 대응을 비판한 영화로, 일본어판에는 '자유가 불타는 시간'이라는 자극적인 부제가 붙었죠.

영국 록 밴드인 퀸이 부른 〈Don't Stop Me Now〉라는 노래가 있습니다. 인기가 많은 곡이라 많이들 아실 텐데, 이 노래에도 Fahrenheit라는 단어가 나옵니다. "I'm burnin' thru the shy / Two hundred degree / That's why they call me Mr. Fahrenheit(나는 하늘을 날며 타오르고 있어. 200도로. 그래서 다들 나를 미스터 화씨라고 부르지)."

055

Celsius
섭씨

안데르스 셀시우스

전 세계를 놓고 보면 화씨(p. 118)보다 섭씨로 눈금을 표시한 온도계가 더 널리 쓰입니다. 영어로는 Celsius라고 하는데요. 이 눈금을 고안한 스웨덴인인 안데르스 셀시우스Anders Celsius(1701~1744년)의 이름에서 유래했죠.

천문학자였던 아버지의 영향을 받아 자신 역시 대학에서 천문학 교수가 된 셀시우스는 오로라를 관측하는 과정에서 오로라가 발생하면 지구의 자기장까지 변한다는 사실을 발견했습니다. 그리고 스웨덴 라플란드를 탐험하며 정확한 자오선의 길이를 측정해 지구는 남북보다 적도 쪽이 더 길다는 사실을 밝혀내기도 했어요.

하지만 오늘날에는 셀시우스가 천문학자가 아니라 '100분 눈금 온도계'를 고안한 사람으로 알려져 있죠. 처음에는 물의 끓는점이 0도, 어는점이 100도였어요. 찬찬히 읽어보세요. 끓는점이 0도, 어는점이 100도입니다. 지금의 섭씨 눈금과 반대죠. 어는점을 100도로 정한 이유는 기온을 마이너스로 표현하고 싶지 않았기 때문이라고 합니다만, 그랬다간 눈금 수치가 낮으면 덥고, 높으면 추워지는 꼴입니다.

그래서인지 셀시우스가 죽은 뒤에 어는점을 0도, 끓는점을 100도로 눈금을 개량했답니다. 만약 그대로였다면 혼란스러워하는 사람도 많고, 쓰기도 불편해서 세계적으로 널리 사용되지 않았을지도 몰라요.

화씨에서 섭씨로 온도를 환산하는 공식은 (화씨온도−32)÷1.8입니다. 반대로 섭씨에서 화씨를 구할 때는 (섭씨온도×1.8)+32를 하고요. 셀시우스라는 이름을 한자로 음역하면 섭이수사攝爾修斯가 되는데요.

여기서 유래해 섭씨라고 부르게 됐죠.

올로프 아레니우스의 〈안데르스 셀시우스의 초상화〉.

영어에서는 Celsius 외에 centigrade라고 하기도 해요. 둘 다 C로 시작하기 때문에 ℃라는 단위로 나타냅니다. centigrade는 본래 프랑스어로, 100을 의미하는 *cent*와 등급을 의미하는 *grade*가 합쳐진 표현이에요. 어는점과 끓는점 사이를 100등분했기 때문에 이처럼 부르게 됐죠.

세계 공통의 단위는 국제도량형총회라는 국제회의에서 정합니다. 암페어, 와트 등 전기 관련 단위나 '1리터는 물 1킬로그램의 부피'라는 정의를 내렸는데요. 1948년 총회에서 섭씨온도의 정식 명칭을 Celsius로 결정했어요. centigrade는 길이를 나타내는 단위인 centimeter와 똑같이 centi-로 시작해 혼동할 우려가 있기 때문이라고 밝혔어요. 이와 더불어 셀시우스의 업적을 기려 그 이름을 후세에 남기자는 의도도 있지 않았을까요.

056

mesmerize

최면을 걸다

프란츠 메스머

18세기 오스트리아에 프란츠 메스머Franz Mesmer*(1734~1815년)라는 의사가 있었습니다. 독일에서 태어난 그는 빈대학교에서 의학을 배우고 〈행성이 인체에 끼치는 영향에 대해〉라는 박사 논문을 썼죠. "천체에는 자기磁氣로 충만한 유체流體가 존재하며, 그것이 지상에 사는 인간의 신경이나 정신에 작용한다"고 생각해 "체내에서 자기가 정상적으로 흐르지 않고 차단되면 사람은 질병에 걸린다"고 주장했습니다.

* 영어로는 메즈머라고 발음합니다.

병원을 차린 메스머는 환부에 자석을 붙이는 치료를 시작했어요. 그러면 체내의 나쁜 유체가 흡수돼 대기나 천체로 돌아가리라 생각한 거죠. 히스테리 발작을 일으킨 여성 환자에게 철분이 함유된 약을 먹이거나 몸 곳곳을 자석으로 문지르기도 했습니다. 환자는 몸 안에서 체액이 희한하게 흐르는 느낌이 들었다고 말했고, 얼마 지나지 않아 증상이 가라앉았죠.

메스머는 점차 인간 체내에는 본래 자기가 존재하며, 아픈 부분을 손으로 덮거나 문지르기만 해도 질병을 치료할 수 있다고 생각했습니다. 이 '체내에 존재하는 자기'를 동물자기動物磁氣라고 불렀죠.

하지만 이처럼 의학과 동떨어진 주술적 치료는 빈대학교 의학부의 반감을 샀고, 메스머는 도망치듯 파리로 향했어요. 프랑스혁명 전야의 파리 사람들은 메스머의 신비한 이론을 호의적으로 받아들였습니다.

메스머는 살롱처럼 호화로운 방에서 환자가 안정을 취할 수 있게 조명을 낮추고 잔잔한 음악을 틀어놓은 뒤, 그들이 사로잡힌 불안감이나 고통에 대해 가차 없이 질문을 퍼부었어요. 몇몇 환자는 정신을 잃거나 발작을 일으켰지만 치료가 끝나면 후련해했죠. 이 같은 '선진적' 치료가 신문에까지 대대적으로 보도되면서 메스머는 점점 세간의 주목을 받았어요.

프란츠 메스머의 초상화.

귀족, 자산가, 예술가 등 수많은 상류층 사람들이 그에게 치료를 받으려고 모여들었습니다. 하지만 메스머의 성공은 같은 의사나 지식인의 질투와 반감을 샀고, 대중을 현혹시키는 사기라는 비판을 받았어요.

메스머 자신도 점차 스스로를 제어할 힘을 잃었고, 그의 사상은 의학적인 치료보다 마술적인 방향으로 심화됐죠. 과연 메스머는 사기꾼이었을까요, 아니면 위대한 발견을 한 의사였을까요? 그 평가는 지금까지도 분분합니다. 하지만 세계에서 가장 먼저 정신세계로의 문을 연 인물이자 최면요법 선구자로 받아들여지면서, 이후 오스트리아 심리학자 지그문트 프로이트(1856~1939년)의 사상에도 지대한 영향을 미쳤어요.

이렇게 해서 그의 이름인 Mesmer에서 '최면을 걸다'*라는 뜻의 mesmerize(메즈머라이즈)라는 영단어가 생겨났습니다. 예를 들어 '그는 최면에 걸렸어'를 영어로 바꾸면 He was mesmerized가 됩니다. 최면술은 mesmerism, 최면술사는 mesmerist죠.

* '최면을 걸다'를 뜻하는 또 다른 영어 표현으로는 hypnotize(히프노타이즈)가 있습니다. 최면술은 hypnotism, 최면술사는 hypnotist입니다.

그 외에도 '매료시키다'라는 의미도 있습니다. I was mesmerized by her smile은 '나는 그녀의 미소에 매료됐다'라는 뜻입니다.

재미있는 어원 이야기

애국자를 뜻하는 영단어

patriot, nationalist, jingoist, chauvinist 등 영어에는 애국자를 의미하는 단어가 많습니다.

patriot는 고향이나 나라가 같은 사람을 의미하는 그리스어 *patriōtēs*(파트리오테스), 라틴어 *patriōta*(파트리오타)에서 생겨난 영단어입니다. 뉴스에서 이따금 비슷한 단어가 들리는데 애국자라는 뜻은 아니고, 미군의 지대공미사일을 가리키는 것으로 페이트리엇이라고 발음하죠. 미식축구에도 매사추세츠주가 연고지인 New England Patriots라는 팀이 있습니다. 아울러 nationalist는 국가주의자, 국수주의자를 가리키는 말로, 라틴어로 민족, 국민을 뜻하는 *nātiō*(나티오)에서 왔어요.

jingoist는 호전적인 애국자를 의미해요. 원래는 마술사가 뭔가를 꺼낼 때 쓰는 표현이었어요. Hey Jingo!라고 하면 "자, 나와라!"라는 말이죠. 1877년, 러시아와 터키 사이에서 벌어진 러시아·터키 전쟁에 파병된 영국군의 기상을 나타내는 노래에도 "by jingo"라는 가사가 있었어요. "자, 한판 붙어보자"라는 뜻입니다. 이 노래 때문에 호전적인 애국주의자를 jingoist라고 부르게 됐죠.

마지막으로 chauvinist는 나폴레옹 1세 시대의 프랑스 육군 병사 니콜라 쇼뱅Nicolas Chauvin의 이름에서 유래했다고 합니다. 18세에 육군에 입대한 그는 나폴레옹의 열렬한 숭배자로, 많은 무공을 세웠지만 지나치게 용감했기에 열일곱 번이나 부상을 당해 장애를 입고 말았죠. 나폴레옹은 그 공에 보답하기 위해 명예의 칼과 훈장, 거액의 연금을 줬다고 해요. 이 *Chauvin*이라는 이름이 프랑스어를 거쳐 열광적인 애국주의자를 뜻하는 chauvinist라는 영어로 다시 태어났죠. 열광적인 애국주의는 chauvinism이라고 해요.

chauvinist

이 단어는 영어로 들어오면서 성차별주의자라는 의미가 더해졌어요. male chauvinist는 남성우월주의자, female chauvinist는 여성우월주의자를 가리키죠. 어떤 사전은 '폭군 같은 남편'을 chauvinistic husband라고 표현했더군요. '남성우월주의 남편'을 말합니다.

그런데 최근 들어 니콜라 쇼뱅이 실존 인물이 아니었을지 모른다는 이야기도 들려옵니다. 확실한 역사적 증거가 없는 점으로 보아, 제1공화정과 제정 시대에 열광적인 나폴레옹 숭배주의 속에서 창작된 가공의 인물일지도 모른다는 거죠. 쇼뱅이 워털루전투에서 친위대로서 싸웠다는 이야기가 있지만, 친위대는 고참 근위대라고도 불릴 만큼 베테랑 병사를 중심으로 이루어졌거든요. 쇼뱅은 너무 어려서 친위대원이 될 수 없었을 테고, 많은 전투에서 부상을 입었기 때문에 워털루전투에서 싸울 정도로 건강하지도 않았을 것 같다고 해요.

057

teddy bear
테디베어

시어도어 루스벨트 대통령

곰 인형은 영어로 teddy bear입니다. 미합중국 26대 대통령인 시어도어 루스벨트(1858~1919년)의 이름에서 따왔다고 하죠. Teddy는 Theodore의 애칭이에요.

루스벨트는 하버드대학교를 졸업하고 뉴욕주 하원 의원으로 선출됐지만, 아내를 잃고 실의에 빠져 한동안 목장을 경영했어요. 마음의 상처가 아물자 이번에는 해군성에 들어가 해군 차관의 자리에 올랐고, 아메리카·에스파냐 전쟁이 발발하자 자리를 내려놓고 의용병을 지휘해 국민적인 영웅으로 떠올랐습니다.

그 인기를 등에 업고 뉴욕 주지사를 역임한 뒤 부통령이 됐어요. 1901년에 매킨리 대통령이 암살당하면서 루스벨트는 42세*에 사상 최연소 대통령으로 취임했습니다. 미국 내에서는 대기업 독점을 규제하고 자연보호 운동을 추진했으며, 대외적으로는 파나마의 독립을 지원해 파나마운하를 완성시켰어요. 또 러일전쟁 중단을 중개한 공로로 노벨평화상을 수상했고요. 미국에서 종종 실시되는 역대 대통령 인기투표에서 지금도 항상 상위를 차지한다죠.

시어도어 루스벨트 대통령.

* 존 F. 케네디는 43세에 대통령이 됐습니다.

루스벨트가 가장 즐겼던 취미는 사냥이었습니다. 1902년 가을, 휴가를 맞아 미시시피주 숲으로 곰 사냥을 떠났는데, 좀처럼 사냥감을 잡지 못했어요. 함께 간 사냥꾼이 간신히 사냥개에게 쫓겨 상처를 입은 새끼 곰을 몰아넣는 데 성공했는데요. 대통령에게 마지막 한 발을 쏘라고 권했지만, 루스벨트는 빈사의 동물을 쏘는 것은 사냥 정신에 어긋난다며 거부했죠.

이 사냥에는 신문기자도 함께했어요. 다음 날, 〈워싱턴포스트〉는 이 이야기에 만화를 곁들여 기사를 썼죠. 만화에는 총을 쏘지 않으려는 대통령과 귀여운 새끼 곰이 그려져 있었습니다. 이것을 보고 아이디어를 떠올린 뉴욕의 장난감 가게 주인이 털이 북슬북슬한 곰 인형을 만들어 신문기사와 함께 진열대에 장식했고, 삽시간에 사람들이 몰렸어요. 급기야 루스벨트의 허가를 얻어 테디베어란 이름을 붙여 대대적으로 판매했죠.

때마침 슈타이프라는 독일 회사도 곰 인형을 만들기 시작했습니다. 1904년, 이 곰 인형을 라이프치히에서 열린 박람회에 출품하자마자 주문이 쇄도했고, 슈타이프는 세계적인 테디베어 브랜드로 자리를 잡았어요. 〈워싱턴포스트〉의 만화가가 이미 독일에서 수입되던 슈타이프의 곰 인형을 보고 새끼 곰을 그렸다는 이야기도 있는데, 다양한 설이 뒤섞이다 보니 미국이 먼저인지 독일이 먼저인지는 아직까지도 명확하게 밝혀지지 않았대요.

1902년 11월 16일 자 〈워싱턴포스트〉에 게재된 만화.

058

groggy
그로기

그로그 영국 해군 제독

복싱에서 펀치를 맞고 비틀거리는 상태를 그로기라고 합니다. 고주망태로 취하거나 몸을 가누지 못할 정도로 녹초가 됐을 때도 이 표현을 쓰죠. 영어 groggy에서 유래한 말이에요.

18세기의 일입니다. 영국 해군은 긴 항해를 떠날 때면 금세 쉬어버리는 물 대신 오래가는 럼주를 배에 실어두고 수병들에게 나눠줬어요. 그런데 바로 마시지 않고 며칠씩 모아뒀다가 한번에 마셔서 인사불성이 되는 선원이 속출했죠. 이에 해군 제독 에드워드 버논(1684~1757년)은 한 가지 꾀를 냈어요. 바로 럼주에 물을 타기로 한 거죠. 덕분에 수병들 사이에서 대단히 평판이 나빴답니다.

그로그 제독 초상화, 영국국립초상화미술관 소장.

버논은 항상 견직물과 모직물을 섞어 짠 grogram이라는 성긴 천으로 지은 코트를 입고 다녔기 때문에 별명이 그로그 제독Admiral Grog이었는데요. 물을 섞은 럼주도 그를 조롱하는 의미에서 grog라 불렀어요. groggy는 'grog를 마시고 취한'에서 '인사불성이 되다'로 의미가 확장됐습니다.

3장

흥미로운 영어 병명

059

influenza

인플루엔자

별의 영향을 받아 발생하는 전염병

영어 influence는 명사로 영향, 동사로는 '영향을 끼치다'라는 의미입니다. '안으로 흘러들다'를 뜻하는 라틴어 *influentia*에서 유래했죠.

예부터 유럽에서는 별이 내뿜는 영적인 유체가 인간의 몸 안으로 흘러들어 마음이나 운명에 영향을 끼친다고 생각했습니다. *influentia*는 그런 '별의 초자연적인 힘', 다시 말해 '별의 영향'을 의미했죠. 요컨대 점성술 용어였던 셈입니다. 이 표현이 16세기로 접어들어 influence라는 영단어가 됐고, 별과는 무관한 영향, 영향력이라는 의미로 변했어요.

유럽에서는 페스트, 발진티푸스, 콜레라, 이질 등 전염병이 여러 차례 크게 유행했습니다. 사람들은 이렇게 유행처럼 번지는 전염병 역시 별에서 뿜어져 나온 영적인 유체가 몸에 나쁜 영향을 끼쳤기 때문이라 생각했고, 점성술사는 별의 위치가 나쁘기 때문이라는 답을 내놨죠. 이러한 별의 영향력에서 비롯된 '전염병 창궐'을 influenza라고 불렀습니다. 그런데 이 말에서 창궐이라는 뉘앙스가 서서히 사라지면서 전염병을 뜻하게 됐어요.

이 말이 지금처럼 인플루엔자라는 특정 질병을 의미하게 된 것은 1743년의 일이었습니다. 이탈리아에서 크게 유행한 감기가 유럽 전체로 퍼지면서 많은 사람이 목숨을 잃은 사태가 그 계기였죠. 지금은 짧게 flu라고도 하는데, 물론 influenza의 축약형입니다. 번역하면 독감이죠.

1918년부터 1919년에 걸쳐 스페인 독감Spanish flu이라는 인플루엔자가 크게 유행했는데요. 전 세계에서 6억 명이 감염됐고, 사망자는 5,000만 명에 달하리라 추정하죠. 발원지는 미국 캔자스주 펀스턴 육군

기지였습니다. 1,000명이 넘는 병사가 연달아 발열, 두통, 목 통증을 호소했고, 눈 깜짝할 사이에 미국의 모든 기지로 확산됐죠. 하필이면 당시는 제1차 세계대전 중이었습니다. 대서양을 건너 전선으로 향하던 수송선에서 수많은 미군 병사가 줄줄이 쓰러졌고, 선내는 공황에 빠졌어요.

미군 대부분은 프랑스와 독일 국경의 참호 지대로 보내졌습니다. 참호 안은 병사들이 밀집해 있고 공기도 탁한 데다 습도까지 높은 불결한 환경이었기 때문에 바이러스가 확산되기 쉬웠죠. 하지만 당시는 전쟁 중이어서 언론 보도가 엄격하게 통제됐고, 인플루엔자가 유행한다는 사실은 군사기밀로 취급되면서 외부로 유출되지 않았어요.

하지만 스페인은 중립국이었기 때문에 언론 통제를 받지 않았습니다. 수도 마드리드에서 8만 명이 감염되고 급기야 국왕 알폰소 13세까지 독감에 걸렸다는 뉴스가 전 세계로 퍼지자, 보도는 점차 과열 양상을 띠었어요. 그 덕분에 스페인은 Spanish flu라는 달갑지 않은 이름을 떠안고 말았습니다.

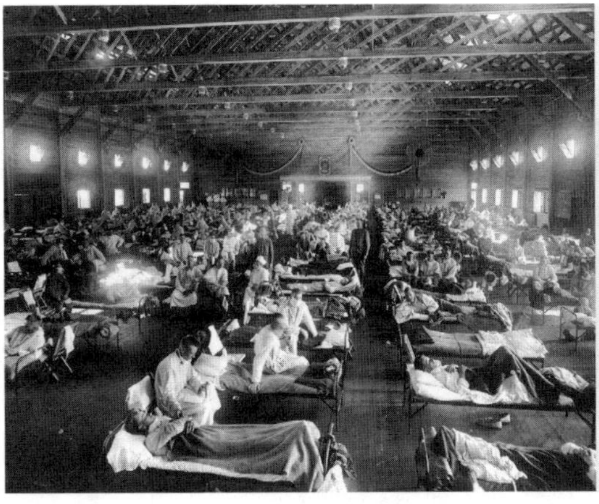

수많은 인플루엔자 환자가 수용된 펀스턴 육군 기지 병원.

060

cancer
암

게

우리 몸에는 세포가 약 37조 개 있다고 합니다. 평소에는 수가 일정하게 유지되며 급격하게 분열하거나 증식하지 않게끔 제어되지만, 세포의 유전자에 어떤 문제가 발생하면 세포가 마구 증식하기도 하는데요. 이렇게 증식한 세포 덩어리를 영어로 tumor(종양)라고 하죠.

종양 중에서도 주변 세포로 침입해 증식하거나, 멀리 떨어진 부위까지 이동해 몸의 정상적인 작용을 방해하거나 기능을 정지시키는 종양을 악성종양이라고 하는데요. 이것이 바로 암, 영어로 cancer 입니다.

cancer는 고대 그리스어로 게를 뜻하는 *karkinos* (카르키노스)에서 유래했어요. 고대 그리스 시대 의사인 히포크라테스(기원전 460년경~기원전 370년경)는 유방암의 병소(병적 변화를 일으킨 자리-옮긴이)를 절제하고, 그 흔적을 불로 지져 암세포가 퍼지는 것을 막았다고 전해집니다. 그런데 이 병소를 자세히 관찰해보니 혈관이나 림프관이 마치 게가 다리를 벌린 것처럼 부채꼴로 뻗어 나와 있었다고 해요. 게는 다리가 많은 절지동물로, 악마 같은 이미지도 내포하고 있습니다. 몸을 좀먹어가는 악성암에 괴로워하는 환자들을 보고 악마의 소행이라고 생각했더라도 이상하지 않죠.

암을 가리키는 또 다른 영단어로 carcinoma(카시노마)가 있습니다. 의학 전문가들만 쓰는 난해한 용어로, 이 또한 그리스어로 게를 뜻하는 *karkinos* 에서 유래했어요. 철자를 보면 바로 알 수 있죠.

제정 로마 시대의 그리스 의학자인 갈레노스(129년경~200년경)는 암을 *cancer*(캉케르)라고 불렀습니다. 이 또한 게를 가리키는 말이었죠.

갈레노스는 암을 딱딱한 악성종양이라고 정의하고, "동물인 게에서 이름을 따왔다"는 글을 남겼어요. 병소의 형태뿐만 아니라 딱딱하다는 점에서도 게의 등딱지를 떠올렸던 거죠. 암은 한자로 癌이라고 쓰는데, 이는 바위岩처럼 딱딱한 종기를 뜻합니다.

cancer와 비슷한 영단어로 canker(캥커)가 있습니다. 이 또한 어원은 동일한 라틴어 *cancer*인데요. 본래는 암을 뜻했지만 지금은 구내염, 궤양을 가리킵니다.

독일어에서는 암을 *Krebs*(크렙스)라고 하는데, 이 단어는 게를 의미하기도 해요. 다시 말해 암과 게가 같은 단어인 셈이죠. 영어로 게는 crab입니다. 고대 영어로 '할퀴다'라는 뜻인 *crabba*에서 유래했어요. 현대 영어에서는 cancer는 질병인 암, crab은 바다나 강에서 사는 생물인 게로 의미가 나뉘었지만 딱 하나 예외가 있습니다. Cancer, Crab 모두 서양 점성술에서 게자리를 가리켜요.

"당신의 별자리는 뭔가요?"는 영어로 What is your star sign?이에요. 이런 표현을 알고 있으면 외국인과 이야기를 나누다 화제가 떨어졌을 때 쓸모가 있으니 꼭 기억해두세요. "저는 게자리입니다"라고 대답하고 싶다면 I'm a Cancer 또는 I'm a Crab 모두 OK입니다.

061

plague

페스트

타격

미국인이나 영국인에게 페스트를 *pest*라고 하면 알아듣지 못할 거예요.* 일본에서 쓰는 페스트란 말은 독일어 *Pest*에서 왔습니다. 일본의 의술은 주로 메이지 시대에 독일에서 들어왔어요. 그래서 병명 같은 의학 용어에 독일어가 많죠. 프랑스어로도 *peste*라고 합니다. 노벨문학상 작가인 알베르 카뮈가 쓴 《페스트》의 원제는 《La Peste》예요. 모두 라틴어로 전염병을 뜻하는 *pēstis*에서 유래했어요.

* 영어에도 pest라는 단어가 있지만, 해충, 성가신 사람이라는 뜻이죠.

영어로 페스트는 plague(플레이그)입니다. 타격, 일격을 의미하는 그리스어 *plāgā*(플라가)가 어원이죠. 라틴어로도 *plāga*인데, 타격에서 상처, 재난이란 의미가 덧붙어 전염병, 돌림병이라는 뜻으로 흔히 쓰이게 됐고, 페스트라는 특정 질병의 명칭으로 자리를 잡았습니다.

페스트는 유럽에서 숱하게 유행하며 수많은 사람의 목숨을 앗아 갔어요. 본래는 쥐 같은 설치류가 걸리는 질병이었죠. 페스트에 감염된 쥐의 피를 빨아 먹은 벼룩이 인간의 피를 빨면, 페스트균이 인간의 몸 안으로 들어옵니다. 그러면 고열, 심한 두통, 현기증이 생기고, 허탈감과 정신착란이 일어나죠. 감염된 혈액이 몸 안을 돌아다니며 패혈증을 일으키고, 피부 곳곳에 검은 반점을 만들어 죽음에 이르게 한다는 이유로 Black Death(흑사병)라는 이름으로도 불렸습니다.

본래는 중국 남부 등지에서 유행한 풍토병이었어요. 그런 질병이 유럽까지 확산된 것은 몽골제국의 영토 확장 때문이었다고 하죠. 몽골의 기마병은 아시아에서 유럽에 이르는 대초원을 종횡무진 내달렸습니다.

이들과 함께 벼룩과 쥐까지 서식지를 넓히면서 페스트가 유럽에까지 퍼진 거예요.

페스트는 공기로도 감염되는 감염증입니다. 이렇다 할 치료법도 없다 보니 환자는 그저 죽음을 기다릴 수밖에 없는 죽음의 병이었어요. 그런 탓에 유럽에서는 기묘한 민간요법도 유행했는데요. 교회 종을 울려 거리에 페스트가 침입했음을 알리면, 사람들이 집에서 뛰쳐나와 신들린 듯 춤을 췄어요. 집단으로 춤을 추는 행위가 재앙을 막는 데 효과적이라고 믿었기 때문이죠. 나쁜 피 때문에 질병에 걸린다며 피를 뽑아 돈을 번 돌팔이 의사, 유니콘 뿔이 좋다면서 코뿔소 뿔의 가루를 비싸게 팔아치운 약장수도 있었습니다. 페스트를 치료하는 의사는 감염을 예방하기 위해 특별하게 만든 망토를 걸치고, 고글로 눈을 가렸으며, 부리가 달린 새 가면을 썼어요. 뾰족하게 튀어나온 마스크 안에는 허브나 향신료를 채웠는데, 현대 의학의 관점에서도 이치에 맞는 예방법이었다는군요.

페스트 환자를 치료하러 나서는 의사를 그린 판화.

페스트는 입항하는 배와 함께 들어오는 경우도 많았어요. 그래서 항구 앞바다에서 40일 동안 대기하며 배에서 감염이 발생하지 않았음을 확인한 뒤에야 비로소 상륙 허가를 받았죠. 40을 이탈리아어로는 *quaranta*, 프랑스어로는 *quarante*라고 하는데, 여기서 영어로 검역을 뜻하는 quarantine이 유래했습니다.

062

syphilis
매독

아름다운 양치기, 시필루스

이탈리아 제노바에서 태어난 콜럼버스가 범선을 타고 대서양을 횡단해 아메리카에 이른 것이 1492년이었습니다. 그와 선원들이 감자, 옥수수, 토마토, 담배 등과 함께 유럽으로 들여온 것 중 하나가 바로 매독이라는 질병이에요. 매독은 성관계를 통해 옮는 질병으로, 심하면 몸에서 고름이 나오고 뼈, 눈, 코, 입술, 성기 등의 조직이 파괴되죠. 일본에서 처음 매독이 기록된 것이 1512년이라고 하니, 콜럼버스가 아메리카에 도착하고 겨우 20년 뒤네요.

영어로는 syphilis(시필리스)인데, 줄여서 syph(시프)라고 부르기도 합니다. 어원의 관점에서 보면 *sym*(함께)+*philos*(사랑하다)니까 옛날 사람들도 느낌상 성관계를 통해 걸리는 질병임을 알았다고 생각할 수도 있겠지만 실은 그렇지 않아요. 1530년, 이탈리아 의사이자 시인 지롤라모 프라카스토로는 라틴어로 〈시필리스 또는 갈리아* 병Syphilis sive Morbus Gallicus〉이라는 시를 썼습니다. 이 시에 *Syphilus*(시필루스)라는 양치기가 등장하는데요. 이 미소년은 연일 이어지는 가뭄에 양에게 먹일 풀이 시들어버리자 태양신 아폴론에게 욕을 퍼부었고, 그 벌로 악성 피부염에 걸리고 말았어요. 이 양치기 이름에서 따와 매독을 syphilis라고 부르게 됐죠.

그때까지 매독은 다양한 이름으로 불리고 있었습니다. 성애의 신 큐피드가 일으키는 질병이라는 뜻으로 Cupid's disease(큐피드의 병), 또는 Black Lion(검은 사자)이라고 하기도 했고요. 이탈리아나 독일에서는 프랑스 병, 프랑스에서는 이탈리아 병,

* 갈리아는 고대 로마제국의 속국으로, 지금의 프랑스를 가리킵니다.

네덜란드에서는 스페인 병, 러시아에서는 폴란드 병 등으로 부르며 서로를 모욕했습니다. 또 greatpox라고도 했는데요. 초기 증상이 똑같은 smallpox(천연두)와 구별하기 위해서였죠.

또 한 가지, 매독에는 나폴리 병이라는 별명도 있었습니다. 1495년에 프랑스군이 나폴리를 포위하고 공격했을 때 처음으로 유럽 전체에 만연했기 때문인데, 또 다른 이유도 있어요. 18세기, 잉글랜드에서는 귀족 자제들이 공부를 마치고 온 유럽을 유람하는 the Grand Tour(대륙 순회 여행)가 유행했습니다. 이들은 당연히 나폴리에도 들렀는데요. 이곳에는 유럽 제일의 사창가가 있었기에 매독에 걸려 죽는 젊은이가 적지 않았죠. See Naples and die(나폴리를 보고 나서 죽어라)라는 속담이 있는데, 이것이 '나폴리에 가서 매독에 걸려 죽어라'라는 의미였다는 다소 색다른 설도 있어요.

유럽에서는 성직자 사이에서 매독이 공기로 감염되는 질병인지, 접촉감염, 즉 성관계를 통해 옮는 질병인지를 두고 열띤 토론이 벌어졌습니다. 결론은 공기감염으로 마무리됐죠. 매독은 수도원에서도 발생하니 성관계를 통한 질병일 리 없다는 것이 이유였습니다.

매독梅毒이라는 한자 병명은 중국어의 양매창楊梅瘡에서 유래했는데요. 양매楊梅는 소귀나무, 창瘡은 부스럼입니다. 발진이 퍼지는 모습이 소귀나무를 닮았다고 해서 붙은 병명인데, 어느새 양이 사라지고 매창만 남았다가 매독으로 바뀌었습니다.

063

cholera

콜레라

담즙

콜레라는 독성이 있는 콜레라균에 오염된 물이나 음식물을 마시거나 먹어서 생기는 감염증입니다. 이 세균은 보통 위산에 사멸하지만, 대량으로 유입되면 소장까지 이르러서 빠르게 증식해 독소를 만들어내죠. 그 독소가 장벽의 세포에 침입하면 설사와 구토를 거듭하며 심한 탈수 증상을 겪어요. 악화되면 경련이 일어나 모세혈관이 터지고 피부까지 시커메집니다. 심장 쪽의 압박감과 고통도 견디기 힘들 정도로 심해지고, 혈압이 떨어지다 끝내는 맥박까지 사라지고 말죠. 빠르게 악화되는 질병이라 처음 미약한 징후를 느낀 지 겨우 몇 시간 만에 죽음에 이르는 경우도 드물지 않았다고 합니다.

고대 그리스 의사 히포크라테스와 로마 시대의 그리스인 의사 갈레노스는 4체액설을 주장했는데요. 인간의 몸에는 혈액, 점액, 흑담즙, 황담즙, 이렇게 네 가지 액체가 흐르며, 그 비율에 따라 성격이 정해진다는 발상이었죠. 혈액이 많은 사람은 낙천적이고, 점액이 많은 사람은 둔하고 느리며, 흑담즙이 많은 사람은 우울하고, 황담즙이 많은 사람은 성격이 급한데, 이 액체의 균형이 무너지면 질병에 걸린다고 주장했습니다.

이 액체 중 하나인 황담즙을 그리스어로 *kholē*, 라틴어로 *cholē*라고 불렀죠. 식중독이나 소화불량에 걸려 설사를 하면 변과 함께 쌀뜨물 같은 액체가 배출됩니다. 이 액체를 황담즙이라 생각했기 때문에 심한 설사를 동반하는 질병을 그리스어로는 *kholera*, 라틴어로는 *cholera*라 불렀어요. 이 말이 영어 cholera가 된 거죠.

콜레라는 본래 인도의 풍토병이었습니다. 그런데 19세기에 접어들어

유럽인이 대거 인도를 찾으면서 삽시간에 감염이 확산됐죠. 영국에 《펀치》라는 잡지가 있었는데, 1852년 9월호에 〈A Court for King Cholera〉라는 풍자화가 실렸습니다. 번역하자면 '콜레라 왕의 궁정'으로, 콜레라에 오염된 런던 서민 거리의 열악한 주거 환경을 그린 그림이었죠. court라는 영단어에는 궁정 외에도 뒷골목이라는 의미도 있거든요.

1854년, 바로 그 런던에서 콜레라가 발생했을 당시, 존 스노(1813~1858년)라는 의사가 한 우물물이 발원지임을 밝혀냈습니다. 1884년에는 독일 세균학자 로베르트 코흐(1843~1910년)가 현미경으로 이 전염병의 원인이 콜레라균이라는 사실을 발견했어요. 지금은 치료법도 확립됐기 때문에 선진국에서는 발병이 줄어들었지만, 세계적으로는 해마다 환자 수백만 명, 사망자 수만 명이 발생하고 있습니다.

콜레라는 17~19세기 일본에서도 크게 유행했는데요. 나가사키 데지마라는 곳에 거주하던 네덜란드인 상인이 콜레라라고 질병 이름을 알려주자, 사람들은 이를 코로리虎狼狸라고 불렀습니다. 걸리면 '코로리(맥없이 픽 죽어버리는 모습을 뜻하는 일본어-옮긴이)' 죽어버리기 때문이었죠.

A COURT FOR KING CHOLERA.

영국 잡지 《펀치》에 실린 풍자화 〈콜레라 왕의 궁정〉.

064

malaria
말라리아

나쁜 공기

고대 도시 로마는 테베레강 동쪽에 있는 일곱 언덕을 중심으로 건설됐습니다. 지대가 낮은 강변 습지에는 나쁜 공기가 감돌아 인체에 악영향을 끼친다고 생각했기 때문이죠. 옛날에는 인플루엔자가 천체에서 뿜어져 나오는 영적인 기운 때문에 유행하는 질병이며, 풍진 역시 바람이 옮기는 질병이라 여겼어요. 그러니 썩은 공기가 질병을 일으킨다고 믿었을 법도 하죠.

병명 malaria는 이탈리아어로 나쁜 공기를 뜻하는 *mala aria*에서 유래했습니다. 말라리아를 연구한 프란체스코 토르티라는 이탈리아 의사가 이 병명을 썼다고 해요. 하지만 병에 걸리는 원인은 당연히 나쁜 공기가 아니었죠. 물가에 들끓는 장구벌레가 모기로 자라나 병원체를 옮기고 다녔기 때문입니다.

1880년, 프랑스 병리학자 샤를 라브랑(1845~1922년)이 말라리아원충이라는 단세포생물이 이 병을 일으킨다는 사실을 밝혀냈습니다. 이 말라리아원충을 옮기는 것이 바로 열대에 서식하는 학질모기였어요. 날개에 희고 검은 반점이 있죠. 영어로는 anopheles인데, 그리스어로 아님을 뜻하는 *an*-과 이익을 뜻하는 *ophelos*를 합쳐서 만든 말로 '무익한', '유해한'이라는 의미입니다.

이 모기가 사람을 물면 말라리아원충이 적혈구 안으로 들어가 헤모글로빈을 파괴한 다음 다른 적혈구로 옮겨 가기를 거듭합니다. 그러면 발열, 두통, 구토 증상이 나타나고 심하면 정신착란과 경련까지 일어나 혼수상태에 빠지고 호흡 장애를 겪다 목숨을 잃고 말아요.

중국에서는 1,000년도 전부터 쑥이 말라리아의 특효약으로 전해져 왔습니다. 남미에 자생하는 나무인 키나의 껍질에서도 항말라리아 성분이 확인됐어요. 17세기 들어 선교사들이 유럽으로 갖고 왔죠. 이 성분은 키니네라고 불리는데, 말라리아 치료제와 예방약으로 효과를 발휘했습니다. 이후로도 새로운 치료제가 개발되고, 살충제도 보급되면서 선진국에서는 꽤나 보기 드문 질병이 됐죠. 하지만 아프리카 열대지방을 중심으로 해마다 수십만 명이 목숨을 잃고 있기 때문에 아직까지 '죽음에 이르는 병'으로 두려움을 사고 있습니다. 얼마 전에는 어느 기업이 모기장을 만들어서 아프리카에 수출하자, 말라리아 감염자가 극적으로 줄어들었다는 뉴스도 보도된 바 있습니다.

아프리카계 사람 중 일정 비율은 말라리아에 걸리지 않는다고 해요. 겸상적혈구빈혈이라는 유전병이 있는 사람들이죠. 적혈구는 산소를 온몸으로 나르는 역할을 하는데, 초승달 모양의 낫 같은 형태(겸상鎌狀)를 띠고 있으면 가느다란 모세혈관을 원활하게 지날 수 없습니다. 산소를 온몸 구석구석까지 나르지 못해 금세 빈혈을 일으키죠.

이 질병을 앓는 사람은 체질상 말라리아에 잘 걸리지 않습니다. 낫 형태의 적혈구는 연약해서 말라리아원충이 침입하면 곧바로 파괴되고 말거든요. 이때 말라리아원충도 함께 죽어버리기 때문에 체내에서 증식할 수 없죠. 겸상적혈구는 아프리카에서 오랫동안 말라리아와 싸워서 살아남은 사람들의 훈장이라고도 볼 수 있지 않을까요.

065

tuberculosis

결핵

혹

결핵은 영어로 tuberculosis, 줄여서 TB라고 합니다. 결핵균이 허파로 침입하면 체내 면역 기능의 작용으로 허파 안쪽 벽 일부가 솟아나 지름 1~5센티미터 정도의 혹이 생기는데요. 이 혹을 의학 용어로 결절, 영어로는 tuber 혹은 tubercle이라고 하죠. tuberculosis란 '결절이 생기는 질병'이라는 뜻입니다.

일반적으로 결핵균은 면역 작용에 의해 차단당해요. 하지만 고령이거나 건강이 좋지 않을 경우, 또는 영양 상태가 나빠 면역력이 약해졌을 경우에는 허파 안에서 증식합니다. 감염자는 권태감을 느끼고, 기침이나 가래가 나오며, 열이 나요. 초기 증세는 감기와 비슷하지만 호전됐다가 다시 심해지는 현상이 2주 넘게 이어집니다. 악화되면 피를 많이 토하거나 호흡곤란에 빠져 죽을 수도 있어요.

일본에서는 19세기 후반까지 노해勞咳라고 불렀습니다. 기침 때문에 괴롭다는 의미겠죠. 당시 교토의 치안을 담당했던 조직인 신센구미의 젊은 천재 검객 오키타 소지 역시 결핵으로 죽었다고 전해집니다. 결핵은 20세기 중반까지 일본인 사망 원인 1위였으며, 불치병으로 여겨졌습니다. 기침이나 재채기를 할 때 공기 중으로 배출되는 비말을 통해서도 감염되므로 환자는 오랫동안 격리될 수밖에 없었죠. 이를 위한 결핵 요양소를 새너토리엄이라고 했어요. 이곳을 무대로 한 소설로 일본 작가 호리 다쓰오의 《바람이 분다》, 독일 작가 토마스 만의 《마의 산》 등이 있습니다.

1882년에는 독일 세균학자 로베르트 코흐가 결핵균*을 발견했고, 1890년에는 결핵균을 배양해 만든 투명한 갈색 액체를 주사해 항체 유무를 조사하는 방법을 발견했죠. 이것이 바로 tuberculin(투베르쿨린)**입니다. 처음에는 결핵 치료제를 만들 생각이었지만 효과가 없어서 진단용으로 썼다고 해요.

* 코흐는 결핵균 외에도 탄저균, 콜레라균을 발견해 1905년에 노벨생리학·의학상을 수상했습니다.

** 투베르쿨린 반응은 tuberculin reaction이라고 합니다.

1921년, 프랑스 파스퇴르연구소의 칼메트와 게랭이 소의 결핵균을 배양해 결핵 예방을 위한 백신(p. 144)을 만들었습니다. 이것이 바로 BCG예요. '칼메트와 게랭의 세균'을 뜻하는 Bacillus Calmette-Guérin의 머리글자죠.

1928년에는 영국 세균학자 알렉산더 플레밍(1881~1955년)이 페니실린이라는 항생물질을 발견했습니다. 실험실에서 배양하던 포도상구균에 실수로 푸른곰팡이 포자를 떨어뜨렸는데, 그 주변 세균만 투명해졌다고 해요. 이 우연한 사건 덕분에 푸른곰팡이가 세균 증식을 막는다는 사실이 밝혀졌습니다. 그래서 이 물질에 penicillium(푸른곰팡이)에서 유래한 penicillin이라는 이름이 붙었습니다. 푸른곰팡이는 끝부분이 가느다란 붓처럼 생겼거든요. 붓, 연필을 뜻하는 pencil과 어원이 같죠. 페니실린은 1942년에 실용화됐고, 결핵뿐 아니라 매독 치료제로도 쓰이게 됐습니다.

1943년에는 미국 미생물학자 셀먼 왁스먼(1888~1973년)이 땅속에 사는 방선균이라는 미생물에서 streptomycin(스트렙토마이신)이라는 항생물질을 발견합니다. 강력한 효과를 자랑하는 이 약 덕분에 결핵도 완치가 가능해졌는데, 그 업적은 여기서 끝나지 않습니다. 제2차 세계대전에서 부상당한 병사의 감염증 치료에도 엄청난 효과를 발휘하면서 수많은 목숨을 구했거든요.

백신주사의 추억

제가 초등학생 때였으니까 1960년대 일이네요. 당시에는 해마다 학생 모두가 투베르쿨린 주사를 맞아 몸에 결핵균에 대한 내성이 있는지 없는지를 조사했습니다. 주삿바늘이 가늘다 보니 썩 아프지는 않았지만, 진짜 문제는 결핵 예방을 위한 백신주사인 BCG였죠. 바늘이 하도 굵어서 무척이나 아팠거든요.

투베르쿨린을 주사하고 이틀 뒤에 주사 자국이 긴지름 10밀리미터 이상으로 넓게 퍼지고 붉어졌다면 이미 결핵균이 체내에 있어 결핵에 대한 저항력이 있다는 의미입니다. 즉 양성이죠. 그러면 결핵 예방 백신인 BCG를 맞지 않아도 됩니다. 친구 중에는 BCG를 맞기 싫다고 손으로 때려서 부은 자국을 크게 넓힌 녀석도 있었죠.

물론 저도 해봤지만 팔만 아플 뿐 주사 자국은 넓어지지 않았고 음성 판정을 받았습니다. 초등학생이던 제게 BCG는 인생 최대의 공포였어요.

두려움에 휩싸인 제 눈에 들어온 주사기는 마치 지름이 2센티미터나 되는 것처럼 보였죠. 진지하게 도망칠까 생각도 했지만, BCG를 맞기 싫어 도망쳤다는 꼬리표를 평생 달고 다니기도 싫었기에 눈을 딱 감고 필사적으로 두려움과 아픔을 견뎌냈습니다.

같은 반에서 저 말고 BCG를 맞은 사람은 어떤 여자아이 하나뿐이었습니다. 주사를 맞고 교실로 돌아오니 선생님이 친구들 앞에서 저를 가리키며 이렇게 말씀하시더군요. "병균이 득시글거리는 더러운 데서 사는 사람이나 BCG를 맞는 거란다. 평소에 대충대충 불규칙하게 사니까 이런 꼴을 당하는 거지." 요즘 초등학교에서 선생님이 학생에게 이런 말을 했다간 큰 사달이 날 겁니다. 방송국 카메라 앞에서 교장 선생님뿐 아니라 교육위원회의 높으신 분들까지 고개를 푹 숙여야 할 사태로 번지지 않을까요.

그 선생님의 말이 크게 잘못됐음을 안 것은 중학교에 올라간 뒤였습니다. 제 몸에는 항체가 될 결핵균이 없었던 거예요. 그래서 BCG 백신을 접종받았던 거죠. "병균이 득시글거리는 더러운 데"는커녕 청결한 환경에서 생활하고 있었다는 뜻입니다. 제가 살던 집은 작고 좁았지만 어머니께서 날마다 꼼꼼하게 청소하셨어요. 먼지, 티끌 하나 없었고 바닥은 어찌나 반짝반짝 잘 닦였는지 얼굴이 비칠 정도였습니다.

영어로 결핵을 뜻하는 tuberculosis에 대한 원고를 쓰는 와중에 아득한 옛 기억이 되살아났네요.

이제 BCG는 지름 2센티미터 원 안에 바늘이 아홉 개 달린 도장형 주사로 바뀌었고, 영유아 시기에 투베르쿨린 검사 없이 바로 접종을 받습니다.

066

hysteria

히스테리

자궁

흥분해서 감정을 억누르지 못해 엉엉 울거나 화내는 것을 히스테리라고 합니다. *Hysterie*(히스테리)라는 독일 의학 용어에서 왔는데요. 영어로는 hysteria(히스테리아)라고 하며, 형용사는 흔히 쓰이는 hysteric(히스테릭) 외에도 hysterical(히스테리컬)이 있어요.

hysteria는 자궁을 뜻하는 그리스어 *hysterā* (히스테라)에서 유래했어요. 그런데 이렇게나 심한 오해를 받아온 장기가 또 있을까 싶네요. 기원전 2000년부터 '자궁은 체내를 돌아다니는, 흡사 동물을 닮은 생물'이라는 터무니없는 생각을 하는 사람들이 있었습니다.

고대 그리스 의사 히포크라테스 역시 '성관계를 하지 않으면 자궁이 건조해지면서 빈틈이 생기고 가벼워지기 때문에 위쪽으로 이동한다'고 생각해 "자궁이 간에 붙으면 복부 안쪽의 숨길이 차단돼 수많은 질병을 일으킨다"고 주장했어요. 철학자 플라톤도 "자궁은 아이를 만들어내려는 동물로, 이것이 가득 채워지지 않으면 마구 날뛰어 호흡을 곤란하게 하거나 정신을 힘들게 한다"는 글을 남겼죠.

하지만 근대에서도 많은 히스테리 환자가 생기면서 여성뿐 아니라 남성도 걸리는 질병임이 밝혀졌죠. 지크문트 프로이트는 저서 《히스테리에 관한 연구》에서 심적 외상을 원인으로 봤습니다. 지금은 히스테리라는 병명 대신 신체화장애, 해리성 장애 등으로 불려요.

폭포

067

cataract

백내장

백내장은 안구의 수정체가 회색이나 다갈색으로 탁해지면서 사물이 흐리거나 뿌옇게 보이는 눈병입니다. 영어로는 cataract(캐터랙트)라고 하죠. 어원은 그리스어로 '아래로 세차게 떨어지다'를 뜻하는 *kataraktēs* 라는 형용사인데, 명사로 폭포라는 뜻도 있었어요. 또 '아래로 떨어지는 성의 쇠살문'이라는 의미도 있었습니다. 고대에는 적병이 성의 요새 안으로 들어오면 격자로 된 쇠살문이 갑자기 쿵 떨어지게끔 장치를 했거든요. 적병은 갈 곳을 잃고 우왕좌왕할 수밖에 없었죠. 폭포와 쇠살문 모두 눈앞을 가로막는 존재입니다. 여기서 백내장을 뜻하는 cataract라는 병명이 생긴 거예요.

코 카타르, 장 카타르라는 질병도 있습니다. 카타르는 영어로 catarrh라고 씁니다. 코 카타르에 걸리면 콧물이 줄줄 흐르고, 장 카타르에 걸리면 설사를 하죠. 이 또한 '흘러내리다'를 뜻하는 그리스어 *katarrūs*에서 생긴 라틴어 *catarrhus*에서 유래했어요. 고대 그리스의 히포크라테스나 고대 로마의 갈레노스는 체내에 혈액, 점액, 흑담즙, 황담즙이 흐르며 그 균형이 무너지면 질병에 걸린다는 4체액설을 주장했습니다. 몸에 상태가 나빠진 체액이 늘면 밖으로 배출된다고 주장하며, 콧물 역시 뇌하수체에서 과도하게 늘어난 나쁜 체액이 코로 나오는 것이라 생각했죠. 하지만 17세기로 접어들어 콧물은 단순히 코의 점막에서 흘러나온 점액임이 밝혀졌습니다. 장 카타르 역시 장의 점막에 생긴 염증 때문에 배에서 탈이 난 결과죠. 현재 카타르는 '점막의 염증 때문에 액체가 흘러나오는 증상'이라는 의미로 받아들여지고 있습니다.

068

smallpox

천연두

고름이 나오는 발진

천연두는 감염력 강한 천연두 바이러스에 감염돼 걸리는 치사율 높은 질병입니다. 고열과 함께 온몸에 고름이 든 발진이 돋는데요. 이것이 체내 호흡기까지 번지면 최악의 경우, 호흡곤란으로 죽음에 이를 수 있어요. 포창, 두창이라 부르기도 하죠.

영어로는 smallpox(스몰팍스), variola(버라이얼라)입니다. smallpox의 pox는 천연두에 걸리면 생기는 고름 주머니, 다시 말해 고름이 든 발진, 물집을 말해요. 천연두에 걸렸지만 심각해지기 전에 나은 사람이라도 고름이 든 발진이 딱지로 변하는데, 이 딱지가 떨어지면 피부에 우툴두툴한 흉터가 남아요. 이를 마맛자국이라고 부르죠. 나쁜 것도 제 마음에 들면 좋게 보인다는 뜻으로 '마맛자국도 보조개'*라는 일본 속담이 있는데, 바로 이 마맛자국을 말하는 거예요. 영어로는 pockmark라고 하죠. 중세의 왕이나 귀족은 대부분 초상화를 남겼는데, 천연두에 걸린 흔적인 마맛자국은 그리지 않는 것이 초상화가들 사이에서 암묵적 규칙이었습니다.

* 영어로는 Love sees no faults, 또는 Love is blind 등으로 표현합니다.

참고로 pox라는 단어가 들어가는 또 다른 질병으로 chicken pox가 있습니다. 바로 수두를 가리키는 말로, 수포창이라고도 해요. 천연두나 수두에 들어 있는 한자 두痘는 병질 안疒 부수에 콩 두豆 자를 쓰는데, 벌레에 물린 것처럼 온몸 곳곳에 돋아난 빨간 발진이 마치 콩알처럼 보였기 때문이죠. 영어 chicken pox는 피부에 생긴 물집이 마치 털 뽑힌 chicken의 살갗처럼 보인다는 사실에서 유래했습니다. 주로 어린아이가 걸리는 병으로, 한번 걸리면 두 번 다시 걸리지 않는다고 하죠. 하지만 성인이라도 피로나 스트레스 때문에 면역력이 떨어지면 체내에 잠복해 있던 수두 바이러스가 활동을 시작해 대상포진 등을 일으키기도 합니다.

천연두의 또 다른 병명인 variola는 이미 6세기부터 쓰였는데요. '반점이 있는'을 의미하는 라틴어 *varius*에서 유래해 *variola*(바리올라)라는 이름이 붙었죠.

그런데 천연두의 smallpox는 어째서 small일까요? 사실 매독도 pox라 불렸습니다. 천연두와 매독은 초기 증상이 무척 비슷하기 때문이었죠. 16세기 접어들면서 이 두 질병을 구별하기 위해 천연두를 smallpox, 매독을 greatpox라고 각기 다른 병명으로 부르기 시작했어요. 매독은 성관계를 통해 전염되는 질병으로, 심해지면 피부에서 고름이 나오고 뼈, 눈, 코, 입술, 성기 조직까지 파괴되고 맙니다. 확실히 피부에 나타나는 증상만 놓고 보면 매독이 훨씬 great한 질병이겠으나, 사실 치사율은 천연두가 더 높았죠. 그래서 어떤 의사는 이 두 병명이 오해를 불러일으킨다고 지적하기도 했습니다.

천연두는 유일하게 인류가 근절시키는 데 성공한 감염증입니다. 1958년에 WHO(세계보건기구) 총회에서 '세계 천연두 근절 결의'가 가결됐고, 근절 계획이 진행됐죠. 당초 목표는 전 세계 모든 사람에게 백신을 접종하는 것이었지만, 도중에 천연두 환자를 발견한 사람에게 상금을 주고 그 환자와 1개월 안에 접촉한 사람 모두에게 백신을 접종해 감염 확대를 막는 방식으로 방침을 바꿨습니다. 그 결과, 1977년에 소말리아의 어느 청년을 마지막으로 천연두 환자는 더 이상 발생하지 않았죠. 그리고 1980년, WHO는 '지구상에서의 천연두 근절'을 선언했습니다. 이 천연두 근절 프로젝트를 주도한 인물이 아리타 이사오라는 일본인 의사였답니다.

재미있는 어원 이야기

백신의 어원은 암소

백신은 영어로 vaccine이라 씁니다. 독일어로는 *Vakzin*(바크친)이라고 하죠. 감염증에 대한 면역력을 키우기 위해 인공적으로 만든, 약한 독성을 지닌 병원체를 가리켜요.

처음에 발명된 백신은 천연두 백신이었습니다. 천연두에 한번 걸린 사람은 두 번 다시 감염되지 않는다는 사실은 고대부터 알려져 있었죠. 18세기에 접어들어 영국 상류계급 사이에서 천연두 환자의 발진에 생긴 고름에서 추출한 점액을 건강한 사람에게 접종하는 인두접종법이 유행하기 시작했어요. 하지만 이 접종법으로 오히려 천연두가 크게 유행하면서 목숨을 잃은 사람도 적지 않았습니다.

또 한 가지, 소가 걸리는 우두라는 질병이 있었습니다. 현대 영어로 cowpox라 불리는 이 질병은 사람에게도 전염되지만 증상이 가벼워 금세 회복됐죠. 농민들 사이에서는 소젖을 짜는 사람은 천연두에 걸리지 않는다는 이야기가 나돌았어요.

1796년, 에드워드 제너(1749~1823년)라는 의사가 우두에 걸린 여성의 물집에서 추출한 고름을 하인의 아들에게 접종했더니, 그 뒤로는 천연두에 걸리지 않았대요. 천연두보다 가볍고 치사율 낮은 우두에 감염되면서 면역력이 생겼기 때문이었죠. 1798년, 제너는 〈우두의 원인과 효과의 조사〉라는 논문을 쓰면서 소의 천연두라는 의미로 *variolae vaccīnae*라는 신조어를 썼습니다. *variolae*는 천연두고요. *vaccīnae*는 '암소의'라는 뜻인데, 라틴어로 암소를 의미하는 *vacca*(바카)에서 파생된 표현이죠. 이 *vacca*의 형용사 *vaccīnus*에서 영단어 vaccine(백신)과 vaccination(백신 접종, 종두)이라는 표현이 탄생했어요.

19세기로 접어들어 이 접종법이 유럽 전역에 보급됐고, 영국 의회는

제임스 길레이의 풍자화 〈제너의 종두〉.

제너에게 상금을 수여했습니다. 하지만 의학계에서는 그 공적을 좀처럼 인정하지 않았으며, 일반 사람들도 백신을 맞으면 소가 된다며 접종을 거부했죠. 1802년에 영국의 풍자화가 제임스 길레이가 〈제너의 종두〉라는 그림을 그렸는데요. 백신을 맞은 사람들은 몸에서 소의 일부가 생겨나는 걸 보고 호들갑을 떨고 있지만, 제너는 아무렇지 않은 얼굴로 백신을 주사하고 있습니다.

앙투안 바토의 〈케레스〉, 워싱턴 국립미술관 소장.

4장

신화 속 신과 관련된 영단어

그리스신화나 로마신화에 등장하는 신들의 이름에서도 많은 영단어가 탄생했습니다.
아침 식사로 즐겨 먹는 어느 식품의 이름은 로마신화에 나오는 풍요의 여신 Cerēs(케레스)에서 유래했고요. 또 Amazon이나 Nike 같은 대기업은 사명을 신 이름에서 따오기도 했답니다.

069

ocean
바다

바다의 신, 오케아노스

그리스신화에 따르면, 본래 이 세상은 하늘과 땅이 뒤섞인 혼돈 상태였습니다. 《구약성경》의 〈창세기〉는 "태초에 하나님이 천지를 창조하시니라"로 시작해 "땅이 혼돈하고"로 이어집니다. 일본 역사서 《일본서기日本書紀》의 첫머리에도 "태고에 천지와 음양이 아직 나뉘어 있지 않았을 때"라는 표현이 나오죠. 모두가 하나같이 혼돈 상태에서 이 세상이 시작됐다고 생각했던 거예요.

고대 그리스 사람들은 이 혼돈 상태를 신격화해 *Khaos*(카오스)라는 최초의 신을 만들었습니다. 영어로 혼돈, 무질서를 의미하는 chaos(케이아스)는 여기서 생겨났죠.

이 혼돈 속에서 자연 발생적으로 태어난 신이 바로 대지의 여신, *Gaia*(가이아)입니다. 가이아는 스스로의 힘으로 하늘의 신, 우라노스를 낳았죠. 그리고 어머니 가이아와 아들 우라노스가 맺어지며 수많은 자식이 탄생했어요. 신화인 만큼 우리 상식으로는 이해할 수 없는 일이 수도 없이 벌어지죠. 뭐든 가능한 세계관이라고 보시면 됩니다.

그런 가이아와 우라노스의 자식 중에 *Tītān*(티탄)이라는 거대한 신들이 있었습니다. 남자 여섯 명, 여자 여섯 명인 12남매로 티탄 신족이라고도 불려요. 티타늄이라는 금속이 있죠. 영어로는 titanium(티테이니엄)이고요. 무척 가벼우면서도 튼튼하고 내열성까지 뛰어나 비행기, 자동차, 골프 클럽 등을 만들 때 쓰이는데, 바로 이 신들의 이름에서 유래했어요. 영어 titan은 타이탄이라고 발음해요. 첫 항해에서 빙산과 충돌해 침몰한 대형 호화 여객선 Titanic 역시 titan의 형용사에서 따온 이름입니다.

티탄 12신 중 장남은 *Ōkeanos*(오케아노스)* 라는 바다의 신이었습니다. 그리스신화에서는 이 세상이 평평하고, 바다가 동그란 대륙을 둘러싸고 해류를 따라 빙글빙글 돈다고 여겼는데요. 이 해류를 신격화한 신이 바로 오케아노스로, 모든 물의 근원으로 받아들여졌습니다. 영어로 바다는 ocean이죠. 이 단어는 *Ōkeanos* 라는 그리스어가 라틴어 *Ōceanus* 로 변하고, 고대 프랑스어를 거쳐 지금의 영어로 거듭난 결과입니다.

* 영어로는 Oceanus라 쓰고 오시어너스라고 발음합니다.

이 또한 뭐든 가능한 그리스신화다운 이야기인데, 오케아노스는 친동생인 *Tētȳs*(테티스)와 결혼해 딸을 3,000명이나 얻었어요. 이들이 바로 오케아니데스라 불리는 요정들로, 각각 강, 호수, 샘, 지하수 등 물과 연관된 곳을 지켰어요. 오케아노스 혼자서는 세상의 모든 물을 관리할 수 없었기 때문에 3,000명이나 되는 딸들에게 맡겼던 거죠.

그중에서 장녀 스틱스는 지하에 흐르는 스틱스강의 수호신이었습니다. 스틱스강은 산 자의 세상과 죽은 자의 세상 사이를 흐르는 강으로, 동양의 관점에서 보자면 삼도천이 되겠네요. 이곳 강물에는 불사신으로 만들어주는 신비한 힘이 깃들어 있기 때문에 여기에서 다시 다양한 이야기가 탄생했답니다.

그리스신화의 세계관.

070

aphrodisiac
최음제

사랑과 미의 여신, 아프로디테

대지의 여신 가이아와 하늘의 신 우라노스에게는 거인족인 티탄 12신 말고도 헤아릴 수 없을 정도로 자식이 많았습니다. 그중에는 외눈박이 키클롭스와 팔이 100개, 머리가 50개인 헤카톤케이르 같은 괴물처럼 생긴 신도 있었죠. 아버지 우라노스는 이들을 혐오해 지옥에 가둬버렸습니다. 이 사실을 알고 격분한 어머니 가이아는 또 다른 자식인 크로노스에게 우라노스를 죽이라고 명령해요.

어머니에게서 예리한 낫을 건네받은 크로노스는 아버지 우라노스의 몸을 일곱 조각으로 찢어 바다에 버렸습니다. 흰 수염이 난 머리는 가라앉기 전 크로노스를 노려보며 "나를 죽이고 내 왕좌를 빼앗았구나. 하지만 명심해라. 네 자식이 네게 똑같은 짓을 저지를 테니" 하고 외쳤어요.*

잘려나가 바다에 가라앉은 우라노스의 남근에서는 정액이 흘러넘쳐 거품이 일었는데요. 그 거품에서 금발의 여인이 태어났죠. 바로 사랑과 미의 여신인 *Aphrodītē*(아프로디테)** 였습니다. *aphros*(아프로스)는 그리스어로 거품입니다. 이 여신의 역할은 신이나 사람의 욕망을 자극하는 것이었죠. 사랑하거나 사랑에 빠지게 하는 것이 아프로디테의 임무자 기쁨이며 취미기도 했습니다.

최음제, 정력제는 영어로 aphrodisiac(애프러디지액)인데요. 바로 *Aphrodītē*에서 유래했어요. 남근에 들러붙은 정액의 거품에서 태어났다는 출생의 비밀을 안다면, 이 단어가 어떻게 생겨났는지 이해가 가실 거예요. 참고로 아프

* 예언대로 우라노스의 손자이자 크로노스의 아들인 제우스가 크로노스를 왕좌에서 끌어내리고 신들의 정점에 군림하는 왕이 됩니다.

** 영어도 철자는 똑같이 Aphrodite지만, 발음은 애프러다이티입니다.

로디테의 아들이 바로 *Erōs*(p. 158)입니다. 궁술의 명인으로 그가 쏜 황금 화살에 맞은 사람은 사랑에 빠진다는 성애의 신이죠.

고대 로마인은 그리스신화에 영향을 많이 받았고, 그 에피소드를 자신들의 신화에도 적극적으로 인용했어요. 그래서 신들의 이름만 다를 뿐 똑같은 이야기가 무척 많죠. 아프로디테가 로마신화에서는 *Venus*(베누스)로 이름이 바뀌었습니다. 이 이름이 영어로 Venus(비너스)가 된 거예요.

르네상스 시대, 피렌체 화가 산드로 보티첼리(1444년경~1510년)가 그린 걸작 〈비너스의 탄생〉은 이 여신이 정액 거품에서 태어나 서풍을 타고 키프로스섬 해안가에 다다른 장면을 표현한 것인데요.

작품에서 비너스는 가리비 껍질 위에 서서 두 손으로 가슴과 은밀한 곳을 가리고 있죠. 조개껍질은 여성의 성기를 상징한다고 해요. 그 옆에서는 계절의 여신이 꽃무늬 케이프를 벌거벗은 비너스에게 건네고, 하늘에서는 서풍의 신이 볼을 잔뜩 부풀리고 입을 뾰족하게 내밀어서 힘껏 바람을 보내고 있습니다.

한 폭의 그림에 신화 속 다양한 에피소드가 응축돼 있죠.

보티첼리의 〈비너스의 탄생〉, 우피치미술관 소장.

071

erotic

성적인

성애의 신, 에로스

사랑과 미의 여신, 아프로디테(p. 156)는 제우스와 본처 헤라의 아들인 헤파이스토스(p. 162)와 결혼합니다. 하지만 아프로디테는 다리를 절고 추하게 생긴 남편을 진심으로 사랑하지 못했죠. 그 허점을 노려 아프로디테에게 접근한 신이 있었으니 바로 전쟁의 신, 아레스였습니다. 둘은 밀회를 거듭하며 자식을 넷 낳는데요. 그중 하나가 바로 성애의 신 *Erōs* (에로스)예요.

그리스신화에서는 등에 날개가 달린 청년으로, 항상 활과 화살을 들고 다니는 것으로 묘사되죠. 에로스의 황금 화살에 맞은 사람은 격렬한 사랑에 빠지고, 납 화살에 맞은 사람은 반대로 혐오감을 품었습니다.

Erōs 라는 이름은 그리스어로 사랑을 뜻하는 명사 *erōs* 에서 유래했어요. 그리고 '사랑의', '사랑하는'을 뜻하는 형용사 *erōtikos* 에서 '관능적인', '성적인'을 가리키는 영단어 erotic이 만들어졌고요. eroticism은 성적 충동, 호색을 의미합니다.

에로스는 날개가 있어 하늘을 날아다니며 사랑의 화살로 사람이나 신을 쏘는 등 자유롭게 지냈습니다. 마찬가지로 궁술의 명인이었던 아폴론은 그런 에로스를 바보 취급했죠. 아폴론은 전장에서는 멀리서 활을 쏴 수많은 적을 처치한 역전의 용사였으며, 역병의 화살을 쏴서 사람들을 병에 걸려 죽게 하거나 반대로 병을 물리치기도 하는 치료의 신이기도 했습니다. 아폴론은 그런 활과 화살을 사랑놀음 따위에 가지고 노는 에로스를 가만 놔둘 수 없었던 거죠.

화가 난 에로스는 아폴론에게 황금 화살을 쏘고, 근처에 있던 요정에게는 납 화살을 쐈습니다. 아폴론은 그 요정에 반해서 쫓아갔지만, 아폴론을 혐오하게 된 요정은 도망치고 말았죠. 결국 강기슭에까지 몰린 요정은 자신의 모습을 월계수로 바꿔버렸어요.

프랑수아 에두아르 피코의 〈에로스와 프시케〉, 루브르미술관 소장.

이런 일화도 있습니다. 지상의 인간계에서 *Psȳkhē*(프시케)라는 아가씨가 절세의 미인이라는 소문이 자자했습니다. 이를 질투한 아프로디테가 아들 에로스에게 프시케를 세상에서 가장 못생긴 남자와 맺어지게 하라고 명령을 내렸어요. 프시케가 미남과 결혼해 더욱 아름다운 딸이 태어날까 봐 두려웠던 거죠. 에로스는 밤에 프시케의 방에 숨어들었다가 잠든 모습을 넋 놓고 바라봤어요. 그러다 그만 잠에서 깬 프시케에게 들켰고, 당황한 나머지 자신의 황금화살에 다치고 말았답니다. 에로스가 프시케에게 반해버린 거예요.

프시케는 그리스어 보통명사로 숨, 호흡, 목숨, 나아가서는 영혼, 마음을 의미하죠. 이 말이 라틴어로 들어와 *psȳchē*로 바뀌었습니다. psycho-나 psychi-로 시작하는 영단어가 있는데요. 예를 들어 psychology는 심리학, psychiatry는 정신의학, psychic은 형용사로는 '정신적인', '심령의', 명사로는 심령술사를 뜻하죠. 모두 마음이나 영혼과 관련이 있습니다.

그리스신화에서는 청년으로 묘사되는 에로스지만, 로마신화에서는 성별을 알 수 없는 아기 *Cupīdō*(쿠피도)* 로 바뀌었어요. 바로 등에 날개가 두 장 달렸으며 사랑의 화살로 장난을 치는 cupid(큐피드)** 죠.

* Amor(아모르)라고 불리기도 합니다. 그리스어 *erōs*(사랑)를 라틴어로 직역한 이름이죠.

** 영어 cupidity는 욕심, 탐욕을 뜻합니다.

072

music
음악

학문과 예술의 여신, 뮤즈

아버지이자 하늘의 신인 우라노스의 몸을 일곱 조각으로 찢어서 바다에 버린 크로노스가 친동생인 레아와 결혼해서 낳은 자식이 바로 제우스입니다.

우라노스는 머리가 바다에 가라앉기 직전, 아들 크로노스에게 "나를 죽이고 내 왕좌를 빼앗았구나. 하지만 명심해라. 네 자식이 네게 똑같은 짓을 저지를 테니" 하고 외쳤어요. 그 예언대로 제우스가 아버지 크로노스를 쓰러뜨리고 왕좌에 올랐습니다. 그런데 제우스는 여기에 만족하지 못했어요. 올림포스 신들을 이끌고 크로노스가 지배하던 티탄 신족에게 전쟁을 선포한 거예요. 이렇게 해서 10년에 걸친 대전쟁, 티타노마키아가 발발했죠.

전 우주를 붕괴시킬 정도로 처절한 전투였지만, 신들은 불사신이기 때문에 좀처럼 결판이 나지 않았습니다. 10년이 지나서야 간신히 올림포스 신들이 승리를 거뒀고, 패배한 티탄 신족은 지옥에 갇혔죠. 이렇게 제우스는 전지전능한 최고신의 자리에 올라 신들의 세계에 군림하게 됐어요.

이 전쟁에서 티탄 여섯 자매 중 한 명이자 기억의 여신인 *Mnēmosynē*(므네모시네)가 포로로 붙잡혔는데요. 므네모시네는 제우스와 9일 동안 밤을 함께하며 딸을 아홉 명 낳았죠. 이들이 바로 *Mūsa*(무사)*라고 불리는 학문과 예술의 여신들이었습니다. 영어로는 Muse(뮤즈)로, 시인, 화가, 음악가에게 영감을 주는 역할을 했어요. 이들에게는 각자 전문 분야가 있었습니다. 칼리오페는 서사시,

* 복수형은 *Mūsai*(무사이)입니다.

클리오는 역사, 에우테르페는 서정시, 멜포메네는 비극, 탈리아는 희극, 테르프시코레는 합창과 춤, 에라토는 연애시, 폴리힘니아는 찬가, 우라니아는 천문을 담당했죠.

니콜라 푸생의 〈파르나소스산의 아폴론과 뮤즈〉, 프라도미술관 소장.

영어로 박물관, 미술관을 뜻하는 museum의 어원이 바로 Muse입니다. 본래 뮤즈 여신들에게 바친 예술품을 모은 신전을 가리켰는데, 학문이나 연구를 하는 곳, 나아가 책이나 그림을 보관하고 전시하는 건물이라는 의미로 변했죠. 음악을 뜻하는 music 역시 이 여신들의 이름에서 유래했어요. 뮤즈 여신들의 기법이라는 뜻이죠. 그리스어로 '뮤즈의'라는 형용사인 *mousikē*(무시케)가 라틴어 *mūsica*(무시카)로 변했고, *musique*(뮈지크)라는 프랑스어로 자리를 잡았습니다.

뮤즈 여신들은 고대 도시인 델피 근처의 파르나소스산*에서 *Apollōn*(아폴론)의 지휘와 리라 연주에 맞춰 노래를 부르거나 춤을 췄습니다. 아폴론은 영어로 Apollo(아폴로)로, 태양의 신으로 알려져 있지만 음악의 신이기도 했어요. 이 아폴론과 무사라는 주제는 많은 그림과 음악으로 표현된 바 있습니다. 프랑스 고전주의 거장 니콜라 푸생은 〈파르나소스산〉이라는 그림을 남겼고, 러시아 작곡가 이고리 스트라빈스키 역시 '뮤즈를 이끄는 아폴로'를 주제로 한 발레 음악을 작곡했죠.

* 파르나소스산은 프랑스어로 몽파르나스입니다. 파리의 이 지역에는 시인을 비롯한 많은 예술가가 살았죠.

073

volcano

화산

대장장이 신, 불카누스

그리스신화의 최고신 제우스에게는 불륜 상대가 참 많았는데요. 본처는 최고위 여신인 헤라였지만, 결혼 당시 제우스는 이미 티탄 신족인 전처 테미스 등과의 사이에서 많은 자식을 두고 있었죠. 초조해진 헤라는 *Hēphaistos*(헤파이스토스)라는 신을 낳았지만, 다리를 절고 추하게 생겨 싫었는지, 아들을 올림포스산에서 바다로 버려버립니다.

바다의 여신 테티스*가 헤파이스토스를 거둬줬고, 바다의 요정들이 9년 동안 동굴에 숨겨 몰래 키우면서 금속가공 기술을 가르쳤어요. 헤파이스토스는 살아 있는 보석을 바다에서 헤엄치게 해 모두를 기쁘게 한 적이 있는데, 이것이 바로 열대어라는 전설도 전해집니다.

* 아킬레우스의 어머니이기도 해요.

헤파이스토스는 자신을 버린 어머니 헤라에게 복수를 꾀했습니다. 어느 날, 헤라에게 황금과 보석으로 장식된 호화로운 의자가 배달됐어요. 바로 헤파이스토스가 보낸 선물이었죠. 반색하며 의자에 앉은 헤라는 마법에 걸려 그대로 꽁꽁 묶이고 말았습니다. 헤라가 마법을 풀어달라고 간청하자, 헤파이스토스는 교환 조건을 내걸었어요. 자신을 올림포스산으로 불러들이고, 절세의 미녀로 소문난 아프로디테와 결혼시켜 달라고요. 이렇게 해서 헤파이스토스는 아프로디테와 결혼했습니다.

하지만 좋은 일에는 꼭 나쁜 일이 뒤따른다는 말이 있죠. 한껏 기분이 좋아진 헤파이스토스는 아버지 제우스와 어머니 헤라의 부부 싸움에 끼어들어 헤라를 두둔하고 말았습니다. 잔뜩 화가 난 제우스는 헤파이스토스를 올림포스산에서 림노스섬으로 던져버렸죠.

헤파이스토스는 이 섬의 화산을 대장간으로 삼은 뒤 외눈박이 괴물처럼 생긴 신 키클롭스들의 도움으로 다양한 무기를 만들었습니다. 전 우주를 한번에 불사를 만큼 강력한 번개를 만들어서 보내자, 제우스는 크게 화를 냈던 일도 잊고 무척이나 기뻐했어요. 이 번개 덕분에 티탄 신족과의 대전쟁, 티타노마키아에서 승리할 수 있었죠.

로마신화에서 헤파이스토스는 *Vulcānus*(불카누스)로 이름을 바꾸고, 대장장이의 신이 됐습니다. 사람들은 불카누스가 시칠리아섬 에트나 화산 속에 차려놓은 대장간에서 마그마로 쇠를 달구고 분화구로 연기를 내보내며 철제품을 만든다고 생각했죠. *Vulcānus*라는 이름은 영어식으로 바꾸면 Vulcan(벌컨)이 됩니다. 여기서 영어로 화산을 의미하는 volcano라는 단어가 만들어졌어요. volcanist는 화산학자, volcanology는 화산학이라는 의미입니다.

페테르 루벤스의 〈제우스의 번개를 만드는 헤파이스토스〉, 프라도 미술관 소장.

16세기까지 영어에는 대장장이를 의미하는 *vulcanist*라는 단어가 있었지만 지금은 사어死語가 됐습니다. 현대 영어에서 대장장이는 blacksmith 혹은 smith라고 하죠. 미국에서 가장 흔한 성인 Smith는 본래 대장장이를 의미했던 거예요.

074

Europe

유럽

페니키아 왕의 딸, 에우로페

지금의 중동 레바논 부근에 페니키아라는 왕국이 있었습니다. 지중해의 동쪽 끄트머리죠. 페니키아 왕의 딸인 *Eurōpē*(에우로페)는 절세의 미녀였어요. 올림포스산에서 하계를 내려다보던 그리스신화의 최고신 제우스는 그녀에게 한눈에 반하고 말았죠.

제우스는 하얀 황소로 둔갑해, 시녀들과 함께 목장에서 꽃을 따던 에우로페에게 다가갔습니다. 말괄량이였던 에우로페는 처음엔 곁에서 얌전히 앉아 있던 소의 머리와 등을 쓰다듬다가, 대담하게도 소의 등에 올라타서 발뒤꿈치로 옆구리를 차버렸죠. 바로 그 순간, 소는 전속력으로 내달렸어요. 목장을 가로질러 들판과 숲을 지나 바다를 향해 돌진하더니 엄청난 속도로 헤엄치기 시작했죠. 에우로페는 소의 등에서 떨어지지 않기 위해 안간힘을 썼어요.

제우스는 에우로페를 크레타섬으로 데려가 동굴에 가둬버렸습니다. 정체를 드러낸 제우스는 에우로페와 잠자리를 가졌고, 시간이 흘러 사내아이가 세 명 태어났어요. 그중 하나인 미노스는 후에 크레타의 왕이 되지만, 바다의 신 포세이돈의 저주에 걸린 왕비가 황소와 사랑에 빠지면서 소의 머리에 인간의 몸을 한 미노타우로스라는 괴물을 낳고 말죠. 미노타우로스란 미노스의 황소라는 의미입니다. 그 괴물을 가둬놓은 미궁을 *labyrinthos*(라비린토스)라고 하는데, 이후에 labyrinth(래버린스)라는 영단어로 자리를 잡았어요.

에우로페가 제우스에게 끌려간 크레타섬보다 서쪽에 있는 지역은 *Eurōpē*(에우로페)라는 이름에서 라틴어 *Eurōpa*(에우로파)를 거쳐

Europe(유럽)이 됐습니다. 처음에는 그리스 중앙부를 가리켰지만 점차 그리스 전역, 그리고 나중에는 대륙 전체를 의미하게 됐죠.

타치아노 베첼리오의 〈에우로페의 납치〉, 이사벨라 스튜어트 가드너 박물관 소장.

말뜻을 중심으로 살펴보자면 셈어로 '해가 지다'라는 의미인 *erēbu*에서 *Eurōpē*라는 그리스어가 탄생했고, '해가 뜨다'라는 의미인 *aṣu*에서 *Asiā*라는 말이 생겨난 것으로 추정됩니다. 19세기 들어 이 두 단어를 합쳐서 Eurasia(유라시아)라는 말이 만들어졌어요.

목성을 뜻하는 Jupiter(p. 204)의 어원은 로마신화의 *Jūpiter*(유피테르)로, 그리스신화로 치면 *Zeus*(제우스)입니다. 1610년에 이탈리아 천문학자 갈릴레오 갈릴레이가 직접 만든 천체망원경으로 목성의 위성을 네 개* 발견하면서 이것들을 갈릴레오 위성이라 부르게 됐죠. 이후 그중 하나에 Europa(에우로파)라는 이름이 붙었습니다. 재미있게도 나머지 세 위성에도 제우스 애인들의 이름을 붙였어요. 천문학과 신화가 얼마나 밀접하게 관련돼 있는지를 알 수 있죠.

* 지금은 목성에 위성이 79개 있다고 알려졌으며, 탐사선 조사가 진행될수록 계속 늘어날 가능성이 있습니다.

2013년에 이 에우로파라는 위성을 우주 망원경으로 관측한 결과, 남극 부근에서 수증기가 200킬로미터 높이까지 분출된다는 사실이 드러났습니다. 그래서 지표의 얼음 밑에 바다가 있고, 그곳에 어떤 생명체가 존재할 가능성도 지적되고 있죠.

075

Nike

나이키

승리의 여신, 니케

그리스신화에는 *Nīkē*(니케)라는 승리의 여신도 등장합니다. 아버지는 티탄 12신의 후예 팔라스, 어머니는 바다의 신 오케아노스(p. 154)의 장녀 스틱스였죠. 아버지는 그렇게까지 유명한 신이 아니지만, 어머니는 죽은 자의 나라인 명계에 흐르는 스틱스강을 지키는 여신이었어요. 이 강의 물에는 불사의 몸으로 만들어주는 신비한 힘이 있었습니다.

제우스가 이끄는 올림포스 신들과 티탄 신족 사이에서 티타노마키아라는 대전쟁이 벌어졌을 때, 니케는 티탄의 혈족이었지만 어머니 스틱스의 명령에 따라 올림포스 측에서 싸웠습니다. 날개가 달린 니케 여신은 전쟁터를 날아다니며 승자에게 영광을 내리는 사자 역할을 맡았죠. 운명을 조종해 승자를 결정한 이는 모이라이라는 세 운명의 여신* 으로, 니케는 특별한 힘이 없었어요. 하지만 승리의 기쁨을 전하며 씩씩하게 날아오르는 니케의 모습은 싸움을 벌이던 신들에게 큰 용기를 줬습니다.

* 클로토(실을 뽑다), 라케시스(분배하다), 아트로포스(피할 수 없다), 이렇게 세 자매입니다. 이들이 개인의 수명을 비롯한 운명을 결정한다고 전해지죠.

싸움은 호각지세로 좀처럼 결판이 나지 않았어요. 제우스는 지옥에 갇혀 있던 외눈박이 키클롭스, 팔 100개와 머리 50개가 달린 헤카톤케이르를 구해내 아군으로 만들고, 대장장이의 신 헤파이스토스가 만든 강력한 무기인 번개를 써서 올림포스 신들을 승리로 이끌었습니다. 제우스는 올림포스 신들의 편에 서서 싸운 니케를 칭송했고, 아테네를 수호하는 여신 아테나를 곁에서 따르게 했죠. 아테네 아크로폴리스에는 아테나·니케 신전이 아직까지 남아 있습니다.

루브르 미술관에 전시된 대리석상 〈사모트라케의 니케〉는 머리와 두 팔은 없어졌지만 날개를 활짝 펼친 여신상으로, 기원전 2세기에 만들어졌다고 해요. 1863년에 에게해 북동부에 위치한 사모트라케섬에서 몸통 부분이, 이어서 한쪽 날개를 비롯한 파편들이 발견되면서 복원할 수 있었습니다.

그리스 조각의 최고 걸작 〈사모트라케의 니케〉, 루브르 미술관 소장.

이 조각상이 얼마나 정교한지를 설명해주는 방송이 제작된 적이 있는데요. 현재 활동하는 조각가들 중 솜씨가 최고인 조각가가 끌과 망치를 써서 날개를 똑같은 두께로 깎아보려 했지만, 아무리 애를 써도 중간에 부러지고 말았습니다. 그 얇은 날개를 2,000년도 더 전에 고대 그리스인이 어떻게 망가뜨리지 않고 깎아낼 수 있었는지, 아직까지 수수께끼로 남아 있어요.

니케가 전쟁에서만 승리를 안겨준 것은 아닙니다. 경기 중인 운동선수에게도 속도와 행운을 안겨준다고 해요. Nike는 영어로 나이키라고 발음합니다. 이를 회사 이름으로 가져다 쓴 것이 바로 세계적인 스포츠 용품 브랜드 Nike입니다. Swoosh(스우시)* 라고 불리는 로고 역시 니케의 날개를 본뜬 것이라고 하죠.

* 영어로 '휙 소리를 내다'라는 의미입니다.

로마신화에서 니케는 *Victōria*(빅토리아)로 이름이 바뀝니다. 라틴어로 승리라는 뜻이죠. 영단어 victory는 여기에서 유래했어요.

076

Achilles heel

아킬레스건

아킬레우스

바다의 신 오케아노스의 자손으로 Thetis(테티스)*라는 아름다운 바다의 여신이 있었습니다. 엉큼한 제우스는 그런 테티스에게 반하고 말죠. 테티스의 아들이 아버지를 쫓아내고 지배자가 될 것이라고 운명의 여신이 불길한 예언을 했지만, 테티스에게 푹 빠진 제우스는 들은 척도 않고 그녀를 쫓아다녔어요. 테티스가 단호하게 교제를 거절하자 부아가 치민 제우스는 그녀가 다른 신과 맺어지지 못하게 하려고 인간의 왕과 결혼시켰습니다.

* 바다의 신 오케아노스의 친동생이자 아내이기도 한 바다의 여신은 Tethys(테티스)입니다. 명계에 흐르는 스틱스강의 수호신 스틱스의 어머니기도 하고요. 자주 혼동되고는 합니다.

테티스와 인간 남편 사이에서 일곱 아들이 태어났습니다. 모두 신과 인간의 혼혈, 다시 말해 반신반인이었죠. 신은 죽지 않지만 인간의 목숨에는 한계가 있습니다. 테티스는 불사신으로 만들어준다는 신들의 음식인 암브로시아로 향료를 만들어 여섯 아들의 온몸에 발랐어요. 그리고 불을 붙여 불사의 몸이 됐는지 확인했지만 모두 죽고 말았습니다.

남은 아들은 갓 태어난 *Akhilleus*(아킬레우스)뿐이었죠. 영어로는 Achilles, 흔히 아킬레스라고 하지만 실제 발음은 아킬리스에 가깝답니다. 테티스는 지난 전철을 밟지 않기 위해 아킬레우스를 명계라 불리는 죽은 자들의 나라에 흐르는 스틱스강에 담갔습니다. 이 물에는 불사신으로 만들어주는 신비한 힘이 있다고 알려져 있었거든요. 그런데 아킬레우스의 발뒤꿈치를 붙잡고 강물에 담갔기 때문에 그 부분만큼은 불사가 되지 못했습니다.

아킬레우스는 상반신은 인간이며 하반신은 말인 켄타우로스 종족에게 맡겨졌습니다. 그중에 케이론이라는 현자가 아킬레우스를 철저하게 단련시켰죠. 육체를 강인하게 만들기 위해 사자와 멧돼지의 내장을 먹이고, 말보다 빨리 달리게끔 훈련시키고, 전쟁에 이기기 위한 다양한 기술도 가르쳤습니다. 금발에 푸른 눈동자, 아름다운 육체를 지닌 청년으로 자라난 아킬레우스는 창술, 검술, 궁술 모두에 뛰어났으며 맨손으로 싸워서 적을 때려눕히고도 남을 만큼 힘이 셌죠.

앙투안 보렐의 〈스틱스 강물에 아킬레우스를 담그는 테티스〉, 파르마 국립미술관 소장.

그리스 연합군과 요새 국가 트로이 사이에서 벌어진 트로이전쟁에 참전한 아킬레우스는 연달아 전공을 세우고, 급기야 적의 총대장인 헥토르를 쓰러뜨립니다. 하지만 헥토르의 동생이자 트로이의 왕자였던 파리스가 복수하려고 날린 화살이 발뒤꿈치에 명중하면서 아킬레우스는 목숨을 잃고 말았어요.* 그곳이 바로 어머니 테티스가 스틱스 강물에 담가주지 못했던 약점이었습니다.

* 아킬레우스에게 아들을 잃은 태양의 신 아폴론이 파리스에게 약점을 알려줬다거나 화살이 그 부분을 향하게끔 운명을 조종했다는 이야기도 있습니다.

이 그리스신화 에피소드에서 Achilles tendon(아킬레스건)이라는 단어가 탄생했습니다. tendon(힘줄)이란 근육과 뼈를 이어주는 튼튼한 끈 같은 조직이죠. 아킬레스건을 의미하는 영단어가 또 하나 있는데요. 바로 Achilles heel입니다. 아킬레스의 발뒤꿈치를 가리키죠. 이 말은 인간, 특히 강인한 사람이 지닌 뜻밖의 약점이나 흠이라는 뉘앙스가 강해요. 예를 들어 His Achilles heel is his carelessness는 '그는 부주의한 게 흠이야'라는 의미입니다.

077

Amazon

아마존

유방이 없는

아마존은 그리스신화에 등장하는 용감한 여성들로만 이루어진 종족으로, 흑해와 카스피해 연안에 거주하며 전쟁과 수렵을 중심으로 생활했던 기마민족입니다. 활을 당기는 데 방해가 되지 않게끔 한쪽 유방을 잘라냈다는 이야기도 있어 그리스어 *Amazōn*은 *a*(없다)+*mazos*(유방)에서 유래했다고도 합니다. 나머지 한쪽 유방은 아이가 태어났을 때 젖을 먹이기 위해 남겨놨죠.

남성을 죽여본 자만이 남성과 성관계를 맺을 수 있었는데요. 아이가 필요할 때는 주변 부족을 찾아가 남성과 관계를 맺었고, 사내아이가 태어나면 죽이거나 노예로 삼거나 아버지에게 맡겼습니다. 반면에 여자아이는 부족에 남겨서 후계자로 삼아 어엿한 전사로 길러냈죠. 영단어 amazon은 여전사, 남자 못지않은 여자, 여걸을 의미합니다.

기원전 9세기경부터 기원전 8세기경에 호메로스가 정리한《일리아스》라는 서사시를 보면, 아마존이 그리스 연합군과 요새 국가 트로이 사이에서 벌어진 트로이전쟁에 참전해, 트로이 측에서 싸웠다고 해요. 아마존 여왕 펜테실레이아는 그리스 부장 아킬레우스와 일대일로 싸워서 지고 말았죠. 여왕이 죽기 직전에 보여준 아름다운 눈빛에 반해버린 아킬레우스는 그녀를 죽인 것을 후회했다고 합니다.

사실 아마존은 실재했을지도 모른다는 설이 있습니다. 흑해 주변에서 살았다고 전해지는데, 흑해는 과거에 아마존해라고 불렸어요. 그리고 무엇보다 19세기에 접어들어 독일 고고학자 하인리히 슐리만이 트로이 유적을 실제로 발견했거든요. 유적이 있다면, 이 전쟁에 참가한 아마존 역시 실제로 존재했을 가능성이 높겠죠.

남미에는 아마존이라는 광활한 열대우림 지역이 있습니다. 이곳을 흐르는 강이 바로 아마존강이죠. 세계에서 가장 큰 강으로 유명하며, 유역의 면적은 오스트레일리아 대륙과 맞먹는다고도 합니다. 지명은 16세기에 스페인 탐험가가 광대한 정글 깊은 곳에 용감한 여전사만으로 이루어진 부족이 있다는 소문을 듣고 붙인 이름이라고 하는데, 실제로 탐험대와 싸웠다는 설도 있어요.

1995년에 제프 베이조스가 설립한 아마존닷컴은 세계적인 인터넷 유통 기업이죠. 이 기업 이름에는 광대한 삼림지대인 아마존처럼 풍부한 상품을 판매하고 엄청난 점유율을 획득하고 싶다는 바람이 담겨 있다고 합니다. 로고를 보면 a에서 z를 향해 화살표가 그려져 있는데요. 이 또한 모든 상품을 취급한다는 이념이 드러난 것이라 하는군요.

처음에는 Cadabra.com이었다고 해요. 재난을 쫓아주는 주문인 abracadabra에서 따왔는데, 전화로 회사명을 알려주면 상대가 cadaver(해부용 시체)로 잘못 알아듣는 경우가 있어서 지금의 Amazon으로 바꿨다는군요.

078

Rome

로마

로마 최초의 왕, 로물루스

영원한 도읍으로 칭송받는 이탈리아의 수도 로마는 이탈리아어로 *Roma*, 프랑스어나 영어로는 Rome이라 씁니다. 로마 건국신화에 따르면 이 이름은 고대 로마의 초대 왕 *Rōmulus*(로물루스)에서 유래했어요.

이야기는 그리스신화로 거슬러 올라가는데요. 사랑과 미의 여신 아프로디테와 트로이 왕가에 속한 군인 사이에서 아이네이아스라는 영웅이 태어났습니다. 그리스 연합군과의 전쟁에서 요새 도시 트로이는 불바다로 변해 멸망하고 말죠. 주민들은 몰살당했지만, 유일하게 가족들과 함께 탈출한 인물이 바로 아이네이아스였어요. 그는 긴 고난의 여정 끝에 이탈리아반도에 이르러 작은 나라를 세우고 왕이 됐습니다.

그로부터 수세기 뒤, 알바롱가라고 불리게 된 이 나라는 아이네이아스의 자손인 누미토르 왕이 다스리고 있었습니다. 그에게는 절세의 미녀로 소문이 자자한 레아 실비아라는 딸이 있었어요. 그런데 누미토르의 동생 아물리우스가 왕위를 빼앗고 형을 퇴위시켜버립니다. 누미토르의 핏줄을 뿌리 뽑기 위해 아들은 죽이고, 딸인 실비아도 무녀로 삼아버렸죠. 무녀는 신에게 몸을 바치는 처녀여야만 했기에 결혼은 물론 자식도 낳을 수 없었어요.

그런데 하늘에서 내려온 전쟁의 신 마르스(p. 174)*가 실비아에게 한눈에 반해 그만 그녀를 임신시키고 맙니다. 얼마 뒤 쌍둥이 사내아이가 태어났어요. 왕 아물리우스는 크게 분노하며 병사에게 왕위 계승자가 될지도 모르는 쌍둥이를 죽이라고 명령합니다. 하지만 어린 쌍둥이를 가엾게 여긴 병사는

* 마르스는 그리스신화에서 아레스로 불립니다. 모두 전쟁의 신이죠.

둘을 조각배에 태워 강에 흘려 보냈죠.

배가 강가에 다다랐을 때, 암컷 늑대가 울고 있던 쌍둥이를 보고 젖을 먹였습니다. 때마침 지나가던 양치기가 쌍둥이를 발견하고 집으로 데려가 정성껏 키웠죠. 두 사람은 지적이며 늠름한 청년으로 성장했고, 각각 로물루스와 레무스라고 불렸습니다. 둘은 힘을 합쳐 작은할아버지인 아물리우스 왕을 죽이고 할아버지인 누미토르에게 다시 왕위를 돌려주는 데 성공합니다.

암컷 늑대의 젖을 빠는 로물루스와 레무스의 동상, 카피톨리니 미술관 소장.

형제는 조각배가 도착했던 테베레강 부근에 왕국을 세우기로 결심했습니다. 둘 중 누가 왕이 될지는 새점鳥占으로 정하기로 했죠. 각자 다른 언덕에 서서 더 많은 새가 날아든 쪽이 왕이 되기로 한 거예요. 로물루스가 선 언덕에는 새가 열두 마리 날아들었습니다. 레무스보다 두 배나 많은 수였죠.

새로운 나라의 왕이 된 로물루스는 개천을 파고 흙을 쌓아 올려 벽을 만들기 시작했습니다. 하지만 점괘 결과를 받아들일 수 없었던 레무스는 그 벽을 뛰어넘어 "이런 약해빠진 울타리로 어떻게 적의 침입을 막겠어"라고 비웃었습니다. 격분한 로물루스는 들고 있던 가래를 내리쳐 레무스를 죽이고 말았어요.

로물루스가 왕으로 즉위한 날로 추정되는 기원전 753년 4월 21일은 로마의 건국 기념일이 됐습니다. 지금도 많은 시민이 로마 병사로 분장하고 거리를 행진하는 등 다양한 이벤트가 열리고 있죠.

079

March
3월

전쟁의 신, 마르스

그리스신화에 따르면 최고신 제우스와 본처 헤라에게는 대장장이의 신 헤파이스토스(p. 162) 외에도 *Arēs*(아레스)라는 자식이 있었습니다. 전쟁의 신이었기 때문인지 아레스는 폭력 사태나 잔학한 행위를 끊임없이 저질렀고, 신은 물론이고 고대 그리스인에게도 미움을 샀죠.

한편으로는 예나 지금이나, 신이든 인간이든, 그런 야수 같은 남자를 좋아하는 여자가 있기 마련인데요. 사랑과 미의 여신 아프로디테(p. 156)는 아레스에게 반해 밀회를 거듭하는 사이에 성애의 신 에로스(p. 158)뿐만 아니라 불화의 여신 에리스, 공포와 패배의 신 포보스, 공포의 신 데이모스 등을 낳았습니다. 아레스는 이처럼 이름이 불길한 자식들을 이끌고 곧잘 격렬한 전투를 벌였어요. 취미라 해도 될 만큼 전쟁을 좋아했던 거죠.

그런데 이 아레스가 로마신화에서 *Mārs*(마르스)로 이름을 바꾸고 다시 등장하자, 이상적인 청년이자 용감한 병사로 큰 인기를 끌었어요. 최고신 유피테르와 어깨를 견줄 정도의 지위를 차지했죠. 그도 그럴 것이 로마를 건국한 초대 왕 로물루스(p. 172)의 아버지였으니까요.

마르스는 전쟁의 신이었을 뿐 아니라 농경의 신이기도 했습니다. 로마 최초의 달력은 초대 왕 로물루스가 정한 로물루스력으로, 1년이 10개월이었죠. 달력은 씨를 뿌리고 수확할 시기를 알려주기 위한 것이었기에 농사짓기에 적합하지 않은 겨울인 두 달은 달력에서 비워둔 거였어요.

1년 중 첫 번째 달은 봄인 3월로, 날이 풀려서 농사일을 시작할 수 있으며 동시에 군대를 움직여 전쟁을 재개하는 시기기도 했습니다. 이 달은 농경과 전쟁의 신이었던 마르스의 달이라는 의미에서 *Mārtius*(마르티우스)라고 불렀어요. 이 말이 프랑스어의 영향을 받은 중세 영어 *Marche*를 거쳐 March라는 영단어로 자리를 잡았죠.

기원전 8세기, 고대 로마의 2대 왕 누마가 10개월 뒤에 *Jānuārius*(야누아리우스)와 *Februārius*(페브루아리우스)*, 이렇게 두 개 달을 추가해 1년을 12개월로 만들었습니다. 누마력은 약 600년 동안 이어지다가 기원전 153년에 누마력 개혁이 단행되면서 나중에 추가된 두 개 달이 한 해의 첫머리로 옮겨졌어요. 그 결과, 첫 번째 달이었던 *Mārtius*는 세 번째로 밀려났고, 일곱 번째 달인 September가 9월, 여덟 번째인 October가 10월이 되고 말았습니다. *septem*은 라틴어로 7, *octō*는 8이라는 의미인데요. 이처럼 December(12월)까지 숫자가 두 개씩 밀려버렸죠.

* *Jānuārius*는 영어로 1월을 뜻하는 January, *Februārius*는 영어로 2월을 뜻하는 February가 됐습니다.

영단어 Mars(p. 202)에는 화성이라는 의미도 있습니다. 화성의 붉은 빛깔이 전쟁에서 병사들이 흘린 피와 타오르는 불꽃을 연상시키기 때문이라고 해요. 형용사 Martial은 '화성의', '마르스 신의'라는 의미지만, M을 소문자로 바꾸면 '호전적인'이라는 뜻이 됩니다.

신화는 어떻게 만들어졌을까

그리스 로마 신화에 나오는 신들의 이야기를 읽다 보면 이따금 위화감이 느껴집니다. 제가 알던 이야기와 미묘하게 다르기 때문인데요. 신화는 음유시인들이 수많은 에피소드를 구전으로 익히고 여러 나라를 돌아다니며 사람들 앞에서 선보였던 이야기입니다. 이야기의 흐름이나 자세한 부분은 음유시인들이 저마다 자유롭게 각색했기 때문에 다양한 이야기가 전해지게 됐죠. 전문이 고스란히 남아 있는 일본의 역사서 《일본서기》나 《고사기古事記》와 비교하면, 이러한 점에서 차이가 있습니다.

기원전 6세기, 그리스에는 페이시스트라토스(기원전 600년경~기원전 527년)이라는 참주가 있었습니다. 참주란 불법적인 수단으로 정권을 쥔 독재자를 이르는 말로, 영어로는 tyrant(타이런트)라고 합니다. 더러운 수를 써서 지배자가 된 페이시스트라토스였지만, 정권을 쥔 뒤에는 꽤나 선정을 펼쳤죠. 이 참주가 높이 평가받은 또 다른 이유가 있는데요. 음유시인들에게 알고 있는 모든 호메로스의 서사시를 필사인들 앞에서 읊게 해 구전으로만 전해지던 이야기를 문자화했다는 것이었죠. 이것이 바로 지금까지 남아 있는 《일리아스》와 《오디세이아》입니다. 하지만 그럼에도 신화의 양이 워낙 방대해 모든 내용을 담아내지는 못했어요.

기원전 700년경에 헤시오도스라는 시인이 《신통기Theogony, 神統記》라는 서사시를 정리하면서 그때까지 뿔뿔이 흩어져 있던 각각의 이야기에 계보를 만들었습니다. 신들이 어떻게 탄생했고, 어떤 신과 어떤 여신이 부부였고 또 형제자매였는지 등의 관계를 뚜렷하게 밝힌 거예요. 또한 올림포스 신들과 티탄 신족의 대전쟁인 티타노마키아나 우라노스, 크로노스, 제우스의 권력 교체가 어떻게 이뤄졌는지 등을 순서대로 묘사했어요. 이는 그리스신화의 기틀로 자리를 잡았지만, 에피소드로서는 아주 적은 분량이었죠.

그 이후로도 신화는 비극 작가들을 통해 연극 대본의 형식으로 구체적인 형태가 잡혀나갔고, 기원 전후로 현재 전해지는 에피소드들이 모두 등장했습니다.

로마인들에게는 독자적인 신화가 없었기 때문에 로마 고유의 신들을 그리스신화의 신들과 동일시해 그리스신화를 자신들의 신화로 받아들였습니다. 따라서 신들의 이름만 다를 뿐 그리스신화를 그대로 옮겨 쓴 것 같은 이야기가 무척 많아요. 그리스 로마 신화라고, 하나의 동일한 신화처럼 취급하는 데는 이러한 이유가 있죠.

물론 로마인들이 새로 만든 신화도 있습니다. 로마 건국 신화에서는 초대 왕 로물루스(p. 172)를 억지로 그리스신화 속 사랑과 미의 여신인 아프로디테의 후손으로 만들었죠. 왕조에 품격을 더해주기 위해 반드시 처녀여야만 하는 무녀 레아 실비아를 마르스가 겁탈해 로물루스가 탄생했다는 이야기를 만들어냈던 겁니다.

January
1월

두 얼굴의 신, 야누스

로마신화에서는 그리스신화의 신들이 다른 이름으로 다시 등장합니다. 에피소드 역시 본래 있었던 그리스신화를 바탕으로 각색한 것이 많죠.

물론 로마신화에서 새로 등장하는 신도 있습니다. 대표적인 신이 바로 *Jānus*(야누스)인데요. 영어로는 제이너스라고 발음하죠. 얼굴이 앞뒤로 달린 두 얼굴의 신으로, 앞과 뒤, 안과 밖, 만사의 겉과 속을 동시에 볼 수 있어요.

카르나라는 장난치기 좋아하는 요정이 있었습니다. 카르나는 자신에게 접근하는 사내들을 동굴로 유인한 뒤, 바로 뒤따라가겠다고 하고선 줄행랑을 치고는 했는데요. 똑같은 수법으로 야누스까지 속이려 했지만 뒤에 달린 야누스의 얼굴에 발각당한 탓에 도망치지 못했고, 하는 수 없이 야누스와 맺어졌어요. 둘 사이에서 태어난 아이가 프로카스로, 훗날 이탈리아반도 중앙부에 있는 알바롱가라는 나라의 왕이 됩니다. 로마를 건국한 로물루스(p. 172)나 그의 어머니 레아 실비아는 이 나라 왕가의 피를 물려받았죠.

야누스는 매사의 끝과 시작을 관장하는 신이기도 했습니다. 그래서 새해 첫 번째 달인 1월을 야누스의 달이라는 의미에서 *Jānuārius*(야누아리우스)라 불렀죠. 이 말이 영어로 1월을 뜻하는 January의 어원이 됐습니다.

기원전 8세기에 로마의 2대 왕이 된 누마가 정한 누마력에서 야누아리우스는 첫 번째 달인 마르스의 달로부터 열한 번째인 달이었습니다. 이 달력이 약 600년 뒤에 개편되면서 1년 중 첫 번째 달로 바뀌었죠.

지나간 해를 돌아보고 새해에 대한 희망을 품는 1월은 그야말로 두 얼굴의 신 야누스와 딱 어울리는 달이라 할 수 있겠습니다.

또한 야누스는 문의 수호신이자 전쟁의 신이기도 했습니다. 누마 왕은 로마 거리의 중심지에 야누스를 모시는 신전을 지었어요. 그 신전에 두 얼굴이 서로 반대쪽을 향하고 있는 상을 모셨죠. 그리고 출입구도 앞쪽과 뒤쪽 모두에 설치하고, 전쟁이 벌어지면 열고 평화로울 때는 닫아두라는 명*을 내렸습니다.

* 시오노 나나미가 로마에 관해 쓴 책을 읽어보면 "야누스 신전의 문이 닫힐 새가 없을 정도로 전쟁이 끊이지 않았다"라는 말이 나와요.

로마에서는 전쟁이 끊이질 않았습니다. 야누스 신전의 문은 초대 황제인 아우구스투스의 시대까지 700년이나 거의 열려 있었죠. 닫힌 적이 딱 세 번뿐이었다는군요. 평화로운 시기가 거의 없었던 셈입니다.

영단어 Janus(제이너스)는 당연히 두 얼굴의 신을 의미합니다. Janus가 들어간 Janus-faced라는 표현도 있는데요. 매사에 '상반되는 양면성이 있다', 사람에게 '두 마음이 있다', '표리가 있다'는 뜻이죠. Janus-faced view of history는 '표리 양면으로 보는 역사관'을 말합니다. Janus-word는 한 단어에 상반되는 두 의미가 있음을 가리키죠. 예를 들어 overlook에는 '간과하다'와 '감시하다', sanction에는 '제재'와 '허가', fast에는 '빠르다'와 '단단히 고정시키다'라는 모순된 의미가 포함돼 있는데요. 이런 단어들을 가리켜 바로 Janus-word라고 해요.

얼굴이 두 개인 야누스 신, 바티칸미술관 소장.

081

cereal
시리얼

풍요의 여신, 케레스

콘플레이크나 오트밀 등을 시리얼이라고 하는데요. 바쁜 아침 등에 우유나 요거트 등에 뿌려서 먹는 '곡물로 만든 가공식품'으로, 영어로는 cereal* 이라 하죠. 저는 줄곧 시리얼이 특정 식품회사가 만든 상품명이라 상표등록이 돼 있을 줄 알았는데 아니더군요.

이 cereal은 로마신화 속 풍요의 여신인 *Cerēs*(케레스)에서 유래했는데요. 라틴어로 '케레스의'를 뜻하는 형용사 *cereālis*(케레알리스)에서 생겨난 영단어입니다. 그리스신화에서 케레스는 *Dēmētēr*(데메테르)라고 불리며, 풍요의 여신으로 숭배받았습니다. 어머니인 대지의 여신 가이아의 명령에 따라 아버지 우라노스(p. 208)의 남근을 잘라 바다에 던져버린 크로노스라는 신이 있는데, 바로 이 크로노스의 딸이죠. 형제로는 지상을 지배한 최고신 제우스, 바다를 지배한 포세이돈(p. 210), 명계의 왕 하데스(p. 212)가 있습니다. 데메테르는 3형제 중에서도 특히 친했던 제우스와 맺어져 페르세포네라는 딸을 낳았어요.

그런데 명계의 왕 하데스가 아름다운 여인으로 성장한 페르세포네를 보고는 한눈에 반하고 말았죠. 꽃을 따던 페르세포네의 눈앞에서 땅이 갈라지는가 싶더니 마차를 탄 하데스가 나타나 그녀를 납치해버렸어요. 딸이 사라진 것을 알고, 어머니 데메테르는 횃불을 들고 지상을 샅샅이 뒤졌지만 끝내 찾지 못했습니다.

이윽고 태양의 신 헬리오스로부터 딸이 하데스와 결혼해 죽은 자들의 나라에서 왕비가 됐음을 전해 들은 데메테르는 절망에 빠져 바짝 야위고 말았어요. 그러자

* 비밀번호를 뜻하는 serial number와는 아무 상관이 없습니다.

지상의 작물이 모조리 시들고 기근이 발생해 인간 사회는 파멸할 위기에 처했습니다.

앙투안 칼레의 〈제우스에게 항의하는 데메테르〉, 보스턴 미술관 소장.

동생이자 남편이기도 한 제우스는 데메테르의 탄원을 받아 하데스에게 페르세포네를 지상으로 돌려놓으라고 명했어요. 하지만 하데스는 명령에 따르는 척하며 페르세포네에게 석류 열매 몇 알을 먹였습니다. 명계의 음식을 조금이라도 입에 댄 자는 지상으로 돌아갈 수 없다는 엄격한 규칙이 있었기 때문이죠.

이를 받아들이지 못한 데메테르는 제우스를 찾아가 크게 따졌고, 타협안을 찾기로 했습니다. 결국 페르세포네는 1년 중 4개월은 명계에 머물러야 했지만, 나머지 8개월은 지상에서 어머니 데메테르와 함께 보낼 수 있었습니다. 사자의 나라에서 지내던 페르세포네가 지상으로 돌아오자 다시금 햇볕이 내리쬐기 시작했어요. 사람들이 봄에 씨앗을 뿌리고 여름에 작물을 쑥쑥 키우고 가을이면 거둬들이는 사계절의 순환은 이렇게 해서 생겼답니다.

로마신화에서 데메테르는 케레스로 이름이 바뀌었어요. 농경의 신 사투르누스(p. 206)와 화덕의 신 베스타의 딸로 여겨지며, 곡물을 재배하는 방법을 인간에게 알려주기 위해 전 세계를 떠돌았죠. 이렇듯 풍요를 상징하는 여신의 이름이 영양 가득한 cereal의 어원이 됐습니다.

카를 싱켈의 〈우라노스와 춤추는 별들〉,
베를린공과대학 건축미술관 소장.

5장

우주, 별과 관련된 영단어

우주를 떠다니는 별들의 영어 이름은 그리스 로마 신화 속 이야기와 밀접한 관계가 있습니다.

천왕성은 영어로 Uranus(우라노스)입니다. 무수히 많은 은하가 흩뿌려진 우주를 몸에 감싸고 있었다고 전해지는 하늘의 신이죠.

082

cosmos
우주

질서

우주를 의미하는 영단어로는 universe, outer space, cosmos 등이 있습니다. universe는 라틴어로 하나를 뜻하는 *uni*-와 '돌아온'을 뜻하는 -*versus*로 이루어진 말로, '하나로 통합된 것'에서 출발해 우주, 세계라는 의미를 갖게 됐어요. outer space는 대기권 밖의 우주 공간을 가리킵니다. space는 원래 공간을 뜻하며, 여기서 우주로 의미가 확장됐죠.

cosmos는 그리스어로 질서를 의미하는 *kosmos*에서 유래했는데요. 고대 그리스 피타고라스학파가 가장 먼저 우주라는 의미로 이 단어를 썼다고 합니다. 우주를 질서 정연한 조화로운 체계라고 봤기 때문이죠.

당시는 모두가 '지구 주변을 태양이나 달, 별이 돌고 있다'는 생각에 사로잡혀 있었으리라고 짐작하기 쉬운데, 피타고라스학파 학자인 필롤라오스(기원전 470년경~기원전 385년)는 보이지 않는 불덩이 주변을 지구, 태양, 별이 돌고 있다고 주장했어요. 지동설에 가까운 사고방식이었죠. 그런데 기원후 2세기에 접어들어 프톨레마이오스Ptolemaeus*(100년경~170년경)라는 천문학자가 지구를 중심으로 그 주변을 달, 수성, 금성, 태양, 화성, 목성, 토성 등 일곱 개 천체가 돌고 있다고 주장했습니다. 천체 궤도 역시 타원이 아니라 원형으로 봤죠. 우주에서 완벽한 질서를 찾은 결과였습니다. 이 설을 영어로는 Ptolemaic system, 즉 프톨레마이오스 체계라고 부릅니다.

* 영어로는 Ptolemy(탈러미)입니다.

현대 영어에서도 cosmos는 우주 외에 질서, 조화를 뜻하기도 합니다. 가을을 장식하는 꽃 코스모스 역시 cosmos죠. 우주에 아름답게 늘어선 별들처럼, 아름다운 꽃잎이 질서 정연하게 피어나기 때문에 붙은 이름입니다. 놀랍게도 화장품을 뜻하는 cosmetic 역시 그리스어로 '아름답게 꾸미다'라는 의미인 *kosmētikos*에서 태어난 영단어예요. 꽃 코스모스와 그 뿌리가 같죠.

cosmos의 대척점에 있는 표현은 chaos로 혼돈, 무질서를 뜻합니다. 흔히 카오스라고 하지만, 영어 발음은 케이아스에 가까워요. 《구약성경》의 〈창세기〉나 일본의 역사서인 《일본서기》와 마찬가지로, 그리스신화에서도 처음에 이 세상은 하늘과 땅이 혼연일체를 이룬 무질서한 상태였다고 묘사했습니다. 고대 그리스인은 이 혼돈 상태를 의인화해 *Khaos*(카오스)라는 최초의 신을 창조했죠. 여기서 대지의 여신인 가이아가 탄생하면서 그리스신화가 시작됩니다.

사실 영어로 기체를 의미하는 gas는 이 *khaos*라는 단어에서 만들어진 조어입니다. 1600년, 플랑드르의 화학자 얀 밥티스타 판 헬몬트(1579~1644년)가 목탄을 태우고 남은 재의 무게를 측정했다가 이전보다 가벼워진 것을 발견했어요. 분명 연소 과정에서 공기 중으로 방출된 물질이 있으리라 생각한 그는 기체라는 개념을 떠올렸죠. 판 헬몬트는 그리스신화 속 *Khaos*의 플랑드르어식 발음에 힌트를 얻어, 눈에 보이지 않는 이 물질에 *gas*라는 이름을 붙였습니다.

예전부터 있던 말인 줄 알았던 gas라는 단어가 실은 그리스신화에서 탄생한 조어였다니, 신기하죠.

083

astrology

점성술

별의 언어

영어로 별은 star입니다. 고대 영어의 *steorra*에서 유래했죠. 라틴어로는 *stella*(스텔라)였지만, 그리스어로는 *astēr*(아스테르)라고 했어요. 처음에는 a가 붙어 있었던 거예요. 이 그리스어의 영향을 받아 별, 우주에 관한 영단어 중에는 astro-나 aster-로 시작하는 것이 많은데요. 점성술을 뜻하는 astrology 역시 그중 하나입니다. 그리스어 *astrologos*(아스트롤로고스)에서 유래했어요. *logos*는 언어, ~학을 의미하므로, 별의 언어, 별에 대해 말하는 것, 천문학이라는 뜻이 됩니다. astrologer는 점성술사, astrological은 '점성술의'라는 형용사입니다.

점성술의 본래 목적은 별의 움직임에 따라 국가나 사회 전체가 어떻게 변동하는지를 판단하려는 것이었지만, 시간이 흐름에 따라 개인의 운명을 알아보기 위한 점술로 바뀌었습니다. 사람이 태어났을 때 천체가 배치돼 있던 상태를 기준으로, 이후에 천체가 어떻게 움직이는지를 조사해 사람의 성격이나 미래의 운명을 알아내려 했죠. 점성술에서 말하는 천체란 태양, 달, 태양계의 행성, 그리고 양자리부터 물고기자리까지 열두 가지 별자리를 가리킵니다. 예를 들어 화성은 투쟁 본능이 강하고, 금성은 예술적이며, 양자리는 정열적이고, 천칭자리는 우아하다는 등의 특징이 있는데, 이들이 서로에게 영향을 준다고 봤죠.

불행, 재해는 영어로 disaster인데요. 이 단어에도 -aster가 들어 있죠. dis-는 '멀리'라는 의미이므로, disaster는 '행운의 별에서 벗어나다'란 뜻이 됩니다.

이 astrology에서 생겨난 단어가 바로 천문학을 뜻하는 astronomy입니다. astronomer는 천문학자, 그리고 astronomical은 '천문학의'라는 형용사인데, '천문학적인', '막대한', '방대한'이라는 의미도 있어요. 예를 들어 astronomical figure는 '천문학적 숫자'가 되겠죠.

여러 가지 다양한 물질에서 금을 뽑아내려 했던 alchemy(연금술)가 chemistry(화학)로 변화했듯이 astrology(점성술) 역시 과학적인 astronomy(천문학)로 발전했습니다. 이 두 단어는 대중없이 쓰이다가 15세기경부터 점차 구별되기 시작했습니다.

asterisk(애스터리스크)도 별표(☆, *)를 가리킵니다. 그리스어로 작은 별을 뜻하는 *asteriskos*에서 유래한 말이죠. 우주 비행사는 astronaut입니다. 그리스어로 *nautēs*는 선원이니, '별의 선원'이라는 뜻이 되겠네요. 로맨틱하죠?

또 한 가지, astro-로 시작하는 이름이 있습니다. 애니메이션 〈우주소년 아톰〉은 1963년에 일본에서 방송됐고, 이후 미국으로도 수출됐습니다. 원제가 〈철완鐵腕 아톰〉이니 'Iron Arm: Atom'이나 'Mighty Atom' 같은 이름으로 지었으면 좋았을 텐데, 미국에서는 제목과 주인공 이름 모두 'Astro Boy'로 바뀌고 말았죠.

원작자는 atom이 방귀를 뜻하는 속어였기 때문에 수출하면서 제목을 바꿀 수밖에 없었다고 밝혔지만, 제가 여러 미국인에게 물어보니 하나같이 "atom에 fart(방귀)라는 의미는 없다. 금시초문이다"라고 하더군요. 역시 히로시마와 나가사키에 atomic bomb(원자폭탄)을 떨어뜨렸던 미국으로서는 일본에서 제작한 애니메이션을 방영하면서 atom(원자)이라는 표현을 쓰고 싶지 않았던 게 아닐까요?

재미있는 어원 이야기

당신의 **별자리**는 무엇인가요?

astrology 외에도 점성술, 별점을 의미하는 영단어가 있습니다. 바로 horoscope(호러스코프)입니다. 그리스어로 '(태어난) 때'를 뜻하는 *hōrā*와 '감시하는 사람', '관찰하는 사람'을 뜻하는 *skopos*로 이루어진 단어로, 점성술을 할 때 기준이 되는 차트를 의미하기도 하죠. 출생 천궁도는 영어로 zodiac이라고 하는데, 사람이 태어난 때의 태양, 달, 행성의 위치를 그림으로 나타낸 것입니다. 열두 구역으로 나뉘며, 각각에 별자리가 배치돼 있죠. 각 구역은 영어로 sign 혹은 house라고 불러요.

외국인과 영어로 대화하다 이야깃거리가 떨어졌을 때 이 별점 이야기를 한번 해보세요. 서양인들에게 친숙한 화제거든요.

영어로 '당신의 별자리는 무엇인가요?'는 What is your zodiac sign? 이지만, 더 간단하게 What is your star sign?도 상관없습니다. 이미 별자리 이야기를 하는 중이었다면 What's your sign?이나 What sign are you?라고 해도 통할 겁니다.

만약 당신이 전갈자리라면 I'm a Scorpio라고 대답하면 되겠죠. 그럼 각 별자리의 영어명을 소개해드리겠습니다.

양자리	Aries	에어리즈, 에리즈
황소자리	Taurus	토러스
쌍둥이자리	Gemini	제미니
게자리	Cancer	캔서
사자자리	Leo	리오
처녀자리	Virgo	버고
천칭자리	Libra	리브라, 라이브라

전갈자리	Scorpio	스콜피오
궁수자리	Sagittarius	새지테리어스
염소자리	Capricorn	캐프리콘
물병자리	Aquarius	어퀘리어스
물고기자리	Pisces	파이시즈, 피시즈

모두 라틴어에서 유래한 영단어예요. I'm a~라고 하면 되지만, 양자리와 물병자리는 각각 Aires와 Aquarius로 모음으로 시작하기 때문에 부정관사는 an입니다.

만약 별자리가 생각나지 않거든 간단한 영단어로 대답해도 됩니다. 여러분이 황소자리인데 Taurus라는 단어를 까먹었을 때는 I'm the Bull이라고 하면 알아들을 거예요. 양자리라면 the Ram, 쌍둥이자리는 the Twins, 게자리는 the Crab, 사자자리는 the Lion, 처녀자리는 the Virgin 혹은 the Maiden이 되겠죠. 결혼하기 전의 성을 maiden name이라고 하니, 이를 연상해보세요. 천칭자리는 the Scales, 양자리는 the Goat, 물고기자리는 the Fish입니다. 물병자리는 the Water Carrier(물을 나르는 사람)이에요. 물병을 어깨에 얹은 사람의 모습을 떠올려보세요. 궁수자리는 Sagittarius예요. 어려우면 the Archer(활을 쏘는 사람)라고 해도 됩니다. 양궁을 archery라고 하니, 이걸 떠올리면 간단하죠.

084

satellite

위성

귀족의 경호원

편의상 모두 별이라고 부르지만, 사실 별에도 여러 종류가 있습니다. 항성은 영어로 fixed star예요. fixed란 '고정된'이라는 뜻의 형용사로, 밤하늘에서 위치 변화 없이 스스로 빛을 내는 별을 가리키죠. 태양계에서 유일한 항성이 바로 sun(태양)입니다. sun은 고대 영어의 *sunne*에서 유래했는데요. 천문학적으로 정확하게 따진다면 star는 항성만을 가리키죠.

항성 주위를 회전하는 천체는 planet(행성)입니다. 그리스어로 '헤매다'를 뜻하는 동사 *planāsthai*에서 파생한 *planētēs*(플라네테스)에서 유래했습니다. 형용사로는 '헤매는', 명사로는 '헤매는 자'라는 의미가 되겠죠. 고대 그리스 시대부터 이미 수성, 금성, 화성, 목성, 토성 등 다섯 개 천체는 '헤매는 별'이라는 뜻의 *planētēs astēr*라고 불렸어요. 지구도 행성이지만, 세상 사람들이 이 사실을 받아들인 것은 코페르니쿠스의 지동설이 등장하고 나서죠.

태양계 행성으로는 그 외에도 천왕성과 해왕성이 있습니다. 이전에는 명왕성도 태양계 행성 중 하나로 여겨지며 "수금지화목토천해명" 같은 식으로 외우곤 했지만, 2006년에 왜소행성으로 격하되고 말았죠. 격하된 이유 중 하나는 근처에 동등하거나 그 이상으로 큰 천체가 발견됐기 때문이랍니다.

행성 주변을 도는 천체는 satellite(위성)입니다. 새삼 설명할 필요도 없겠지만, 지구의 위성은 바로 moon(달)입니다. 지구가 아닌 다른 행성의 위성도 흔히 달이라고 부르는데, 이는 영어도 마찬가지입니다. 예를 들어 토성의 달은 Saturn's moon 혹은 the moons of Saturn이라고 표현하죠.

고대 로마 시대는 전쟁이 끊이지 않았으며 정변도 숱하게 일어났습니다. 경제적으로 불안정했고 치안도 나빠서 유력 귀족들은 항상 목숨의 위협을 받았죠. 그래서 무장한 보디가드를 여럿 대동하고 다녔는데요. 이 경호원을 라틴어로 *satelles*(사텔레스)라고 불렀어요. 특히 집정관 같은 최고위 공직자에게는 *lictor*(릭토르)라는 직위의 경호원이 함께했죠. 이들은 *fascēs*(파스케스)라고 해서 나무 막대기 묶음에 도끼를 엮어 놓은 무기를 소지했습니다. 도끼는 힘을, 나무 묶음은 민중의 단결을 상징했죠. 이 말이 독재적 국가주의를 의미하는 영단어 fascism(파시즘)의 어원이 됐습니다.

17세기로 접어들면서 라틴어 *satelles*는 천문학 용어로 되살아났습니다. 1610년, 이탈리아 천문학자 갈릴레오 갈릴레이는 자신이 만든 망원경으로 목성에서 네 개 위성*을 발견했고, 독일 천문학자 요하네스 케플러는 위성의 궤도에 관한 법칙을 확립했죠. 이때 케플러는 위성의 움직임이 마치 귀족을 따라다니는 경호원 같다며 *satelles*라는 이름을 붙였습니다. 이것이 위성을 뜻하는 영단어 satellite로 자리를 잡았죠.

파스케스를 든 릭토르 직위의 경호원.

* 이오, 에우로파, 가니메데, 칼리스토 등 네 위성으로, 갈릴레오 위성이라고 불립니다. 모두 제우스(유피테르)의 애인 이름이죠.

085

comet
혜성

머리카락이 긴

태양계에 속한 천체 중 하나인 혜성은 빛의 꼬리를 길게 늘어뜨리며 태양 주변을 돌고 있습니다. 일본에서는 빗자루별이라고도 하는데, 빛의 꼬리가 빗자루 끝부분처럼 보였기 때문이죠. 혜성은 영어로 comet입니다. 그리스어로 '머리카락이 긴', '긴 머리를 한'이라는 뜻인 *Komētēs*(코메테스)에서 유래했어요. 긴 빛의 꼬리가 여성의 긴 머리카락처럼 보였기 때문이죠. 이 말이 *comēta*(코메타)라는 라틴어로 바뀌었고, 고대 프랑스어의 *cométe*를 거쳐 *comete*라는 고대 영어로 자리를 잡았습니다.

혜성의 본체는 혜성핵이라고 하는데, 지름이 수백 미터에서 큰 것은 200킬로미터나 되는 얼음과 먼지 덩어리입니다. 태양에서 멀리 떨어져 있을 때는 얼어붙은 상태지만, 가까워지면 온도가 높아지면서 가스와 먼지를 내뿜기 시작해요. 이것이 빛나면서 긴 꼬리처럼 보이는 거예요.

혜성은 밤하늘에 돌연히 나타나 흔적도 없이 사라지기 때문에 국가의 멸망이나 왕의 죽음, 천재지변이나 전염병의 유행 등 나쁜 일이 벌어질 징조로 여겨졌습니다. 1066년 3월에도 밤하늘에 혜성이 나타났습니다. 잉글랜드에서 해럴드라는 왕이 즉위한 직후였죠. 때마침 그때 프랑스 노르망디공국의 기욤이라는 왕이 대륙에서 수많은 병사와 말, 무기와 함께 바다를 건너와 브리튼섬에 상륙했습니다. 북부에서 노르웨이군과 싸우던 해럴드가 이끄는 잉글랜드군은 다급히 남부 잉글랜드로 돌아와 전투에 임했지만, 노르만군에 패배하고 말았어요. 이렇게 노르망디공국의 왕 기욤은 잉글랜드를 정복하고, 잉글랜드 왕 윌리엄*으로 즉위해 지금 영국 왕실의 시조가 됐죠.

* William the Conqueror(정복자 윌리엄)라고도 해요.

이 사건은 노르만 정복이라고 불립니다.

지금까지 혜성이 3,600개 이상 발견됐지만, 그중에서 가장 널리 알려진 혜성은 핼리혜성이 아닐까요. 원래는 여러 개의 서로 다른 혜성인 줄 알았는데요. 영국 천문학자 에드먼드 핼리Edmond Halley(1656~1742년)가 기록으로 남아 있는 궤도를 계산해보니, 75~76년 주기로 태양 주변을 동일한 타원궤도를 그리며 도는 혜성이 하나 있는 거예요. 이 혜성에 그의 이름을 붙여 Halley's Comet이라고 부르게 됐죠.

노르만 정복을 표현한 태피스트리. 오른쪽 위에 혜성이 그려져 있다. 바이유 태피스트리미술관 소장.

1986년에는 지구에 가장 가까이 접근해 화제가 된 적이 있습니다. 너도나도 천체망원경을 샀고, 방송국도 앞다퉈 특집 방송을 편성했으며, 출판계에서도 많은 서적을 출간했죠. 다음으로 지구에 접근하는 것은 2061년 즈음입니다.

예전에는 유언비어도 많이 나돌았습니다. 1910년에 지구로 다가왔을 때는 핼리혜성의 길게 늘어진 꼬리가 지구를 감싸면서 가스 때문에 모든 생물이 죽고 말 거라는 소문이 퍼졌죠. 숨을 쉬지 못하고 질식한다는 말을 믿은 사람도 있었고, 5분 동안 숨을 참으면 된다는 가짜 정보 때문에 숨을 오랫동안 참는 훈련을 한 사람도 있었다는군요.

086

terra
지구

대지의 여신, 테라

지구를 의미하는 영단어 중에서 가장 먼저 떠오르는 건 the Earth가 아닐까요. *eorthe* 라는 게르만어가 어원으로, 현대 독일어로는 *Erde* 입니다.

globe 역시 지구라는 뜻입니다. 라틴어로 구체를 뜻하는 *globus* 에서 유래했죠. 본래 지구는 평평한 원반처럼 생겼다고 여겨졌는데요. 대항해시대가 도래하면서 지구는 둥글다는 사고방식이 당연해진 16세기 들어 globe가 지구를 의미하게 됐습니다. 시간이 흘러 이 단어에 '지구 전체'라는 의미가 더해지면서 '지구 규모의', '세계적인'을 뜻하는 형용사 global이 생겨났죠.

universe는 우주를 의미하지만, 우주의 일부인 '지구'라는 뉘앙스가 있기 때문에 인간이 거주하는 '세계'나 '전 인류'라는 의미로 쓰이기도 합니다. 형용사 universal은 '세계 공통의', '보편적인'이라는 뜻입니다. world는 세계라는 뜻이지만 그 어원은 '인간의 시대', '인간의 존재'를 의미하는 고대 영어 *weorold* 로, 인간이 영위하는 장소로서의 '지구'를 가리킵니다.

또 하나, 지구라는 의미로 쓰이는 영단어가 있습니다. terra인데요. 로마신화에 *Terra*(테라)라는 여신이 있었습니다. 그리스신화에서는 *Gaia*(가이아)*로 불렸죠. 이 세상은 태초에 하늘, 땅, 대기가 한데 뒤섞인 *khaos*(혼돈) 상태였다고 여겨졌는데, 가이아는 여기서 자연 발생적으로 태어난 대지의 여신입니다. *Gē*(게)라고도 합니다. 지구나 대지와 연관된 영단어를 찾아보면 geography(지리학), geology(지질학)처럼 geo-가 붙는 단어가 많은데,

* 영어로 Gaea라고 쓰기도 하는데, 이때는 '지어'라고 발음합니다.

모두 이 *Gē*에서 유래했어요.

라틴어 *terra*는 본래 대지를 의미하는 보통명사였지만, 지구라는 의미도 갖게 됐습니다. SF나 만화를 보면, 먼 우주에서 본 고향이라는 의미에서 지구를 테라라고 부르곤 해요. 과거 일본에서 큰 인기를 끌었던 〈지구로…地球へ…〉라는 SF 만화에도 테라라는 표현이 나오죠.

*terra*는 서양 언어의 근간인 인도유럽조어로 '마른'을 뜻하는 *ters*-에서 유래했습니다. 물로 가득한 바다와 대조적인 건조한 장소라는 뜻이었죠. 땅, 토지라는 의미까지 담고 있는 까닭입니다. terrace라는 영단어는 본래 '땅을 높여서 위를 평평하게 다진 정원 등의 장소'를 가리켰습니다. terri-로 시작하는 territory 역시 영토, 영지를 의미하죠.

terrier라는 견종도 땅굴을 파서 숨어드는 오소리 따위를 끄집어내는 사냥개였죠. 모두 땅과 연관이 있습니다. 참고로 프랑스어에서는 감자를 *pomme de terre*(폼 드 테르)라고 합니다. '땅의 사과'라는 뜻이에요.

terra의 형용사는 '지구의', '육상의'를 뜻하는 terrestrial입니다. 앞에 '바깥의'를 뜻하는 extra-를 붙인 extraterrestrial은 '지구 바깥의' 외에도 '지구 외 생명체', '외계인'이라는 의미가 있습니다. 이 단어를 줄인 것이 바로 세계적으로 대박을 친 영화 〈E. T.〉입니다.

달과 관련된 영단어

아시다시피 지구의 위성, 달은 영어로 moon입니다. 게르만어의 *mēnōn*, 고대 영어의 *mōna*에서 유래했죠. 달력의 달 역시 똑같은 한자 月을 쓰지만 영어로는 month예요. 이쪽은 게르만어의 *monat*, 고대 영어의 *mōnath*를 거치며 month라는 영단어로 자리를 잡았습니다.

유럽 언어의 선조로 여겨지는 인도유럽조어에서는 *mēnes*-가 하늘에 떠 있는 달과 달력에 쓰이는 달 모두를 의미했어요. *me*-는 '측정하다'를 나타내는 어간으로, '측정하다'라는 뜻의 영단어 measure 역시 여기에서 유래했죠. 이는 물론 달의 차고 기욺으로 달력의 시간을 측정했기 때문입니다. 달은 29.5일의 주기에 따라 차고 기욺을 되풀이합니다. 이를 한 달로 보고 1년을 12개월로 정한 것이 태음력, 영어 lunar calendar예요. 달력의 달은 그리스어로는 *meis*, 라틴어로는 *mēnsis* 입니다. 이 또한 *me*-로 시작하죠. 여성의 월경, 생리를 의미하는 menses나 menstruation은 여기에서 생겨난 말입니다.

프랑스어에서는 하늘에 떠 있는 달을 *lune*(륀)이라고 합니다. 어원은 라틴어로 달을 뜻하는 *lūna*로, 로마신화 속 달의 여신도 마찬가지로 *Lūna*라고 불렀죠. 최근 일본에는 여자아이의 이름에 月을 써놓고 루나라고 부르는 사람도 있다는군요.

영어 lunar 역시 라틴어 *lūna*에서 유래한 표현으로, '달의', '달의 영향을 받은'이라는 의미의 형용사입니다. 중세 사람들은 천체가 인간의 장기에 영향을 끼친다고 생각했어요. 태양은 심장, 화성은 간, 목성은 허파, 금성은 신장, 그리고 달은 뇌수의 작용을 지배한다고 여겼죠. 여기서 달빛이 사람을 미치게 한다는 미신이 생겨났고, *lūnāticus*라는 라틴어와 *lunatique*라는 프랑스어를 거쳐 영어로 광기를 의미하는 lunatic

이라는 단어가 탄생했습니다. 그러고 보니 늑대인간도 보름달이 뜬 밤에 인간에서 늑대로 변신한다고들 하죠.

moonlight는 월광, 달빛을 의미하지만, 미국에서는 밀주를 뜻하는 속어로도 쓰였습니다. 1920년부터 13년 동안 금주법이 시행되던 시기에는 한밤중에 몰래 술을 만들었기 때문에 이런 표현이 생겨났죠. 버번위스키의 원액이 달빛을 받아 반짝거리는 모습에서 탄생한 은어예요. 또한 moonlight에는 '아르바이트를 하다', '부업을 하다'라는 의미도 있습니다. 낮에는 남들처럼 일하고, 밤에 몰래 또 다른 일을 한다는 뜻이죠.

이러한 표현에서 생겨난 신조어가 바로 sunlight입니다. 태양 빛, 햇빛이라는 뜻이지만, 낮에 정당하게 '둘 이상의 일을 겸업하다'를 의미하기도 합니다. 흔히 두 마리 토끼를 쫓다간 두 마리 모두 놓친다고들 하는데요. 최근에는 여러 회사를 경영하는 사람이나 작가로 활약하는 아이돌이나 개그맨도 있죠.

087

Mercury

수성

로마신화의 메르쿠리우스

고대 그리스인은 별자리 사이를 이동하는 태양계 행성에 그리스 신들의 이름을 붙였습니다. 지금은 대부분 그리스신화를 이어받은 로마신화 속 신들의 이름으로 바뀌었죠.

태양계 행성 중에서 태양과 가장 가까운 별은 수성입니다. 항상 태양을 향하고 있어 낮 동안에는 보이지 않고, 일출과 일몰 직전에만 볼 수 있기 때문에 고대 그리스에서는 이른 아침과 저녁에 보이는 별을 서로 전혀 다른 별로 여겼어요. 크기는 지구의 5분의 2로, 태양계에서도 가장 작은 행성이죠. 지구의 하루를 기준으로 계산해보면, 태양 주변을 한 바퀴 도는 데 88일이 걸립니다. 이것이 수성의 1년입니다. 하지만 자신이 한 바퀴를 도는 데는 약 59일이나 걸리죠. 다시 말해 태양 주위를 두 바퀴 공전하는 사이에 세 바퀴 자전합니다.

수성과 태양의 거리는 지구에서 태양까지 거리의 5분의 2입니다. 낮 동안 적도의 표면 온도는 400도가 넘지만, 열을 전달할 대기가 없다 보니 북극이나 남극의 온도는 영하 200도나 되죠. 최근 그 지하에 많은 물과 얼음이 존재한다는 사실이 드러났습니다.

수성은 영어로 Mercury(머큐리)입니다. 그리스신화 속 *Hermēs*(헤르메스)가 로마신화에서는 *Mercurius*(메르쿠리우스)로 이름을 바꿨고, 이것이 Mercury라는 영단어로 거듭났죠. 헤르메스는 최고신 제우스가 본처 헤라가 잠든 사이에 아틀라스의 딸 마이아와 바람을 피워서 낳은 아들입니다.

헤르메스는 조숙하며 손재주도 뛰어났어요. 태어난 날 낮에 근처에 떨어져 있던 거북의 등딱지를 주워 양 끝에 구멍을 뚫고는 현을 꿰어 현악기 리라를 만들었다고 해서, 리라를 발명한 신으로 통합니다. 저녁에는 태양의 신 아폴론의 목장에서 송아지 50마리를 훔쳤죠. 아폴론은 크게 노했지만, 헤르메스는 "저는 갓 태어난 몸이라 소라는 말도 몰라요"라고 딴청을 피웠습니다. 아폴론은 헤르메스를 제우스에게 데려가 그 악행을 일러바쳤지만, 역시나 자신은 죄가 없다고 발뺌할 뿐이었죠.

모든 사실을 꿰뚫어 보고 있던 제우스는 헤르메스에게 모든 소를 아폴론에게 돌려주라고 명합니다. 헤르메스는 하는 수 없이 훔친 소를 감춰놓은 장소까지 아폴론을 안내하는데, 가는 길에 거북 등딱지로 만든 리라를 연주했어요. 아름다운 음색에 매료된 아폴론은 그 리라가 너무나도 탐이 났죠. 헤르메스는 "이 리라를 줄 테니 훔친 소는 없던 일로 해주시겠습니까?"라고 제안했습니다. 당연히 아폴론은 크게 기뻐했다는군요. 갓 태어난 아기치고는 말주변이 굉장하지 않나요?

헤르메스는 변화무쌍한 신이었습니다. 죽은 자의 영혼을 명계로 보내는 역할을 맡고 있어서 '여행자의 신'으로 숭배를 받았습니다. 제우스의 명령을 신들에게 전하는 전령 역할을 맡아서 뛰어다녔기 때문에 '준족(빠르게 잘 달리는 사람-옮긴이)의 신'이기도 했습니다. 그야말로 88일 만에 태양 주변을 돌 정도로 빠른 수성에 걸맞은 신이었죠.

로마신화에서 *Mercurius*로 이름을 바꾸자 이번에는 상업의 신으로 추앙받았어요. 라틴어로는 상품을 *merx*(메르크스), '매매하다'를 *mercārī*(메르카리)라고 했죠. 영어로 상인은 merchant라고 합니다. 모두 어원이 같아요.

088

Venus
금성

사랑과 미의 여신, 베누스

금성은 영어로 Venus(비너스)입니다. 로마신화 속 사랑과 미의 여신인 *Venus*(베누스)에서 유래했어요. 본래 그리스신화에서는 *Aphrodītē* (p. 156)라고 불렸습니다. 하늘의 신 우라노스(p. 208)의 잘려 나간 남근이 바닷속으로 가라앉을 때 남근에 들러붙은 정액의 거품에서 태어난 그리스신화 속 사랑과 미의 여신이죠. 생식生殖을 관장하는 여신이기도 했기 때문에 aphrodisiac(최음제, 미약)이나 aphrodisia(성적 흥분) 같은 영단어 모두 이 여신의 이름에서 파생됐습니다.

르네상스 시대의 이탈리아 화가 산드로 보티첼리는 이 여신을 자주 소재로 삼았는데요. 〈프리마베라(봄)〉라는 작품에서는 중앙에 선 비너스 옆에서 삼미신(그리스 로마 신화에 등장하는 아름다운 세 여신으로, 각각 아글라이아, 탈리아, 에우프로시네라고 불린다-옮긴이)이 춤을 추고 하늘에서는 큐피드가 활을 겨누고 있습니다. 왼쪽 끝에는 머큐리가 서 있고, 오른쪽 끝에서는 서풍의 신인 제피로스가 나무의 요정 클로리스를 덮치려 하고 있죠. 이 요정은 이후 플로라라는 여신이 됩니다. 입에서 피어난 꽃들이 세계를 아름다운 색채로 수놓았다고 해요. 신화를 알면 그림을 한층 더 재미있게 감상할 수 있답니다.

Venus(금성)는 지구에서 보면 태양, 달 다음으로 밝은 별입니다. 왜 고대 사람들이 사랑과 미의 여신의 이름을 붙였는지 절로 고개가 끄덕여지죠. 하지만 항상 태양을 향하고 있기 때문에 낮에는 볼 수 없어요. 새벽녘에 동쪽 하늘에서 나타나는 금성은 영어로 the morning star(샛별, 계명성), 해가 진 뒤 서쪽 하늘에서 보이는 금성은 the evening star(개밥 바라기, 태백성)라고 불립니다. 지금이야 모두 같은 별이라는 것을 알지만, 고대에는 서로 다른 별이라 여겼기 때문이죠.

산드로 보티첼리의 〈프리마베라(봄)〉, 우피치 미술관 소장.

금성은 태양계의 중심에서 두 번째 행성입니다. 태양과의 거리는 지구와 태양의 거리에 비해 10분의 7로, 햇볕이 지구보다 두 배나 강하기 때문에 표면 온도가 무려 470도나 된다고 해요. 지구 안쪽에서 태양 주변을 한 바퀴 도는 데 지구의 1일을 기준으로 225일이 걸리는데, 한 바퀴 자전하는 데는 243일이나 걸립니다.

신기한 점은 공전 방향과 반대로 자전한다는 사실이죠. 따라서 금성에서는 태양이 서쪽에서 뜨고 동쪽으로 집니다. 그야말로 해가 서쪽에서 뜨는 셈입니다. 거대한 천체가 부딪히면서 회전 방향이 바뀌었다거나, 자전 속도가 너무 느린 탓에 균형을 유지하지 못해 자전축이 뒤집혔다는 이야기도 있지만 실제로 어떤 까닭인지는 모를 일이죠.

상공은 짙은 황산 구름이 뒤덮고 있으며, 나흘 만에 금성을 한 바퀴 돌 정도로 빠른 초속 100미터의 바람이 휘몰아칩니다. 금성의 자전 속도가 초속 1.8미터니까 자전 속도보다 60배나 빠른 바람이 부는 셈입니다. 자전 속도를 초월하는 바람이 불어온다는 뜻으로 슈퍼 로테이션*이라 불립니다. 지구에서 가장 가까운 행성이며 지구의 쌍둥이별로 불리지만, 지구와는 딴판으로 환경이 무척 가혹한 행성입니다.

* 초회전이라고도 합니다.

089

Mars
화성

전쟁의 신, 마르스

화성은 태양계 중심에서 네 번째 행성으로, 지구의 1일을 기준으로 687일 만에 태양 주위를 한 바퀴 돕니다. 크기는 지구의 절반 정도며, 화성과 태양의 거리는 지구에서 태양까지의 거리보다 1.5배 멀기 때문에 평균기온도 무척 낮은 영하 50도입니다. 예전에는 지구와 마찬가지로 대기가 짙었으나 중력이 지구의 40퍼센트밖에 되지 않기 때문에 지금은 대부분 사라지고 말았죠. 본래는 물이 존재했다고 여겨질 만한 흔적도 발견되고 있어요.

화성 탐사기가 착륙에 성공한 뒤로 다양한 조사가 이루어지고 있는데요. 과연 언젠가는 인류가 화성으로 이주할 날이 올까요?

화성은 영어로 Mars(마스)입니다. 로마신화 속 전쟁의 신인 *Mārs* (p. 174)에서 유래한 이름이죠. 화성 표면에는 산화철이 가득하기 때문에 지구에서는 붉게 보입니다. 그 모습이 전쟁터의 불길이나 전사자의 피를 연상시키기 때문에 전쟁의 신 이름이 붙었죠. Red Planet이라고 불리기도 합니다. 상상 속 화성인은 Martian이라 쓰고, 마션이라고 발음합니다. 동그란 머리에 긴 다리가 달린 문어처럼 생긴 외계인 말이죠.

그리스신화에서는 마르스가 *Arēs*(아레스)로 통하며, 마르스와 마찬가지로 전쟁의 신이었습니다. 미남자였지만 잔학하고 음탕한 난봉꾼이었기 때문에 미움을 받았죠. 그런데 로마신화에서 마르스로 이름이 바뀌자 인기가 폭발했고, 초대 로마 왕인 로물루스(p. 172)의 아버지로 숭배를 받았어요. 고대 로마에서 처음 만들어진 달력인 로물루스력에서는 1년 중 첫 번째 달을 '마르스의 달'이라는 의미에서 *Mārtius*(마르티우스)

라고 부릅니다. 지금 기준으로는 3월 즈음이죠. 따뜻해져서 군대를 움직이기 딱 알맞은 계절이었기 때문에 전쟁의 신 이름이 붙었습니다. 영어로 March(p. 174)는 이 '마르스의 달'에서 유래했어요.

그리스신화 속 *Arēs*(아레스) 역시 이전에는 화성을 뜻했지만, 지금은 죽은말이 되고 말았습니다. 하지만 그 흔적은 아직까지 남아 있어요. 단어 첫머리에 areo-가 붙으면 '화성의'라는 의미가 더해집니다. 예를 들어 areology는 화성 관측, 화성학을 뜻하죠.

1877년에는 화성의 위성이 두 개 발견됐습니다. 각각 Phobos(포보스)와 Deimos(데이모스)라는 이름이 주어졌는데요. 둘 다 그리스신화에서 아레스와 사랑과 미의 여신인 아프로디테(p. 156)가 불륜을 저질러 낳은 자식들의 이름이죠. 포보스는 군대에 들러붙어 패배를 불러오는 공포의 신이었습니다. 영어로 phobia는 공포라는 뜻이죠. 예를 들어 고소공포증은 acrophobia, 외국인공포증은 xenophobia, 폐소공포증은 claustrophobia라고 합니다.

이 포보스는 무척 흥미로운 위성이에요. 화성 표면에서 6,000킬로미터 떨어진 저공에서 도는데, 1년에 1.8센티미터씩 끌려가고 있기 때문에 5,000만 년 뒤에는 화성과 충돌할 수도 있다는군요. 1950년대에는 인공 천체일지도 모른다는 설도 있었습니다. 이 위성의 밀도가 너무나도 낮다 보니 지름 16킬로미터, 두께 6센티미터 정도의 속이 빈 철구일 것으로 추정됐지만 지금은 완전히 부정되고 있죠.

090

Jupiter
목성

최고신, 유피테르

목성은 태양계에서도 가장 큰 행성으로, 지름이 지구의 열한 배나 됩니다. 태양계의 중심으로부터 다섯 번째 별이며, 지구의 1년을 기준으로 볼 경우 태양을 한 바퀴 도는 데 12년이 걸리죠. 이렇게나 거대한 별인데도 열 시간 만에 한 바퀴를 돌 정도로 빠르게 자전합니다.

태양과의 거리는 지구에서 태양까지의 거리보다 다섯 배나 멀기 때문에 표면 온도는 영하 140도로 무척 낮아요. 항상 구름에 뒤덮여 있어서 지표면을 볼 수 없습니다. 색깔과 형태가 다양한 줄무늬와 소용돌이가 보이는 이유는 거대한 태풍과 폭풍이 발생해 구름이 움직이기 때문일 거라고 해요.

목성은 영어로 Jupiter(주피터)입니다. 철자가 동일한 로마신화 속 최고신 *Jūpiter*(유피테르)에서 유래했어요. 그리스신화에서는 *Zeus*(제우스)라 불리죠. '신과 인간의 아버지'로 불린 전지전능한 신입니다.

지구에서 보면 목성은 태양, 달, 금성, 화성에 이어 다섯 번째로 밝은 천체입니다. 금성은 저녁과 이른 아침에만 볼 수 있고, 화성은 붉은빛을 띠고 있기 때문에 어둑어둑하게 보이죠. 고대 사람들은 밤하늘에서 언제나 강한 존재감을 드러내며 빛나는 목성을 보면서 전지전능한 최고신 제우스, 그리고 유피테르를 떠올리지 않았을까요.

제우스는 하늘의 신 크로노스와 그의 여동생이기도 한 레아의 자식입니다. 하지만 처음부터 그렇게나 굉장한 신이었던 건 아니에요. 크로노스는 아버지인 하늘의 신 우라노스의 몸을 갈기갈기 찢어서 바다에 버릴 때 "언젠가 네 아들이 너를 죽이고 신들의 세계를 지배하리라"라는 예언을 들었어요. 그 예언이 현실로 이루어질까 두려웠던 크로노스는 다섯 자식을 모조리 삼켜버렸죠. 제우스의 할머니인 대지의 여신 가이아는 갓 태어난 막내 제우스만은 크로노스가 삼키기 전에 포대기로 감싼 바위와 바꿔치기한 뒤 몰래 크레타섬에 숨겼습니다.

장성한 제우스는 아버지 크로노스에게 구토제를 먹여 형제들을 토해내게 하고, 크로노스와 한편이었던 티탄 신족을 무찌르기 위해 올림포스 신들을 이끌고 전쟁에 나섰어요. 이것이 바로 티타노마키아 대전쟁입니다. 제우스는 지옥에 갇혀 있던 외눈박이 키클롭스, 팔이 100개에 머리가 50개인 헤카톤케이르를 구해내 아군으로 삼고, 우주 전체를 파괴할 정도로 위력적인 번개를 써서 10년에 걸친 전쟁에서 승리했죠. 이렇게 해서 제우스는 신과 인간을 지배하는 최고신이 됐답니다.

영어로 목성을 Jove(조브)라고 부르기도 합니다. 형용사인 jovial은 본래 '목성의', '목성의 영향하에 있는'이라는 뜻이었지만, 지금은 '쾌활한', '명랑한'이라는 의미로 바뀌었어요. 목성은 쾌락의 별로 여겨져서, 점성술에서는 이 별 밑에서 태어난 사람은 행복하고 성격도 밝다고 여겼죠.

*Jūpiter*라는 이름을 이 Jove의 뿌리인 라틴어 *Jovis*와 아버지라는 의미인 *pater*(파테르)를 합쳐서 만들었다고도 전해집니다. 유피테르(제우스)라는 신은 '하늘에 계신 아버지'라고도 불렸던 셈입니다.

091

Saturn

토성

농경의 신, 사투르누스

토성은 태양계의 중심에서 여섯 번째 행성이자 목성에 이어 두 번째로 큰 행성으로, 지름은 지구의 아홉 배입니다. 토성과 태양의 거리는 지구에서 태양까지의 거리보다 9.5배나 먼데, 지구의 1년을 기준으로 잡으면 태양을 한 바퀴 도는 데 30년이 걸립니다. 토성은 가장 아름다운 고리를 두른 천체로 널리 알려져 있는데요. 이 고리는 토성에 너무 가까이 접근하는 바람에 파괴된 위성의 잔해와 작은 얼음 알갱이, 먼지가 모여서 생겨난 것으로 추측됩니다. 폭은 수천 킬로미터, 두께는 최대 1킬로미터라고 해요. 지금은 탐사 위성을 통해 얇은 부분은 10미터 정도밖에 안 된다는 사실도 알아냈죠.

갈릴레오 갈릴레이는 1610년에 직접 만든 망원경으로 토성을 관측했을 당시, 이것을 고리라고 인식하지 못하고 '토성은 하나가 아니라 거의 맞닿아 있는 세 개 별로 이루어져 있다'라고 생각했습니다. 하지만 방향에 따라서 별 두 개가 사라졌다가 나타나기도 했죠. 갈릴레이는 그리스신화 속 *kronos*(크로노스)*라는 신이 자식에게 살해당할까 두려워 갓 태어난 자식들을 삼켰다는 이야기를 떠올리고, "토성은 자식들을 삼킨 것인가?"라는 글을 남겼습니다.

토성은 영어로 Saturn(새턴)**입니다. 로마신화 속 농경의 신 *Sāturnus*(사투르누스)에서 유래했죠. 그리스 신화에 등장하는 크로노스와 동일시되는 신입니다. 크로노스는 대지의 여신 *Gaia*(가이아)와 하늘의 신 *Ūranos*(p. 208) 사이에서 태어

* 영어로는 Cronus(크로너스)라고 합니다.

** 토성을 뜻하는 Saturn을 악마인 Satan과 착각하는 사람이 있지만, 철자도 다를뿐더러 Satan은 세이튼이라고 발음합니다.

난 자식입니다.

우라노스는 외눈박이 키클롭스, 팔이 100개에 머리가 50개인 헤카톤케이르 등 괴물 같은 아들들을 혐오해 지옥에 가둬버렸어요. 이에 분노한 아내 가이아는 아들 크로노스에게 우라노스를 죽이라고 명령했죠. 크로노스가 낫으로 우라노스의 몸을 갈기갈기 찢고 남근을 바다에 던지자, 들러붙어 있던 정액의 거품에서 사랑과 미의 여신인 아프로디테가 탄생했습니다. 바로 로마신화의 *Venus*(베누스), 다시 말해 비너스였죠. 아버지 우라노스는 바다로 가라앉기 직전에 아들 크로노스에게 "언젠가 네 아들이 너를 죽이고 신들의 세계를 지배하리라"라고 예언했어요. 크로노스는 자식들에게 죽임을 당할까 봐 두려운 나머지 자식들을 모두 집어삼키고 말았습니다.

그리스신화 속 신들의 역사는 황금시대, 은시대, 청동시대, 철의 시대 등 네 시대로 나뉘는데요. 최초의 황금시대는 행복과 평화가 가득했으며, 농사를 짓기에 가장 알맞은 시대였습니다. 이 시대를 지배했던 신이 크로노스였죠. 로마신화에서 사투르누스로 이름이 바뀐 뒤로도 농경의 신으로 사람들의 숭배를 받았고, 아들인 제우스가 다음 지배자가 될 때까지 최고신으로 군림했답니다.

현재 토성에는 위성이 85개 있다고 하며, 가장 큰 위성은 Titan(타이탄, 티탄)입니다. 제우스가 아버지 크로노스, 그리고 크로노스와 한편이었던 티탄 신족 모두를 멸하고자 시작한 것이 바로 티타노마키아 대전쟁이었어요. 10년에 걸친 치열한 전쟁 끝에 크로노스와 티탄 신족은 패배를 맛보고 말았답니다. 그리스신화의 크로노스에서 유래한 토성과 그 위성인 타이탄(티탄)은 강한 인연으로 이어진 전우였던 셈이죠.

092

Uranus
천왕성

그리스신화 속 하늘의 신, 우라노스

천왕성은 태양계의 중심에서 일곱 번째 행성입니다. 지름은 지구의 약 네 배로, 태양계 행성 중에서는 목성과 토성에 이어 세 번째로 커요. 천왕성과 태양의 거리는 지구에서 태양까지의 거리보다 열아홉 배나 먼데, 지구의 1년을 기준으로 태양을 한 바퀴 도는 데 84년이 걸립니다.

금성은 공전 방향과 반대로 자전하는데, 천왕성은 세로 방향으로 자전합니다. 다시 말해 자전축이 가로 방향이기 때문에 북극과 남극이 좌우에 위치하는 셈이죠. 그 말인즉슨 84년에 걸쳐서 태양 주변을 한 바퀴 도니, 북극과 남극에서는 낮이 42년 동안 계속된 뒤 밤이 42년 동안 계속된다는 뜻입니다. 이유는 밝혀지지 않았지만 다른 큰 별과 충돌했다거나, 과거 근처에 거대한 위성이 있어서 그 인력에 끌려 조금씩 기울었다는 등 여러 추측이 있습니다.

이 별은 1781년에 영국 천문학자 윌리엄 허셜(1738~1822년)이 직접 만든 망원경으로 발견했습니다. 처음에는 혜성이라 생각했지만, 그 뒤에 토성보다 훨씬 멀리 떨어진 태양계의 행성임을 알아냈죠. 허셜은 이 새로운 행성을 영국 국왕 조지 3세(1738~1820년)의 이름에서 따와 라틴어로 *Georgium Sīdus*(게오르기움 시두스)라고 명명했습니다. 하지만 *sīdus*는 항성이지 행성이 아니라는 지적에 영어로 '조지의 혹성'을 뜻하는 Georgian planet으로 이름을 바꿨습니다. 그러나 프랑스 같은 나라에서는 영국 국왕의 이름이 붙었다는 사실에 강한 거부감을 보였기 때문에 잠깐이지만 발견자의 이름에서 따와 Herschel(허셜)이라고 불렸어요.

그 뒤로도 몇 가지 이름이 거론되다가 최종적으로 독일 천문학자 요한 보데(1747~1826년)가 그리스신화 속 크로노스의 아버지에 해당하는 하늘의 신 우라노스를 이름으로 제안했고, 이것이 널리 퍼졌습니다.

하지만 그때까지 태양계 행성은 로마신화에 등장하는 신들의 이름으로 부르는 것이 관례였습니다. 우라노스는 로마신화에서 *Caelus*(카일루스)와 동일시되지만 대중적이지 못해 사람들의 기억에서 사라진 신이었죠.

그리스신화에서는 하늘과 땅이 뒤섞인 카오스(혼돈) 상태에서 가이아라는 대지의 여신이 가장 먼저 태어나, 자력으로 우라노스라는 하늘의 신을 낳았습니다. 우라노스는 이 세상을 지배하는 최고신의 자리에 올랐고, 어머니인 가이아와 맺어져 수많은 자식을 얻었어요. 그중에 괴물처럼 생긴 아들은 지옥에 가둬버렸죠. 화가 난 아내 가이아는 또 다른 자식인 크로노스*에게 아버지 우라노스를 죽이라는 명령을 내립니다. 크로노스는 날카로운 낫으로 우라노스의 몸을 갈기갈기 찢어 바다에 버리죠. 이때 가라앉는 남근에 들러붙은 정액 거품에서 태어난 신이 바로 사랑과 미의 여신인 아프로디테(p. 156)로, 로마신화 속 베누스, 다시 말해 비너스입니다.

* 로마신화에서는 사투르누스라는 농경의 신입니다.

우라노스는 죽은 걸까요? 하지만 신화 속 신은 불사신일 텐데요. 신에게 죽음이란 권위를 잃고 사람들의 기억에서 사라지는 경우를 가리킬 겁니다. 그리스신화의 세계에 군림했지만 권위를 잃어버린 우라노스는 로마신화에서 카일루스로 거듭났지만, 그럼에도 존재감을 드러내지 못한 채 사라진 옛 신으로 전락하고 만 셈이죠.

093

Neptune

해왕성

바다의 신, 넵투누스

해왕성은 태양계의 중심에서 여덟 번째 행성으로, 지구의 1년을 기준으로 가장 바깥쪽을 한 바퀴 도는 데 165년이 걸립니다. 크기는 지구의 네 배지만, 해왕성과 태양의 거리는 지구와 태양의 거리보다 30배나 멀고 색도 옅은 파란색이기 때문에 육안으로는 볼 수 없습니다.

갈릴레오 갈릴레이가 1612년에 소형 망원경으로 관측하기는 했지만 다른 항성이라 생각했기 때문에 해왕성의 발견자라고 하지는 않아요. 정확히 200년 뒤, 어느 천문학자가 이미 발견된 행성이었던 천왕성의 궤도가 정체 모를 행성의 중력에 의해 틀어졌을지도 모른다는 말을 꺼냈죠.

1846년, 프랑스 천문학자이자 수학자였던 위르뱅 르베리에(1811~1877년)가 이 정체 모를 행성의 궤도를 계산했고, 독일 베를린 천문대의 요한 고트프리트 갈레(1812~1910년)에게 편지를 보내 결과를 알렸습니다. 갈레가 망원경으로 관측해보니 르베리에가 계산한 결과와 거의 같은 자리에 새로운 행성이 있었죠. 그보다 조금 전에 영국에서도 천문학자이자 수학자인 존 애덤스(1819~1892년)가 마찬가지로 궤도를 계산해 결과를 이끌어냈습니다. 이 세 사람이 거의 동시에 존재를 밝혀낸 새로운 행성이 바로 해왕성이에요.

누가 발견자인지에 대해서는 아직까지 의견이 분분합니다. 처음에는 궤도 계산을 해서 정체가 드러난 행성이니 르베리에와 애덤스를 발견자라고 했어요. 그러다 밤하늘도 제대로 보지 않은 채 계산만 했을 뿐인데 발견자라고 할 수 있냐는 비판이 일었고, 지금은 갈레까지 포함해

세 사람을 발견자* 로 보고 있습니다.

발견 직후에는 '천왕성의 바깥쪽 행성' 등으로 불렸는데요. 망원경으로 해왕성을 발견한 갈레는 로마신화에 등장하는 두 얼굴의 신 *Jānus*(p. 178), 영국 천문학자 제임스 챌리스는 그리스신화 속 바다의 신 *Ōkeanos*(p. 154)를 이름으로 제안했습니다. 르베리에는 자신의 이름을 가져다 쓰려고 했지만, 다른 나라에서 반발이 빗발쳤죠. 행성 이름은 신화 속 신들 중에서 정해야 한다는 전통도 있었기에 결국 로마신화에 등장하는 바다의 신 *Neptūnus*(넵투누스)에서 유래한 Neptune(넵튠)으로 하자는 의견이 국제적으로 받아들여졌죠. 마침 행성 색도 파란색이었기에 많은 사람들이 바다와 관련된 이름이 좋겠다고 생각한 거예요.

* 해왕성에는 토성보다도 가는 고리가 있는데, 주요한 세 고리에 각각 르베리에 고리, 애덤스 고리, 갈레 고리라는 이름이 붙었습니다. 모두 해왕성을 발견한 사람들의 이름이죠.

넵투누스는 그리스신화에서 *Poseidōn*(포세이돈)으로 불렸습니다. 하늘의 신 우라노스(p. 208)와 대지의 여신 가이아의 아들이 크로노스였죠. 아버지 우라노스의 육신을 갈기갈기 찢어 바다에 버리고 새로운 지배자가 돼 신들의 세계에 군림한 크로노스가 여동생 레아와 결혼해 낳은 자식이 바로 제우스, 하데스(p. 212), 포세이돈 3형제였습니다. 이들은 각자가 지배할 영역을 제비뽑기로 정했어요. 그 결과, 제우스는 하늘, 하데스는 죽은 자들의 나라인 명계, 포세이돈은 바다의 지배자가 됐고, 지상은 세 사람이 공유하기로 했죠.

항해의 안전을 지켜주는 신이 된 포세이돈은 에게해 바닷속 궁전에서 지내다 행차할 때면 해마**가 끄는 황금 마차를 타고 우아하게 나타났습니다. 하지만 한번 화가 나면 미친 듯이 날뛰며 마력이 담긴 삼지창인 trident(트라이던트)로 대지진이나 해일을 일으켰어요.

** 뇌의 해마라는 영역은 바다 생물인 해마의 생김새를 닮았다는 이유로 붙은 이름입니다.

094

Pluto

명왕성

명계의 왕, 플루토

명왕성은 20세기 접어들어 1930년에 미국 천문학자인 클라이드 톰보(1906~1997년)가 발견했습니다. 크기는 달의 3분의 2, 태양과의 거리는 지구에서 태양까지의 거리보다 40배나 멀며, 지표의 온도는 영하 230도로 추정되죠.

1821년경에 천왕성 궤도가 미지의 천체 때문에 일그러졌을지도 모른다는 의문이 제기됐고, 1846년에 실제로 계산 결과를 따라서 망원경으로 확인해본 끝에 해왕성이 발견됐습니다. 이어서 해왕성의 궤도 역시 다른 천체의 영향을 받았을지도 모른다는 가설에 입각해 전 세계의 천문학자가 새로운 행성을 찾아내려 혈안이 됐죠. 그런 와중에 톰보가 애리조나 로웰 천문대에서 최신 천체사진 기술로 태양계의 아홉 번째 행성을 발견했습니다.

이 새로운 천체에 이름을 붙일 권리는 로웰 천문대에 있었죠. Minerva(미네르바), Cronus(크로노스), Pluto(플루토) 등의 후보 가운데 천문대 직원들이 투표를 통해 결정하기로 했고, 만장일치로 플루토가 선정됐습니다. 사실 이 플루토라는 이름을 가장 먼저 떠올린 사람은 영국 옥스퍼드에 사는 11세 소녀였어요. 천문학과 그리스 로마 신화에 관심이 많았던 소녀는 대학 도서관 사서였던 할아버지에게 새로 발견된 별의 이름은 죽은 자들의 나라를 다스리는 왕인 플루토가 좋겠다고 이야기했죠. 할아버지가 대학의 천문학 교수에게 이 이야기를 전했고, 그 교수가 로웰 천문대에서 근무하던 동료에게 전보를 쳐서 알려줬던 겁니다.

*Plūtō*는 명계의 왕, 다시 말해 죽은 자의 나라를 다스리는 지배자입

니다. *Hāidēs*(하데스)*라는 이름으로 불리기도 했습니다. 하늘의 신 우라노스(p. 208)와 대지의 여신 가이아 사이에서 태어난 크로노스의 자식으로, 최고신 제우스와 바다의 신 포세이돈(p. 210)의 형이죠. 영어 Pluto를 명왕성이라고 번역한 사람은 일본의 번역가이자 천문 연구가였던 노지리 호에이로, 한국, 중국 등에서도 이 표현을 채택해 지금까지 쓰고 있습니다.

* 영어로는 Hades(헤이디즈)입니다.

하지만 2006년, 명왕성은 태양계의 행성이 아닌 왜소행성으로 격하되고 말았습니다. 행성의 정의에 '궤도 주변에 압도적으로 크거나 비슷한 크기의 천체가 존재하지 않을 것'이라는 조건이 새로 추가됐기 때문이죠. 관측 기술이 발전함에 따라 명왕성 주변에서 그보다 큰 천체가 발견된 겁니다. 그 영향은 영어에까지 미쳤습니다. pluto에 동사로 '격하시키다', '좌천시키다'라는 의미가 더해지며 그해의 Word of the Year로 선정됐죠. 쉽게 말해 '유행어 대상'입니다.

예를 들어 He was plutoed from section chief to ordinary worker라고 하면 '그는 과장에서 평사원으로 강등됐다'라는 의미입니다.

하마는 낮에는 물에서 생활하고 밤이면 뭍으로 올라와
풀이나 나뭇잎 따위를 먹습니다.

6장

동식물과 관련된 재미있는 영단어

동식물의 이름도 어원을 거슬러 올라가다 보면 재미있는 사실이 발견되곤 합니다.
하마는 영어로 hippopotamus, 줄여서 hippo입니다. hippos는 그리스어로 말, potamos는 강입니다. 하마를 한자로 물 하에 말 마를 써서 河馬라고 쓰는 건 우연의 일치일까요?

095

canary
카나리아

대서양 카나리아제도

카나리아는 아름답게 지저귀는 노란색 새로, 영어로 canary라고 씁니다. 초록빛이 감도는 선명한 노란색을 canary yellow라고 하죠. 이 이름은 아프리카 대륙에서 북서쪽으로 약 100킬로미터 떨어진 대서양에 떠 있는 스페인령 Canary Islands(카나리아제도)에서 유래했어요. 이 섬들이 카나리아의 원산지거든요.

16세기에 스페인 선원들이 유럽으로 들여온 카나리아는 애완용 새로 순식간에 인기를 끌었습니다. 지금은 자연도태나 품종개량의 결과로 노란색뿐만 아니라 빨간색이나 오렌지색이나 흰색을 띤 품종, 더욱 아름답게 우는 품종 등 다채로운 카나리아가 태어나고 있어요.

이렇게 친숙한 카나리아지만, 어쩐지 서글픈 새라는 이미지가 있습니다. 예를 들어 영어에는 canary in the coal mine이라는 표현이 있습니다. '탄광의 카나리아'라는 뜻이죠. 광부들이 유독가스를 감지하기 위해 카나리아를 새장에 넣어 갱도에 데리고 갔거든요. 뭔가 이변이 발생하면 카나리아는 울음을 그치거나 이상한 몸짓을 보였습니다. 탄광에서는 이렇게 청각과 시각으로 위험을 감지했죠.

오스트레일리아나 뉴질랜드에서는 canary가 죄수라는 의미로 쓰인 적이 있어요. 수감된 죄인을 새장에 넣어 기르는 카나리아에 빗댄 표현이죠. 영국 본국에서 배로 이송된 죄수들이 노란색 죄수복을 입으면서 생긴 표현이라는 의견도 있습니다. 일본에도 시인 사이조 야소가 지은 〈카나리아〉라는 동요가 있어요. "노래를 잊어버린 카나리아는 뒷산에 버릴까요"라는 무척 잔혹한 노래죠.

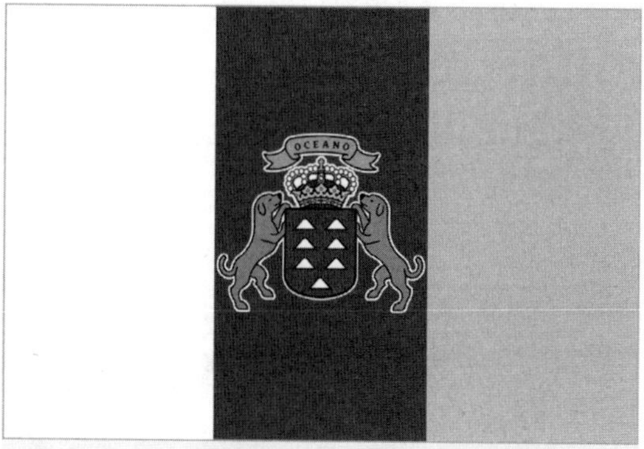

카나리아제도 자치주의 문장.

그렇다면 애당초 Canary Islands의 canary는 무슨 의미일까요? 이 섬에는 덩치 큰 들개가 많이 살았습니다. 개는 라틴어로 *canis*(카니스), '개의'라는 형용사는 *canārius*(카나리우스)입니다. 섬은 라틴어로 *insula*(인술라)고요. 그래서 이 섬을 *Canāria Insula*(개의 섬)라고 부른 거예요. 현재 스페인 카나리아제도 자치주의 문장을 보면 섬 일곱 개를 그린 방패 위에 왕관이 놓여 있고, 이것을 카나리아 색깔의 개 두 마리가 떠받치고 있습니다.

개를 뜻하는 라틴어 *canis*에서 많은 영단어가 파생됐는데요. 개는 아시다시피 dog이지만, 그 외에도 강아지는 puppy, 사냥개는 hound라고 하죠. 조금 어려운 표현으로는 canine*이 있습니다. 발음이 케이나인이어서, 세련되게 K9 등으로 표기하기도 합니다. 종합적으로 개과 동물을 의미하죠. 또 kennel은 개집을 뜻하는데요. 라틴어 *canis*가 *canīle*(카닐레)로 변하고, 중세 영어의 *kenil*을 거쳐 지금의 kennel이 됐습니다.

* 학술적인 단어로, 예를 들어 견치를 canine tooth라고 합니다.

096

kangaroo
캥거루

껑충껑충 뛰는 것

1770년, 영국인 제임스 쿡이 이끄는 탐험대가 오스트레일리아 대륙 동쪽 해안에 이르렀습니다. 그곳에서 생전 처음 보는 신기한 동물을 발견했죠. 앞다리는 짧은데 뒷다리는 길고, 초원을 껑충껑충 뛰며 날렵하게 달리는 동물이었어요. 바로 오스트레일리아가 원산지인 초식성 유대류, kangaroo였습니다.

쿡이 이 땅의 원주민인 애버리지니에게 저 동물은 뭐라고 부르냐고 물었는데, 원주민이 말을 알아듣지 못해 현지어로 '모르겠다'는 뜻인 "캥거루"라고 대답했다고 해요. 쿡이 이를 동물의 이름이라 착각해 전 세계로 퍼졌다는데, 이는 아무래도 지어낸 이야기인 듯합니다.

애버리지니 말로 캥거루와 발음이 비슷하며 '모르겠다'를 의미하는 단어가 정말로 있는지 조사하고 연구한 언어학자도 있었지만, 아직까지 증거는 발견된 바가 없죠.

이 동물은 본래 애버리지니 말로 *ganguruu*라고 불렀는데, 회색 캥거루를 가리키는 말이었습니다. 직접적인 의미는 '껑충껑충 뛰는 것'이었죠.

박물학자이자 동물학자인 조지프 뱅크스(1732~1820년)도 이 오스트레일리아 탐험에 함께했는데요. 이후 영국 왕립협회 회장이 되는 귀족이지만, 그의 일지에는 "캥거루를 죽였다"라는 기록이 남아 있으며 *Kangaru*라 쓰여 있었습니다.

오스트레일리아에 캥거루라는 기묘한 동물이 서식한다는 이야기는 눈 깜짝할 사이에 유럽과 미국에까지 전해졌습니다. 그 덕분에 kangaroo

가 들어간 여러 영어 표현이 탄생했죠.

예를 들어 19세기 중엽부터 미국에서 kangaroo court(캥거루 재판)라는 표현이 쓰이기 시작했는데요. 법률이나 인권 등을 무시한 비공식적인 졸속 재판을 가리킵니다. 거짓 증거를 연달아 제시하고는 피고가 대답하지 못하고 우물쭈물하면 냉큼 유죄로 만들어 처형시켰죠. 날치기로 심리하고 판결을 내리는 재판을 캥거루의 점프에 비유한 것입니다.

이는 인민재판이라는 의미로도 쓰여요. 한 사람을 여럿이 에워싸고 입을 모아 규탄하는, 주로 사상을 개조하기 위해 행해지는 규탄 방법인데요. 쉬지 않고 주먹을 내밀고 발차기를 날리는 캥거루의 공격과 비슷하다 해서 이러한 표현이 생겨났어요.

kangaroo closure라는 일종의 정치 용어도 있습니다. 캥거루식 토론 종결법을 뜻합니다. 어떤 안건을 논의할 때 다른 의견이나 제안이 나오더라도 의장이 무시하고 하나로 좁혀서 빠르게 심의하는 방법이죠.

좋은 표현으로는 kangaroo care가 있습니다. 어머니가 갓 태어난 아기의 피부와 자신의 피부가 맞닿게끔 밀착시켜서 끌어안는 스킨십이에요. 특히 미숙아의 상태가 안정됐을 때 어머니가 인큐베이터에서 아기를 꺼내 끌어안는 보육법을 가리키는데, 신생아의 호흡이 안정되고 모유 분비가 촉진되며 어머니와 자식 사이의 유대감이 깊어지는 효과가 있다고 합니다. 물론 어미 캥거루가 작은 새끼를 배에 달린 주머니에 넣어 정성껏 키우는 모습에서 생겨난 표현이죠.

학의 다리에서 온 **혈통**

페디그리 첨이라는 애견 사료가 있습니다. 미국 사료회사가 등록한 상표로, 영어로는 Pedigree Chum이라고 씁니다.

pedigree를 사전에서 찾아보면 계보, 혈통, (동물 등의) 혈통서라는 의미가 나열돼 있습니다. chum은 친구, 동료라는 뜻이니, 직역하면 '혈통의 친구'라는 뜻일까요?

이 pedigree의 어원은 놀랍게도 프랑스어로 학 다리를 뜻하는 *pied de grue*입니다. 영어로 직역하면 crane's foot이 되겠죠.

먼 옛날, 유럽의 왕후와 귀족은 가계도를 중요시했습니다. 후계자 선정을 두고 빈번하게 전쟁이나 살인이 벌어졌을 정도니 그만큼 정당한 혈통이 중요했던 거죠.

가계도를 그리는 전문가 중에는 프랑스인이 많았습니다. 선조에서 시작해 자손들에게로 나뭇가지처럼 뻗어나가는 선이 학 다리같이 보였기 때문에 고대 프랑스어로 *pie de grue*라 불렸고, 중세 영어로 *pedegrue*를 거쳐 15세기에 pedigree라는 영단어로 자리를 잡았습니다.

가계도를 나타내는 영단어가 또 하나 있습니다. 조금 어려운 표현인데, genealogy라고 하죠. 그리스어로 출생, 혈통을 뜻하는 *geneā*에서 유래했습니다. 그 외에 무척 간단한 표현으로 family tree가 있습니다. 가장 오랜 선조를 밑동으로 삼아 점점 뻗어나가는 형태가 마치 나뭇가지를 뻗치는 나무처럼 보였기 때문에 생겨난 단어로, 발상 자체는 pedigree와 같아요.

pedigree는 본래 가계도라는 뜻이었지만, 시간이 흐르며 조금씩 의미가 확장됐습니다. 훌륭한 가문, 명문, 혈통까지 의미하게 됐죠. family of pedigree라고 하면 명문, 유서 깊은 가문, woman of pedigree라고 하면 명문가 여성이라는 뜻입니다. 여기서 그치지 않고, 언어나 사물의 기원, 유래, 사람의 경력도 의미하게 됐어요. pedigree of a word는 어원, 언어의 유래, academic pedigree는 학력을 의미합니다.

17세기로 접어들면서 동물의 혈통이라는 뜻으로도 쓰이기 시작했습니다. pedigree dog 혹은 pedigreed dog은 '혈통서가 딸린 개'라는 뜻이에요.

그렇다면 반대로 잡종은 뭘까요? 가장 쉬운 표현으로는 mixed breed나 crossbreed가 있습니다. 동식물에 관해서는 최근 hybrid라는 단어가 자주 쓰이는데요. 인공적으로 교배한 잡종 쌀을 hybrid rice라고 하죠. 잡종견을 뜻하는 표현으로는 mongrel 혹은 mutt가 있습니다.

사람이 혼혈일 경우에는, 예를 들어 '그녀는 일본인과 미국인의 혼혈입니다'를 영어로 옮기면 She is half-Japanese and half-American이 됩니다.

097

dandelion

민들레

사자의 이빨

민들레는 잘 생각해보면 무척이나 특이한 식물입니다. 꽃잎이 노란색 혹은 흰색이며 공터, 길가 가리지 않고 피어나죠. 정말이지 평범한 꽃입니다. 그런데 꽃이 지고 봉오리처럼 변하면 이번에는 솜털이 달린 씨앗이 생겨요. 이 씨앗들이 잔뜩 모여서 동그란 공처럼 변하고 바람에 날려 흩어지죠. 솜털이 하늘하늘 떠다니는 모습이 눈처럼 보이기도 합니다.

민들레는 영어로 dandelion(댄딜라이언)입니다. 중세 라틴어 *dēns leōnis*가 프랑스어 *dent de lion*을 거쳐 영단어로 자리를 잡았죠. *dent*는 이빨, 엄니를 가리켜요. *lion*은 영어로는 라이언이라고 발음하지만, 프랑스어에서는 리옹*이라고 발음합니다. 가운데 *de*는 '~의'로 영어의 of에 해당하니, 다 합해서 '사자의 이빨'이라는 의미가 됩니다. 톱니처럼 생긴 이파리가 사자 이빨처럼 보인다고 해서 생겨난 단어죠. 결코 dandy lion(댄디한 사자)이 아닙니다.

또 하나, 민들레를 의미하는 영어로 pissabed라는 속어가 있습니다. piss는 소변(을 누다)**, abed는 '침대에'라는 부사니 '침대에 오줌을 누다', 다시 말해 '밤에 지도를 그리다'라는 뜻입니다. 민들레가 이뇨 작용을 하기 때문에 이런 단어가 생겨났죠.

현대 프랑스어에서는 *dent-de-lion*이라고도 합니다만, 그렇게 일반적인 표현은 아닙니다. 보통은 pissabed와 똑같은 발상에서 생겨난 *pissenlit*(피상리)라는 표현을 씁니다. 프랑스어로 *pisse*는 소변, *en*은 장소를 가리키는 전치사로 영어로 치면 at

* 프랑스 남동부 상업 도시 리옹은 Lyon이라고 씁니다.

** 조금 딱딱한 영어로 소변은 urine, '소변을 보다'는 urinate라고 합니다. 아이들 표현으로 쉬(를 누다)는 pee라고 하죠. piss의 완곡한 표현입니다.

이나 in, *lit*는 침대를 의미하죠.

dandelion뿐 아니라 현대 영어에는 라틴어로 이빨을 뜻하는 *dēns*의 흔적이 무척 많이 남아 있습니다. 치과 의사는 dentist라고 하죠. 치아 관리는 dental care라 하고, 치위생은 dental hygiene, 치위생사는 dental hygienist, 치의학은 dentistry입니다.

이탈리아어에는 알덴테라는 말도 있습니다. 파스타를 가장 맛있게 먹을 수 있는 익힘 정도로, 면이 부드러워지기 직전, 앞니로 끊었을 때 이에서 살짝 단단한 느낌이 느껴지는 상태를 가리키죠. 이탈리안 레스토랑에서 파스타를 주문할 때면 꼭 아니꼽게 "나는 알덴테!"라고 말하는 사람도 있습니다. 이는 *al dente*, 직역하면 '이에'라는 뜻입니다. 이탈리아어 *dente*(덴테)도 라틴어 *dēns*에서 유래했죠.

저는 젊은 시절에 유럽으로 배낭여행을 떠났는데요. 프랑스의 어느 마을에서 스티븐 스필버그 감독 영화 〈죠스JAWS〉의 간판을 발견했죠. 상어가 입을 벌리고 이빨을 드러낸 사진 위로 프랑스어 제목이 대문짝만하게 쓰여 있었어요. *Dent de la Mer*, 글쎄 '바다의 엄니'라는 의미였습니다.

사자 이빨처럼 생긴 민들레 이파리.

098

gorilla
고릴라

서아프리카의 털 많은 종족

기원전 9세기부터 기원전 2세기에 걸쳐 아프리카 대륙 북단에 카르타고*라는 도시국가가 있었습니다. 항해와 조선 기술이 탁월한 페니키아인이 건설한 도시로, 지중해 무역의 중심지로 번영했죠.

* 영어로는 Carthage(카르시지)며, 지금의 튀니지 튀니스 부근에 있었다고 합니다.

기원전 5세기, 카르타고 출신의 한노라는 제독이 지중해에서 지브롤터해협을 넘어 아프리카 대륙 서해안을 따라 남하해 지금의 코트디부아르 근처까지 탐험했습니다.

서아프리카 해안의 어느 섬에 상륙했을 때, 온몸이 억센 털로 수북하게 뒤덮인 현지인과 마주쳤죠. 안내인은 그들을 *gorillai*(고릴라이)라고 불렀습니다. 남자들은 돌을 던져서 반격하며 수풀 속으로 도망쳤지만 여성은 세 명을 붙잡을 수 있었죠. 여성들 역시 억센 털로 뒤덮여 있었는데요. 깨물거나 할퀴면서 저항했기 때문에 태워 죽인 다음 가죽을 벗겨 카르타고로 가져갔습니다. 이 항해기는 카르타고 신전 석판에 페니키아문자로 새겨졌고, 이후 이 도시국가를 침략한 로마인들이 그리스어와 라틴어로 번역했어요.

그로부터 2,300년이 지난 1836년, 서아프리카로 포교하러 간 선교사 토머스 새비지가 미지의 유인원으로 보이는 두개골을 발견했죠. 친구인 박물학자 제프리스 와이먼(1814~1874년)이 신종 생물이라는 판정을 내렸고, 한노의 항해기에 기록된 내용을 떠올린 새비지는 이 동물에 gorilla라는 이름을 붙였습니다.

099

rhinoceros

코뿔소

하마는 영어로 hippopotamus(히퍼파터머스)입니다. 그리스어 *hippopotamos*에서 유래했죠. *hippos*는 말, *potamos*는 강이라는 뜻이에요.* 어원이 이렇게 재미있는 단어인데도 일상 회화에서는 hippo(히포)라고 짧게 줄여서 말해요.

* 하마는 한자로도 河馬라고 씁니다.

코뿔소는 rhinoceros(라이나서러스)며, 그리스어 *rhīnokerōs*를 거친 라틴어 *rhīnocerōs*에서 유래했어요. *rhīno*-는 코, *-keras*는 뿔이라는 뜻입니다. 이 단어 역시 일상 회화에서는 짧게 줄여서 rhino(라이노)라고 하고, 동화책이나 백과사전에도 이렇게 써요. 영국에서는 17세기 초부터, 미국에서는 반세기 늦게 이 생략된 표현을 쓰기 시작했죠.

rhino-로 시작하는 영단어는 코와 연관이 깊습니다. 조금 어려운 표현인데, rhinology(라이놀로지)는 코 과학(코와 코 질환을 연구하는 학문-옮긴이)을 뜻해요.

영국에서는 코뿔소의 줄임말인 rhino를 돈을 의미하는 속어로 쓰기도 해요. 코뿔소 뿔의 가루는 정력제나 해독제로 무척 인기가 많았거든요. 페스트가 크게 유행할 때도 사기꾼이 전설 속 동물인 유니콘의 뿔을 갈아 마시면 감염되지 않는다고 사람들을 속여 코뿔소 뿔의 가루를 비싸게 팔아치우기도 했죠. 이런 식으로 코뿔소의 뿔로 돈을 번 사람이 많았기 때문에 rhino가 돈, 현금을 의미하게 되지 않았을까 합니다.

100

chameleon

카멜레온

땅 위의 사자

사자는 영어로 lion*이라 쓰고, 라이언이라고 발음합니다. 그리스어로는 *leōn*(레온), 라틴어로는 *leō*(레오)라고 불렀죠. 오래전에 〈밀림의 왕자 레오〉라는 만화가 있었는데요. 그 만화의 주인공인 흰 사자가 바로 레오였습니다. 일본 프로야구팀 세이부 라이온즈가 마스코트로 채택하면서 세이부 선수들이 레오 군단이라 불리기 시작했죠.

* 암사자는 lioness라고 합니다. 예전에 일본에서 라이오네스 아스카라는 여성 프로레슬러가 활동한 적이 있죠.

카멜레온이라는 도마뱀의 친척이 있습니다. 영어로는 chameleon인데, 뒷부분의 -leon은 놀랍게도 그리스어의 사자에서 유래했어요. 그리스어로는 *khamaileōn*이라고 했는데요. *khamai*는 '땅 위의'라는 뜻이니 '땅 위의 사자'였던 셈입니다.

하지만 카멜레온은 나뭇가지 위를 기어 다니며 배경과 같은 색으로 자신의 몸 색깔을 바꾸거나 긴 혀로 곤충을 잡아먹죠. 어째서 '땅 위의'라는 표현이 붙었을까요? 사막 같은 곳에서 서식하는 종도 있으니 여기에서 유래했을지도 모르죠. 그리스어 *khamai*에는 '하찮은'이라는 의미도 있었으니, '작은 사자'에서 유래했을 거라는 설도 있습니다.

카멜레온은 19세기까지는 *camelion*이라고 썼습니다. 14~15세기에는 이 말이 놀랍게도 기린을 가리켰어요. 현대 영어에서 기린은 giraffe인데, 이렇게 불린 것은 16세기로 접어든 이후의 일입니다.

7장

역사가 새겨진 영단어

역사적인 인물이나 사건에서는 수많은 영단어가 탄생했습니다. 고대 로마제국은 2세기에 영토가 가장 넓었습니다. 14대 황제인 하드리아누스는 이민족을 막고 영토의 경계선을 정하기 위해 브리튼섬에 120킬로미터나 되는 긴 성벽을 쌓았어요. 라틴어로 국경, 경계를 limes(리메스)라고 불렀는데, 이 말이 어느 영단어의 어원이 됐죠.

101

ostracize

추방하다

도자기 파편

기원전 8세기, 고대 그리스에서는 왕 대신 귀족이 실권을 쥐고 정치를 맡았습니다. 귀족정치를 영어로는 aristocracy라고 하는데, 이는 그리스어로 '최고의'를 뜻하는 *aristo*-와 지배를 뜻하는 -*kratia*에서 유래했어요. 하지만 귀족정치는 결코 최고의 지배가 아니었죠. 권모술수로 독재 권력을 거머쥐려는 귀족도 나타났기 때문입니다.

무력 같은 비합법적인 수단으로 권력을 빼앗아 신분을 초월해 군주의 자리에 오른 자를 그리스어로는 *tyrannos*(티란노스)라고 불렀습니다. 조금 어려운 표현이지만 참주라고 하죠. 영어로는 tyrant(타이런트)라고 하는데, 폭군, 전제군주를 뜻하기도 합니다. 참주 정치는 tyranny(티라니)입니다. 여기에도 폭정, 전제정치라는 의미가 있죠.

고대 그리스 시대의 유명한 참주로는 가장 먼저 페이시스트라토스를 꼽을 수 있습니다. 전쟁에서 크게 활약해 인기를 얻은 이 귀족은 스스로의 몸에 상처를 내고서는 정적의 습격을 받았다고 거짓말을 했습니다. 그렇게 해서 자신을 지켜줄 친위대를 거느릴 권한을 얻어냈어요. 시민에게 무기를 들고 광장에 모이라 한 뒤, 연설하는 동안 부하들에게 무기를 거둬들이게 한 적도 있고요. 이렇게 더러운 수를 써서 권력을 장악해 독재자가 됐습니다.

하지만 페이시스트라토스의 독재 기간은 평화로우며 안정적인 시대였습니다. 가난한 농민에게는 토지를 나눠주고 은광을 개발하는 등 경제도 전에 없을 정도로 번영했죠. 시민들의 문화를 적극적으로 보호하는 등 선정도 펼쳤어요. 하지만 페이시스트라토스가 죽고 권력을 쥔

아들은 문자 그대로 폭군으로 돌변해 공포정치를 펼쳤죠.

당시에는 이런 무자비한 참주의 출현을 막기 위해 도편추방제라는 제도가 있었습니다. 훗날 독재자가 될 우려가 있으므로 정치가로는 적합하지 않다고 생각되는 인물의 이름을 도편에 새겨 투표하는 방식이었죠. 도편이란 깨진 도자기 파편을 가리킵니다. 그리스어로는 *ostrakon*(오스트라콘)인데, 이 말이 ostracon이라는 영단어로 자리를 잡았습니다. 동사 *ostrakizein*(도편추방을 하다)가 영어로는 ostracize, *ostrakisimos*(도편추방)가 ostracism이 됐죠. 당시 종이는 이집트에서 수입하는 귀중품이었기 때문에 투표에는 쓸 수 없었습니다.

실제로 도편추방에 쓰인 도편, 고대 아고라 박물관 소장.

이 비인기 투표에서 6,000표 이상을 얻은 사람 중 1위를 차지한 사람은 10년 동안 나라 밖으로 추방당했습니다. 하지만 시민권을 잃거나 재산을 몰수당하지는 않았죠. 그러나 시간이 흐르면서 이 제도는 정쟁의 도구로 돌변해 본래의 의의를 잃고 말았습니다.

현재 ostracize라는 영단어는 단순히 '추방하다'라는 뜻으로 쓰여요. 특히 '따돌리다', '배척하다'처럼 집단 안에서 차별받는 사람을 '내쫓다'라는 뉘앙스를 지닙니다. 2,000년도 더 전의 고대 그리스에서 벌어졌던 일의 흔적이 이렇게 현대 영단어에도 남아 있는 셈이죠.

102

barbarian

야만인

알아듣지 못하는 말을 쓰는 사람

고대 그리스는 기원전 6세기경에 귀족정치에서 민주정으로 옮겨 갑니다. 평민도 전쟁에서 무공을 세우면 발언권이 높아져 참정권을 얻을 수 있었죠. 하지만 여성이나 노예는 정치에서 배제됐고, 국내에 거주하는 외국인에게는 참정권은 물론 부동산을 소유할 권리도 없었어요.

이처럼 그리스인은 타 민족을 배타적으로 대하며 *barbaroi*(바르바로이)라고 불렀습니다. 도통 알아듣지 못하는 말을 쓰는 사람들이라는 뜻이죠. 하는 말이 모두 "버버버버"라고 들렸기 때문이라는 이야기가 반쯤 농담처럼 전해지지만, 저는 꽤나 신빙성 있는 설이라고 봅니다. 언어란 이런 식으로 태어나는 법이니까요.

처음에는 단순히 '언어나 관습이 다른 사람', 외국인을 뜻했지만 시간이 흐르며 주변 지역에서 노예 등이 끌려오기 시작하자 이 단어에 경멸적인 뉘앙스가 섞이기 시작했습니다.

*barbaroi*는 복수형으로, 단수는 *barbaros*(바르바로스)예요. 여기에는 형용사로 '외국인의'라는 의미도 있어요. 라틴어 *barbarus*(바르바루스)를 거치며 '미개의', '야만적인'이라는 뜻의 barbarous, 미개인, 야만인이라는 뜻의 barbarian, 미개, 야만이라는 뜻의 barbarism, 동사로 '야만화하다'라는 뜻의 barbarize 등이 만들어졌죠.

16~19세기에 아프리카 대륙 북단은 Barbary*라고 불렸습니다. 바바리 지방, 바르바리 지방**이라고도 하는데, 이곳은 지중해를 사이에 두고 그리스나 로마의 맞은편에 있습니다. 고대 그리스인이나

* 영국을 대표하는 패션 브랜드 버버리는 Burberry입니다.

** 아프리카 대륙 북부는 현재 Maghreb(마그레브)라고 해요.

고대 로마인의 관점에서 봤을 때 인접한 외국이자 미개한 땅이었다는 사실도 이 지명의 유래 중 하나입니다.

'용감한', '용기 있는'을 뜻하는 brave도 라틴어 *barbarus*에서 유래했답니다. 야만인은 때로 상식적으로 이해하기 힘든 격렬한 전투를 펼치기도 했는데요. 이런 격렬한 면모가 용기에서 비롯된다고 본 것입니다.

15세기 들어 이 brave에 '훌륭한', '멋진', '화려한'이라는 의미가 더해집니다. 클래식 콘서트에서 "*Bravo*!"라는 외침이 들려올 때가 있죠. 이 이탈리아어 역시 놀랍게도 어원이 같아요.

재미있게도 barbarian이 수염과 연관돼 생겨난 단어라는 설도 있습니다. *barbatus*라는 라틴어는 '수염을 기른'이라는 뜻으로, '수염을 깎지 않는 야만적인 사람'을 가리키는 경멸적인 표현이기도 했어요. 확실히 고대 로마의 남성은 대부분 수염을 깎고 다녔죠.

그런데 로마공화정 시대의 정치가 카토는 수염을 깎는 로마의 풍습이 남자답지 못하다고 비판했습니다. 수염을 기르지 않았던 이유는 전쟁에서 수염을 잡혀 적에게 포로가 되는 일을 막기 위해서였다고 해요. 그런데도 외국 병사들은 멋들어진 수염을 기르고 다녔죠. 그 모습이 무척이나 용감하게 보였던 겁니다.

영어로 턱수염은 beard인데, 프랑스어로는 *barbe*(바르브)입니다. 이발사는 영어로 barber죠. 모두 어원이 같은 친척뻘 단어입니다.

103

tragedy
비극

염소의 노래

고대 그리스 시대, 아테네에서는 비극이나 희극 같은 연극이 성황리에 상연됐습니다. 민주정이 들어서고 사람들에게 자유를 누릴 여유가 생기면서 인간의 우스꽝스러운 면이나 잔혹함, 비참함을 객관적으로 바라볼 수 있게 된 거죠. 3대 비극 시인인 아이스킬로스(기원전 525년경~기원전 456년), 소포클레스(기원전 495년경~기원전 406년), 에우리피데스(기원전 485년경~기원전 406년)가 유명한데, 작품이 모두 어디론가 흩어지면서 현재는 30여 편만이 남아 있습니다.

영어로 tragedy는 그리스어로 '염소의 노래'를 뜻하는 *tragōidiā*에서 유래했습니다. *tragos*는 염소, *ōidē*는 노래를 뜻합니다. 여기에는 다양한 설이 있는데요. 연극이 막을 올리기 전에 양을 신에게 제물로 바치고 이를 가장 훌륭한 연기를 선보인 배우나 감동적인 작품을 쓴 비극 시인에게 상품 대신 수여했다는 이야기도 있고, 신에게 바치기 위해 도축된 희생양의 슬픔을 생각하며 부른 노래에서 유래했다는 이야기도 있죠.

비극은 연기자의 연기와 *Khoros*(코로스)라는 합창대와의 합창이 번갈아 진행됐습니다. 코로스는 연극 배경이나 연기자가 대사로 언급하지 않는 속내, 대본으로 보자면 지문 같은 부분을 노래하는 역할이었죠. 이들은 술의 신 *Dionȳsos*(디오니소스)의 시종으로, 염소처럼 생긴 숲의 정령 사티로스로 분장했습니다. '염소의 노래'라는 말이 이 코로스의 모습에서 유래한다고도 전해집니다. 참고로 영어 chorus는 이 *khoros*라는 합창대에서 유래했답니다.

술잔치의 노래

104

comedy
희극

영어 comedy는 그리스어로 술잔치를 뜻하는 *kōmos*와 노래를 뜻하는 *ōidē*에서 유래했습니다. 고대 그리스의 어느 지방에서 술의 신 *Dionȳsos*(디오니소스)를 숭배했는데요. 이 신을 기리는 축제일이면, 마을 사람들이 남근을 본떠 만든 장식물을 선두에 내걸고는 술을 실컷 마시며 온 마을을 활보했다고 해요. 큰 목소리로 우스꽝스럽고 외설적인 노래를 부르거나 잔뜩 취해서는 평소 담아두고만 있던 울분을 터뜨려 영혼을 해방시키려 했죠.

이러한 술잔치, 특히 술을 마시고 요란하게 떠들며 노는 것을 그리스어로 *kōmos*라고 했어요. *ōidē*는 노래를 뜻하니, 축제 때 술에 취해 장난치듯 부르는 노래는 *kōmōidiā*(코모이디아)라고 부르게 됐죠. 이 말이 *cōmoedia*(코모에디아)라는 라틴어로 변했고, 고대 프랑스어 *comédie*를 거쳐 comedy라는 영단어로 자리를 잡았습니다.

고대 그리스를 대표하는 희극 시인이라면 단연 아리스토파네스(기원전 450년경~기원전 388년경)가 아닐까요. 소크라테스를 비꼰 〈구름〉, 현세에 염증을 느껴 하늘 위 새의 나라에 사는 몽상가를 그린 〈새〉는 지금까지도 자주 상연되죠. 비극 시인 아이스킬로스와 에우리피데스를 패러디한 〈개구리〉 역시 유명해요. 사실 이 패러디도 희극의 수법 중 하나였어요. 영어로는 parody인데요. 옆을 뜻하는 *para*와 노래를 뜻하는 *ōidē*가 합쳐진 표현으로, 유명한 노래를 조롱하기 위해 만든 우스꽝스러운 노래를 가리켰어요. 시간이 흐르며 진지한 문학작품 등을 교묘하게 흉내 내 우스꽝스러우면서도 천박한 내용으로 고친다는 의미로 변했죠.

105

symposium
심포지엄

술자리

symposium은 거의 표준어처럼 쓰이는 영단어인데요. 특정 주제를 정해놓고 여러 전문가가 서로 다른 시점에서 의견을 펼치고 청중이나 사회자로부터 질문도 받는 형식의 토론회를 말하죠.

이 말은 그리스어 *symposion*(심포시온)에서 유래했습니다. *sym*-은 '함께', *-posion*은 '마시는 것'입니다. 함께 술을 마시는 것, 즉 술자리라는 의미죠. 이 말이 *symposium*(심포시움)이라는 라틴어가 됐고, 철자가 고스란히 전해지면서 영단어로 자리를 잡았습니다.

고대 그리스인에게 술친구와 술잔을 주거니 받거니 하면서 자신의 이야기를 들려주거나 남의 흥미로운 체험담을 듣는 시간은 무엇보다 즐겁고 귀중한 기회였어요. 시간이 흐르고 사회나 문화가 성숙하면서 술자리에서 교양 있고 지적인 토론을 벌이는 것이 유행하게 됐죠.

고대 그리스 철학자 플라톤(p. 82)의 저서로 《향연》이 있습니다. 사실 이 책의 그리스어 원제가 바로 《*symposion*(심포시온)》이에요. 소크라테스는 아무런 저서도 남기지 않았죠. 그럼에도 불구하고 위대한 철학자로 후세에 이름을 남길 수 있었던 것은 제자 플라톤이 소크라테스의 방대한 말을 글로 남겼기 때문입니다. 대부분이 여러 등장인물 사이에서 오간 대화 형식을 띠고 있어 '대화편'이라 불립니다. 구어체로 쓰여 있기 때문에 토론의 전개나 화자의 생각이 어떻게 변하는지도 쉽게 파악할 수 있죠.

플라톤의 대화편 중 하나가 바로 이 《향연》입니다. 소크라테스를 비롯한 문학청년, 희극작가, 비극 작가, 정치가, 의사 등이 '사랑'을 주제로

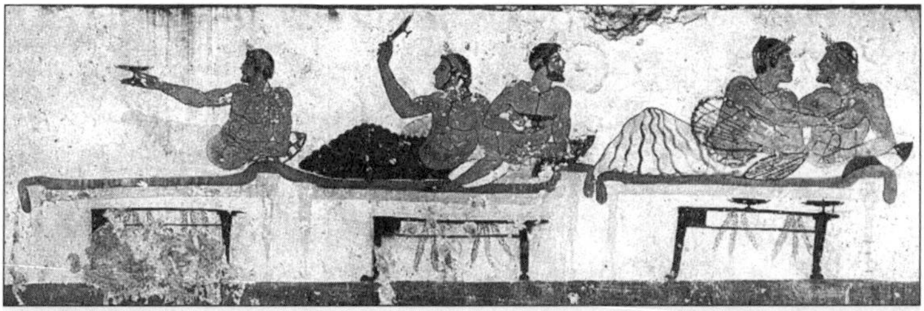
심포시온의 모습을 그린 기원전 5세기 프레스코화.

즉흥적으로 이야기를 나누는 내용이죠. 처음에 등장한 문학청년은 신화나 문학작품을 인용하며 거침없이 성애의 신 에로스를 찬미합니다. 다음 발언자는 육체적인 애욕에 취하는 세속적 사랑이 아니라 이성적인 남성이 소년에게 품는 사랑이야말로 신성한 천상의 사랑임을 주장하죠. 당시는 성인 남성이 유능한 소년의 후견인이 돼 사랑하고 키워주는 소년애가 사회적으로 용인됨은 물론, 장려까지 될 정도였어요.

이렇게 사랑에 대한 토론이 이어지는 가운데, 소크라테스의 발언으로 양상이 돌변합니다. 궁극적인 사랑이란 '미의 이데아를 추구하는 행위'라는 발언 때문이었죠. *ideā*(이데아)란 모습, 형태를 의미하는 그리스어로, 원형 혹은 본질로 번역되기도 합니다. 소크라테스는 개별적인 미, 저마다 다른 감각으로 판단하는 미가 아니라 어떠한 시공간에서나 변하지 않는, 모든 것을 초월한 절대적 미의 원형이야말로 '미의 이데아'라고 정의하며, 이를 추구하는 것이 바로 진정한 사랑이라는 결론을 내렸죠.

너무 어렵다 보니 도저히 술잔을 기울이며 나눌 만한 이야기는 아닐지도 모르겠네요.

106

academic

학문적인

아카데모스의 숲

고대 그리스 철학자 소크라테스는 젊은이들을 타락시키고 이교도의 신을 믿게끔 유혹했다는 죄목으로 재판에 회부돼 사형에 처해집니다. 기원전 399년의 일이죠. 그로부터 12년 뒤, 제자 플라톤(p. 82)이 아테네에서 북서쪽으로 2킬로미터 정도 떨어진 숲속에 *gymnasion*(p. 46)이라는 학교 겸 체육관을 엽니다.

이 숲은 그리스신화 속 영웅 *Akadēmos*(아카데모스)를 기리는 신역이기도 했기에 *Akadēmeia*(아카데메이아)라 불리고 있었죠. '학술적인'을 뜻하는 academic이나 학교, 학회, 학사원을 뜻하는 academy라는 영단어는 이 숲의 이름에서 유래했습니다.

아카데모스는 트로이전쟁에서 활약한 반신반인의 영웅입니다. 아테네 왕 테세우스가 제우스의 딸 헬레네를 약탈해 가두는 사건이 벌어졌는데, 이때 헬레네를 구출하러 간 헬레네의 오빠들을 도운 인물이 바로 아카데모스였죠. 헬레네는 겨우 열두 살이었지만, 사랑과 미의 여신 아프로디테로부터 모든 남자들의 마음을 휘어잡는 힘을 부여받은 절세의 미녀였습니다. 참고로 헬레네는 이후 스파르타 왕의 왕비가 되는데, 트로이 왕자 파리스*와 야반도주하고 말죠. 이 사건 때문에 그리스 연합군과 요새 국가 트로이 사이에서 트로이전쟁이 벌어진 거예요.

* 트로이전쟁에서 아킬레우스의 발뒤꿈치에 화살을 쏴 그를 죽였습니다.

플라톤이 이 아카데메이아에 학원을 연 계기는 스승 소크라테스의 죽음이었습니다. 사형 판결을 받아 독을 마시고 죽은 소크라테스를 본 플라톤은 금전욕이나 명예욕에 사로잡힌 채 정쟁에 여념이 없는 사람들

속에서 순수한 철학을 논하기란 어렵다고 판단했고, 스스로를 아테네에서 멀리 떼어놨죠. 교외인 아카데메이아의 숲에서 철학을 기본으로 올바른 정치나 인생을 보내는 법에 대해 스스로 고찰하며 자유로운 학문의 장을 열어보려 한 거예요.

폼페이에서 발굴된, '아카데메이아'를 묘사한 모자이크화, 나폴리 국립고고학박물관 소장.

마침 고요한 올리브 숲이기도 했기에 플라톤은 그곳을 거닐며 사색에 잠기거나 제자들과 문답을 나누며 진리를 이끌어냈습니다. 아카데메이아에 입학한 청년들은 먼저 기초가 되는 산술, 기하학, 천문학을 배워 익힌 뒤 철학에 전념했어요. 특히 기하학은 감각이나 지각에 의존하지 않고 정확하게 사물을 분석하고 판단하는 훈련으로 중요시됐습니다.

아리스토텔레스(기원전 384~기원전 322년) 역시 아카데메이아에서 수학한 제자 중 하나인데요. 그는 철학뿐 아니라 윤리학, 정치학 등 온갖 학문을 익힌, '모든 학문의 아버지'라 불릴 정도의 대학자였습니다. 마케도니아 왕 필리포스 2세의 초청을 받아, 아직 왕자였던 알렉산드로스(기원전 356~기원전 323년)*의 가정교사가 된 것으로도 알려져 있죠.

* 유능한 가신들을 거느리고 오리엔트 세계에 대제국을 건설한 알렉산드로스 대왕입니다. 알렉산더라고도 해요.

아카데메이아는 플라톤이 죽은 뒤로도 오랫동안 이어지다가, 기원후 529년에 동로마제국 황제 유스티니아누스 1세(482년경~565년)가 폐쇄하며 900년에 걸친 역사의 막을 내렸습니다. 동로마제국에서는 교회에 부속된 학교를 제외한 다른 교육기관은 인정하지 않았거든요. 하지만 아카데메이아라는 명칭과 그 정신은 이후로도 유럽에서 자유롭고 순수한 학문의 상징으로 전해졌습니다.

107

senate
상원

고대 로마 원로원

기원전 753년경, 로마를 건국한 아버지이자 초대 왕이기도 한 로물루스(p. 172)는 장로 100명을 모아 왕에게 조언하거나 왕을 보좌하는 기관을 설립했습니다. 이 기관이 바로 원로원의 시작이었죠.

공화정 시대에는 귀족들 중에서 선발된 종신 위원 300명으로 이루어진 핵심 정치 기관으로 자리를 잡으며, 행정과 군사 분야의 최고 책임자인 집정관을 감시하고 조언했습니다. 임기가 1년인 집정관과 달리 원로원 의원은 임기 없이 죽을 때까지 의원직을 유지할 수 있었죠. 따라서 지식과 경험을 쌓을 수 있었던 원로원 의원들은 점차 민중의 신뢰를 얻었고, 원로원은 실질적인 최고 의결기관으로 자리매김했어요.

제정 시대에 들어서서도 처음에는 새로운 황제를 승인하는 등 중요한 역할을 짊어진 정치 기관으로 기능했습니다. 하지만 독자적으로 정치를 펼치는 황제와 곧잘 대립각을 세웠고, 정치적 혼란을 자주 낳으면서 서서히 유명무실한 존재로 변해갔죠.

원로원은 라틴어로 *senātus*(세나투스)라고 불렸습니다. 노인, '나이 든'이라는 의미의 *senex*(세넥스)에서 유래했죠. 원로원 의원은 *senātor*(세나토르)*였어요. 미국 연방의회의 senate(상원), senator(상원 의원)는 이 라틴어에서 유래했습니다.

* 원로원 의원은 *patrēs*(파트레스)라고 불리기도 했습니다. 아버지들이라는 뜻이었죠.

'연장자', '연상의'를 의미하는 senior나 '망령되다', '노망나다'를 의미하는 senile, 그리고 놀랍게도 경칭인 sir까지 모두 같은 어원에서 탄생한 영단어입니다.

108

dictator

독재자

고대 로마 독재관

기원전 6세기, 고대 로마는 공포로 시민을 지배했던 7대 국왕 타르퀴니우스 수페르부스를 추방하면서 공화정이 됐습니다. 당시 로마 사람들은 무엇보다 독재자의 출현을 두려워했죠. 왕 대신 생긴 행정·군사 최고 책임자가 바로 *consul*(집정관)* 이었습니다. 정원은 두 명에 임기도 겨우 1년이었어요. 이런 방식으로 서로의 움직임을 견제케 해 권력의 집중과 폭주를 막았던 거예요.

* 영사를 뜻하는 영단어 consul은 이 *consul*에서 유래했어요. '협의하다'라는 의미인 *consulere*에서 파생됐죠.

하지만 전쟁이나 전염병 등 비상사태가 발생하면 *dictātor*(딕타토르)라 불리는 독재관이 임명됐습니다. 다른 관직은 모두 선거로 선출됐지만 독재관만큼은 유일하게 원로원이 지명하고 집정관이 임명할 수 있었어요. 온갖 영역에 미치는 절대적인 권한이 주어졌지만 임기는 아무리 길어도 6개월로 매우 짧았고, 재임은 인정되지 않았죠.

그런데 공화정 시대의 영웅 율리우스 카이사르는 시민의 압도적인 지지를 바탕으로 자신의 독재관 임기를 10년으로 연장하더니 급기야 종신 독재관의 자리에 올랐습니다. 그러다 결국 독재자가 될지도 모른다는 우려를 사면서 정적에게 암살당하고 말았죠.

*dictātor*는 '거듭 말하다', '받아쓰게 하다'를 의미하는 동사 *dictāre*에서 파생된 표현으로, '명령하는 사람'이라는 의미였습니다. 영어로 독재자를 뜻하는 dictator는 이 고대 로마 독재관에서 유래한 단어예요.

찰리 채플린이 감독과 주연을 맡은 〈독재자〉라는 명화가 있는데요. 이 영화의 원제가 〈The Great Dictator〉였죠.

109

candidate

입후보자

하얀 옷을 입은 사람

로마공화정 시대에 실제로 정치를 집행했던 정무관으로는 최고 정무관인 집정관, 법률을 제정하고 재판도 담당하는 법무관, 치안이나 축제를 책임지는 조영관, 국고를 관리하는 재무관 등이 있었습니다. 시간이 흐르며 평민의 발언권이 강해지자 호민관이라는 관직도 생겨났죠. 평민들의 권리를 지키기 위해 평민 중에서 선출하는 관직으로, 정무관이나 원로원의 결정에 반대할 수 있는 거부권까지 있었습니다.

고대 로마에서 상류계급 남성들은 천을 넉넉하게 몸에 두른 토가라는 웃옷을 입었습니다. 공직에 취임하고자 입후보한 사람은 특히 하얀 토가를 걸치고 연설했죠. 자신들의 청백함과 민중에 대한 충성심을 나타내기 위함이었습니다.

라틴어로 '하얀 옷을 입은 사람'을 *candidātus*(칸디다투스)라고 불렀습니다. '반짝이는 것처럼 하얗다'를 뜻하는 *candidus*에서 생겨난 말이죠. 이 말이 영어로 입후보자, 지원자를 의미하는 candidate로 변화했습니다. 예를 들어 She is a candidate for governor는 '그녀는 주지사 선거 입후보자입니다'라는 뜻이에요.

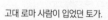

고대 로마 사람이 입었던 토가.

고대 로마의 하얀 게시판

album

앨범

앨범은 영어로 album입니다. 무척 다양한 의미를 내포한 단어죠. 라틴어로 '하얗다'는 뜻인 *albus*에서 파생된 *album*(알붐)에서 유래했는데요. 고대 로마 시대에 중요한 전달 사항 등을 알리기 위해 공공장소에 설치된 하얀 게시판을 가리키는 말이었죠.

이 말이 영어로 들어오면서 '빈 페이지가 있는 노트'라는 의미로 변했고, 여기에 소중한 우표나 사진을 끼워두기 시작했습니다. 시간이 흘러 20세기 중엽으로 접어들면서 여러 악곡을 수록한 레코드나 CD라는 의미로 확장됐죠.

alb-로 시작하는 영단어에는 '하얀' 것이 많습니다. 과거에 영국은 *Albiōn*(알비온)이라 불렸습니다. 하얀 나라라는 뜻이죠. 기원전 55년에 율리우스 카이사르가 브리튼섬을 공격하려 했을 때, 도버해협 맞은편 해안에서 하얀 석회암 절벽을 보고 그렇게 불렀다고 합니다. 하지만 그보다 300년 전 문헌에서도 이런 표현이 발견된 점으로 보아 켈트어였을지도 모른다는군요.

1968년, 비틀스는 〈the White Album〉이라는 앨범을 발표했는데요. 정식 제목은 〈The BEATLES〉였죠. 작은 제목과 레코드회사 로고 외에는 새하얀 재킷입니다. 의미를 파고들어보면 white와 album의 어원에서 흰색이 겹치죠. 교양 있는 사람이나 알 법한 고상하고 세련된 작명법입니다.

111

client

고객

고대 로마의 예속된 평민

고대 로마 사회는 크게 귀족, 평민, 노예 등 세 계급으로 이루어져 있었습니다. 다만 평민 중에는 귀족의 비호를 받으며 다양한 역할을 수행하는 '예속된 평민'이라 불리는 사람들이 있었습니다. 이들을 라틴어로 *clientēs*(클리엔테스)*라고 불렀죠. 피후원자, 피보호자라고 번역되기도 해요. 주인인 귀족은 *patrōnus*(파트로누스)라고 불렀어요.

* 단수형은 *cliēns*(클리엔스)입니다.

이 사적인 관계는 고대 로마 사회의 커다란 특징이었습니다. 부유한 파트로누스가 주인이 돼 빈곤한 클리엔테스를 돌봐줬지만, 결코 노예제도처럼 엄격한 상하 관계는 아니었거든요. 클리엔테스가 자유롭게 파트로누스를 고를 수 있었죠. 하지만 오로지 권력이나 경제력에 따라 복종했던 것은 아니에요. 그 사람이 믿을 만한지, 존경할 가치가 있는지, 인간성까지 고려해 파트로누스를 선택했답니다.

클리엔테스는 파트로누스에게 다양한 상담을 했습니다. 개인적 고민을 털어놓고 조언을 받거나, 금전적 원조는 물론 유력자를 소개받거나, 일자리를 알선받기도 했죠. 이러한 파트로누스는 공사를 넘나들며 클리엔테스에게 도움의 손길을 내밀어주는 존재였습니다.

그렇다면 파트로누스에게는 어떤 이점이 있었을까요? 서로의 관계가 가장 부각되는 상황은 파트로누스가 공직에 입후보했을 때였습니다. 많은 클리엔테스가 적극적으로 선거운동을 펼쳤죠. 주인을 둘러싸고 단체로 거리를 누비며 이 후보자가 얼마나 많은 사람에게 신뢰를 받는지 열렬하게 어필했던 겁니다. 지금으로 말하자면 정치가와 지지자의 관계에 가깝지 않을까요.

이런 일화도 있습니다. 어떤 유력한 파트로누스가 사업에 실패해 거액의 빚을 지고 말았습니다. 더 이상 공직에 취임할 수도 없었죠. 이렇게 되면 당연히 클리엔테스 역시 가망이 없다고 느끼고 떠나가겠거니 싶었는데 웬걸, 그렇지 않았어요. 모두가 돈을 갹출해 파트로누스의 빚을 갚아주고 공직에 복귀시켰던 겁니다. 파트로누스와 클리엔테스는 간단히 말하면 두목과 부하의 관계예요. 이처럼 끈끈한 관계가 짙게 남아 있는 곳이 바로 마피아의 세계라고 말하는 사람도 있습니다.

라틴어 *clientēs*는 '유력자의 보호를 구하는 사람', 혹은 '항상 명령을 구하는 사람'이라는 의미가 됐고, 나아가 '전문가의 충고나 조언을 구하는 사람'이라는 의미로 변했습니다. 그러다 영어로 고객, 의뢰인을 뜻하는 client가 됐죠.

손님을 뜻하는 영단어는 상황에 따라 다양하게 쓰입니다. 변호사나 회계사의 의뢰인은 client, 레스토랑이나 상점의 손님은 customer, 여행객은 visitor, 호텔이나 여관의 투숙객은 guest, 교통기관의 승객은 passenger, 스포츠 관람객은 spectator, 영화나 콘서트의 관객은 audience죠.

*patrōnus*는 영어로 후원자를 의미하는 patron이 됐습니다. 중세에는 화가나 작가 등 예술가를 후원해 창작 활동을 하게 한 왕이나 귀족을 가리키는 말이었죠. 현재 일본어에서 쓰이는 '페이트런'이라는 말에는 '예술가 등의 지원자' 외에 '애인에게 금전적 원조를 하며 사귀는 사람'이라는 의미도 있습니다.

112

ambition

야망

돌아다니는 것

고대 로마에서 공직에 취임하고자 하는 입후보자는 자신의 청백함을 나타내기 위해 토가라는 하얀 웃옷을 걸치고 거리를 돌아다녔습니다. 다양한 장소에서 연설하며 자신에게 투표해달라고 호소했죠.

이처럼 '돌아다니는 것'을 라틴어로 *ambitiō*(암비티오)라고 불렀습니다. 영어로 야망, 야심을 뜻하는 표현으로 ambition이 있는데, 바로 이 라틴어에서 유래했죠. 자신에게 한 표를 던져달라고 호소하면서 열심히 곳곳을 '돌아다니는' 사람에게는 야심이 있다고 생각했기 때문입니다.

ambition의 형용사는 ambitious입니다. 일본 삿포로농학교(지금의 홋카이도대학교) 초대 학장이었던 클라크 박사가 학생들과 이별을 고하면서 Boys, be ambitious!(청년이여, 야망을 가져라!)라는 말을 남겼는데요. 이 부분만 떼어놓으면 엘리트 냄새가 풀풀 나는 오만한 말처럼 보이지만, 그다음에 not for money or for selfish aggrandizement(돈을 위해서도, 이기적인 권력을 불리기 위해서도 아닌)이라는 표현이 이어집니다. 여기까지 읽어야 클라크 박사가 남기고 싶었던 참뜻을 이해할 수 있죠.

amb-로 시작하는 영어에는 '돌아다니다'라는 뉘앙스가 있습니다. 영어로 구급차는 ambulance죠. 확실히 사이렌을 울리며 '여기저기 달리고' 있어요. 본래 이 영단어는 군대와 함께 이동하는 야전병원을 가리키는 말이었답니다.

로마제국 국경, 리메스

113

limit

한계

로마제국은 13대 황제 트라야누스(53~117년) 때 영토가 가장 컸습니다. 북쪽으로는 브리튼섬, 남쪽으로는 이집트, 동쪽으로는 현재의 중앙 유럽, 서쪽으로는 스페인에 달하는 광대한 국토였죠. 이 영토 확장에 제동을 건 인물이 바로 다음 황제인 하드리아누스(76~138년)였습니다. 북방에 거주하던 이민족의 침입을 막겠다는 목적도 있었지만, 국토의 한계를 정하기 위해 브리튼섬의 잉글랜드와 스코틀랜드의 경계에 전체 길이 120킬로미터에 육박하는 방벽을 건설했죠. 하드리아누스 방벽이라 불리며, 1987년에 유네스코 세계유산에 등재됐습니다.

독일 라인강 유역에도 게르만 민족의 침입을 막은 방벽이 있었습니다. 초대 황제인 아우구스투스의 시대에 겨우 5년 만에 지었다고 해요. 전체 길이는 550킬로미터였다는데, 현재 남아 있는 부분은 전체의 4분의 1뿐입니다. 이 장성은 *līmes* (리메스)*라고 불렸죠. 라틴어 보통명사로 경계, 국경을 의미했습니다. 영어로 한계를 뜻하는 limit는 여기서 유래했어요. 독일의 리메스는 2005년에 하드리아누스 방벽과 함께 '로마제국의 국경선'이라는 명칭으로 세계유산에 등재됐죠.

* 영어로 limes는 라이미스라고 발음합니다. '로마제국의 국경'이라는 뜻이죠.

2008년에는 하드리아누스 방벽에서 북쪽으로 160킬로미터 떨어진 안토니누스 방벽까지 더해지며 세 방벽이 하나의 세계유산이 됐습니다. 안토니누스(86~161년)는 로마제국 15대 황제입니다. 이 방벽의 길이는 60킬로미터지만 자연환경이 가혹한 스코틀랜드에서 2년이라는 짧은 기간에 건설됐다고 해요.

ordeal
시련

신이 주관하는 재판

영어로 시련, 역경, 고난을 ordeal이라고 합니다. 예를 들어 She faced her ordeal with courage는 '그녀는 시련에 용감하게 맞섰다'는 뜻이죠. 이 단어는 *ordāl*이라는 고대 영어에서 유래했는데요. 중세 기독교 사회에서 용의자를 심판하기 위해 치러지는 '신이 주관하는 재판'을 가리키는 말이었습니다. 신명 재판이라고도 하죠.

디르크 바우츠의 〈신명 재판〉, 벨기에 왕립미술관 소장.

이 재판은 무척 가혹했어요. 성직자가 재판관이 돼 피고에게 뜨겁게 달군 쇠몽둥이를 쥐게 하거나, 뜨거운 철판 위를 걷게 하거나, 펄펄 끓는 물에 손을 집어넣게 했죠. 사흘이 지나고 화상 자국이 남아 있으면 유죄, 치유됐다면 무죄였습니다.

축성한 마른 빵을 덩어리째 삼키게 하는 방식도 있었습니다. 재판관을 맡은 성직자는 "빵이여, 피고가 유죄라면 경련을 일으켜 목을 막히게 해라. 만약 무죄라면 좋은 양분이 돼라"라는 축성의 말을 읊으며 피고의 입에 빵을 집어넣었죠. 그 말마따나 목에 걸리거나 막히면 유죄였습니다.

손발을 묶고 강물에 던져서 떠오르면 유죄, 가라앉으면 무죄를 선고한 적도 있었어요. 가라앉아 무죄를 선고받더라도 끌어올리고 보면 대부분이 익사한 뒤였죠. 그런데 어째서 떠오르면 유죄인 걸까요? 물은 부정한 것을 밀어낸다고 여겼기 때문입니다. '물의 심판'이라 불린 이 방식은 마녀재판에도 자주 쓰였어요.

'물의 심판'을 그린 12세기 회화.

용의자가 실제로 죄를 저질렀는지 아닌지는 전지전능한 신께서 아실 테니 결백하다면 신의 의지가 작용해 어떠한 시련에도 기적이 일어나 구제되리라는 사고방식이 저변에 깔려 있었던 겁니다. 용의자가 무죄였다면 터무니없는 소리겠지만, 범죄를 억제한다는 관점에서 본다면 약간은 효과가 있었을지도 모르겠군요.

하지만 조금이나마 성직자가 사정을 봐줬을 가능성도 있습니다. 쇠몽둥이를 덜 달구거나, 빵을 살짝 적셔두거나, 물에 던져서 가라앉더라도 곧바로 건져주는 일이 있었을지도 모르죠.

고대 일본에도 비슷한 재판 방식이 있었습니다. 구카타치盟神探湯라 해서, 끓는 가마솥에 손을 넣었을 때 정직한 자라면 화상을 입지 않을 것이고, 죄를 지었다면 큰 화상을 입을 것이라 여긴 거예요. 또 항아리에 독사를 넣어두고 손을 집어넣게 한 다음 물리지 않았다면 무죄였죠. 그런 시대에 태어나지 않아서 정말 다행이지 않나요.

115

curfew

통금

불에 뚜껑을 덮다

1066년, 프랑스 노르망디공국 왕 기욤Guillaune이 많은 군대와 기병, 무기와 함께 배를 타고 바다를 건너 잉글랜드를 침공했습니다. 기욤은 잉글랜드 왕 해럴드Harold의 군대를 남부 잉글랜드의 헤이스팅스 전투에서 격파하고, 잉글랜드 왕 윌리엄 1세로 즉위했죠. 기욤은 영어로 윌리엄이 됩니다.

윌리엄은 현 영국 왕실을 연 시조로 정복자 윌리엄William the Conqueror이라고 불렸어요. 이 일련의 사건을 노르만 정복이라고 부르고요.

잉글랜드에서는 왕뿐만 아니라 귀족이나 성직자까지 노르만인이 대신하게 됐고, 거상이나 고급 직인까지 대륙에서 건너왔습니다. 본래의 영국 귀족은 처형당하거나 추방당하면서 잉글랜드는 지배계급이 프랑스어를, 일반 서민이 영어를 사용하는 이중 언어의 국가가 되고 말았죠. 이 시기에 많은 프랑스어가 영어로 유입됐어요.

가축인 소는 영어로 cow 혹은 ox라고 하는데, *beef*라는 프랑스어가 들어왔죠. 돼지인 pig는 *pork*, 양인 sheep은 *mutton*과 같은 식으로 두 언어가 혼재하게 됐습니다. 본래 쓰던 영어는 가축을, 새로이 들어온 프랑스어는 식용 고기를 의미하게 된 거죠. 잉글랜드인이 가축을 길러서 그 고기로 요리를 만들면 노르만인이 먹었기 때문입니다.

윌리엄은 서민들이 새로운 지배자에게 반기를 들어 거리나 마을에 불을 지르고 폭동을 일으킬까 봐 두려워했습니다. 그래서 밤 8시가 되면 종을 쳐서 집집마다 불을 끄라는 명령을 내렸죠. 당시에는 뚜껑을 덮어서 불을 껐어요. 프랑스어로는 *couvre-feu*고, 영어로는 cover fire가

되죠. 이 말이 curfew(커퓨)라는 영단어로 자리를 잡았습니다. 다른 나라의 공격을 받았거나 폭동이 일어났을 때 발령되는 야간 통행금지령을 가리키는 말이었지만, 시간이 흐르며 통금이라는 의미로도 쓰이기 시작했죠.

지금도 이 curfew는 혼자서 해외를 여행하는 사람은 꼭 알아야 하는 단어입니다. 작은 호텔에서는 밤이면 오너 겸 프런트 담당이 퇴근해 버리고, 심지어 문을 잠그기도 하거든요. 외출하고 호텔에 돌아왔더니 안으로 들어가지 못하는 경우가 벌어지기 십상이죠. 이런 일을 막기 위해 프런트에 This hotel's curfew is 9:00 PM(이 호텔의 통금 시간은 오후 9시입니다)이라는 안내문이 붙어 있는 경우도 있습니다. 물론 가족이 정한 귀가 시간 역시 curfew입니다. 부모가 자식에게 통금 전까지 돌아오라는 뜻으로 종종 Come back home before your curfew라고 말하기도 해요.

이제 현재 영국 왕실의 뿌리가 프랑스였다는 사실은 이해하셨을 겁니다. 이전에 엘리자베스 여왕이 "우리나라는 아직까지 외국의 침략을 받아본 적이 없습니다"라고 말한 적이 있죠. 한 신하가 조심스럽게 "하지만 노르만 정복이 있었는데……"라고 말하자 여왕은 태연히 "그건 우리가 한 일이었고요"라고 대답했다는군요.

재미있는 어원 이야기

옛 싸움터의 이름

1066년, 프랑스 노르망디공국 왕 기욤이 영국군을 격파하고 잉글랜드 국왕의 자리에 오른 노르만 정복이라는 역사적 대사건에 관심이 생긴 저는 어느 여름날에 그 옛 전쟁터를 찾아가보기로 했습니다. 이 싸움은 헤이스팅스 전투라고 불리죠. 가이드북에는 딱 반 페이지 분량으로 "남부 잉글랜드의 헤이스팅스 역에서 런던행 열차를 타고 15분 거리인 Battle(배틀)이라는 역에서 내려 10분 정도 걸어가면 옛 싸움터가 나온다"라고 쓰여 있었죠. 세상에, 과거에 싸움터였던 마을의 이름이 Battle이었던 겁니다.

런던에서 캔터베리, 도버를 돌아보고 헤이스팅스의 싸구려 여관에 도착한 저는 짐을 방에 놔두고 바로 배틀로 향했습니다. 작은 역에서 내려 느긋하게 걷다 보니 낡은 교회 같은 건물이 보이기 시작하더군요. '1066 Battle Field'라는 간판이 나왔습니다. 표를 사니 음성 가이드도 있다기에 빌리기로 했죠.

교회 뒤뜰로 나가자, 그곳은 광대한 야외 박물관이었습니다. 곳곳에 양 떼가 풀을 뜯고 있었죠. 간판에는 음성 가이드의 숫자가 쓰여 있었어요. 버튼을 1번부터 차례대로 누르며 거닐어보니 두 군대가 어떻게 격돌했는지를 시간 순서에 따라 알 수 있었습니다.

잉글랜드군은 언덕 위에 진을 친 채 노르만군을 내려다보고 있었습니다. 노르만군은 적을 향해 수많은 화살을 퍼부었지만, 잉글랜드군은 나무 방패로 막았을 뿐 아니라 꽂힌 화살을 뽑아 되레 자기들이 썼죠. 노르만군 기병이 언덕을 올라 잉글랜드군 대열로 돌진했지만 태세는 무너지지 않았습니다. 곳곳에서 작은 전투가 벌어졌지만 좀처럼 결판이 나지 않았죠. 그때 노르만군의 기욤 왕이 전사했다는 소문이 전장에 날아들었어요. 하지만 이건 헛소문이었습니다.

노르만군은 기세를 탔습니다. 기병들이 수차례 돌격하자 잉글랜드군의 굳건한 대열이 무너지기 시작했죠. 노르망디는 명마의 산지였기에 기병들의 승마 기술 역시 잉글랜드군을 압도하는 수준이었습니다. 그때, 노르만군 병사가 쏜 화살이 잉글랜드 왕의 눈에 명중했습니다. 말에서 떨어진 왕을 붙잡아 숨통을 끊으며 노르만군의 승리가 결정됐죠.

잉글랜드군이 진용을 유리하게 유지한 채 원군이 오기를 기다렸다면 승리했을지도 모른다고 말하는 역사가들도 있습니다. 멀리서 바다를 건너온 노르만군은 원군도 기대할 수 없었고, 장기전이 벌어지면 식량도 떨어졌으리라는 말입니다. 그랬다면 역사는 크게 바뀌었을 겁니다.

땀에 흠뻑 젖은 채 양 떼를 헤치며 옛 전쟁터를 둘러본 그 세 시간은 제게 잊을 수 없는 소중한 추억으로 남았습니다.

116

assassin

암살자

대마를 피우는 자들

7세기 초, 유일신 알라로부터 계시를 받은 예언자를 자칭하고 나선 무함마드(570년경~632년)는 다양한 우상을 숭배하는 다신교를 부정하며 엄격한 일신교인 이슬람교를 창시했습니다. 이 가르침은 삽시간에 아라비아반도 일대로 확산됐죠.

무함마드가 죽고 얼마 뒤, 4대인 알리의 자손을 정통 후계자로 보는 시아파와 그에 구애되지 않는 수니파로 나뉘었죠. 시아란 분파, 다시 말해 알리파를 의미했고, 수니란 무함마드가 남긴 말이나 행동에 근거하는 관행을 의미했습니다.

이슬람교가 지중해 연안까지 진출하자 당연히 유럽 세계와 알력이 발생하기 시작했습니다. 이슬람 세력의 위협을 받은 비잔티움 제국 황제는 로마 교황에게 구원을 요청했어요. 그리하여 서유럽에서 기독교 십자군이 성지 예루살렘을 탈환한다는 명목으로 원정을 떠나게 됐죠.

이 무렵, 시아파에서는 니자르파라는 분파가 생겨났습니다. 이들은 수니파와 정면으로 대립했을 뿐 아니라 시아파와도 결별했죠. 니자르파는 Assasin(아사신파)라는 별명으로도 불렸습니다. 아랍어로는 *ḥaššāšȳn* (하사신), '해시시를 피우는 자들'이라는 뜻입니다. 이들은 암살자에게 대마를 흡입시켜 이슬람교의 타 종파뿐 아니라 십자군 요인까지 살해하게 만드는 살인 집단이었죠. 영어로 암살자를 뜻하는 assassin은 이 교단의 이름에서 유래했습니다.

교단은 산악 지대의 요새에 비밀의 화원이라 불리는 낙원을 만들었다고 합니다. 산의 노인이라 불리는 간부가 건장한 마을 청년을 대마에 취하게 한 다음 이곳으로 데려갔죠.

청년이 눈을 뜨면, 눈앞에는 이슬람교 경전 쿠란*에 묘사된 대로 아름다운 궁전과 정원이 있습니다. 그곳에는 개울 네 개가 있는데, 첫 번째에는 술, 두 번째에는 우유, 세 번째에는 벌꿀, 그리고 네 번째에는 물이 흘러요. 눈앞에는 미녀들이 미소를 지으며 악기를 연주하고 노래를 부르며 춤을 추고 있습니다. 그들은 이 아름다운 낙원에서 맛난 진수성찬을 배불리 먹고 미녀의 육체를 탐하며 향락적인 생활을 보냈습니다. 그야말로 무함마드가 사람들에게 설파한 천국이었죠.

* 흔히 코란이라고 부릅니다만, 쿠란이 좀 더 원음에 가깝습니다.

그런데 산의 노인이 청년을 다시 대마로 잠재운 뒤 본래의 가난한 생활로 돌려보냅니다. 천국으로 돌아가고 싶다며 한탄하는 청년에게 "암살에 성공하면 돌려보내주마"라고 속삭였죠. 그들은 그 명령에 기꺼이 따랐습니다. 만약 암살에 실패해 죽임을 당하더라도 진짜 천국에 갈 수 있었던 겁니다. 이 이야기는 마르코 폴로(1254~1324년)가 쓴 《동방견문록》에 상세히 묘사돼 있는데, 13세기 중동이나 아시아의 모습도 그려져 있기 때문에 귀중한 사료로 여겨집니다.

이 암살 교단에 관한 소문은 십자군 병사들에게까지 퍼져 엄청난 공포를 안겨줬죠. 하지만 13세기 접어들어 몽골의 대군에게 멸망당하고 맙니다.

영어 assassin에서 동사인 assassinate(암살하다), 명사인 assassination(암살)이라는 단어가 생겨났죠. kill이나 murder 등과는 다르게 정치나 종교 등 '사상적 배경이 있는 살인'을 가리킵니다.

117

blackmail

협박

검은 소로 바치는 소작료

영단어 blackmail은 검은 편지가 아니라 협박, 공갈을 뜻합니다. 동사로는 '협박하다', '공갈하다'가 되죠. 예를 들어 The suspect blackmailed the politician for $20,000는 '용의자는 정치가를 협박해 2만 달러를 뜯어내려 했다'라는 뜻입니다.

mail이라는 단어에는 크게 세 가지 의미가 있습니다. 하나는 다들 아시다시피 우편물이죠. 본래는 우편 가방을 가리키는 말이었습니다. 17세기경까지는 우편물 한 자루를 a mail of letters로 표현했지만, 점차 mail 자체가 우편물을 의미하게 됐습니다. 최근에는 영어로 mail이라 하면 우편물을 가리키는지, 이메일을 가리키는지 알 수가 없죠. 그래서 우체통에 넣는 우편물은 따로 snail-mail*이라고 부르기도 합니다. snail은 달팽이라는 뜻이죠.

* s-mail, smail이라고 쓰기도 합니다.

mail의 두 번째 뜻은 전쟁에서 병사들이 몸에 걸치는 갑옷입니다. 금속판으로 만든 갑옷은 plate mail, 작은 쇠고리를 쇠사슬처럼 엮은 갑옷은 chain mail이라고 부르죠. 금속 갑옷은 단단해서 창이나 화살도 뚫지 못했지만 너무나도 무거웠습니다. 그래서 가벼운 체인 메일과 조합해 빠르게 움직일 수 있도록 했어요.

mail의 세 번째 뜻은 세금, 연공(해마다 바치는 공물-옮긴이)입니다. 16세기 후반, 잉글랜드와 스코틀랜드의 국경 지대에 살던 농민들은 고액의 연공과 지대를 영주나 지주에게 지불했어요. 이 연공을 *mael*이라고 불렀습니다. 본래 계약을 뜻하는 말이었죠. 이 말이 '계약으로 지불하는 금액'에서 소작료, 세금을 뜻하는 말로 변화했습니다.

소작료는 은화로 지불하는 것이 원칙이었으며, 이를 whitemail이라 불렀습니다. 하지만 현금이 없는 농민들은 검은 소 등 현물을 연공으로 바쳤죠. 이를 blackmail이라 불렀습니다. 다만 은화에 비해 가치가 확실하지 않았기 때문에 영주나 지주는 트집을 잡아 도를 넘어선 수준의 소작료를 쥐어짜냈어요. 여기서 blackmail이 공갈, 협박이라는 의미의 영단어로 자리를 잡게 됐죠.

잉글랜드의 시정권은 국경 지대에까지 미치지 않았기 때문에 치안도 좋지 못했습니다. 지주 역시 대부분 멀리 떨어진 곳에 사는 부재지주였으니, 연공만 징수할 수 있다면 농민들이야 어찌 되든 알 바가 아니었죠. 이 무법 지대에는 산적이나 해적도 도사렸기에 여행자들은 통행료를 갈취당하거나 금품을 약탈당하고는 했습니다. 문제는 여기서 끝나지 않았습니다. 산적, 해적이 그 지역에 정착해 사는 농민들에게서도 외부의 침략이나 폭력으로부터 지켜주겠다는 명목으로 보호비를 뜯어낸 거예요. 영주나 지주에게도 소작료를 납부하던 농민들은 이중, 삼중으로 돈을 내느라 고역을 치렀습니다.

색이 다른 greenmail이라는 말을 들어본 적이 있나요? 금융시장, 증권시장에서 쓰는 용어인데요. 특정 기업의 주식을 대량으로 사들인 뒤 회사를 빼앗겠다고 협박해 높은 가격에 되팔아 차익을 취하는 행위입니다. blackmail의 black을 달러화의 색인 green(초록색)으로 바꾼 표현이죠.

118

tank
탱크

수조

제1차 세계대전에서는 살상력이 뛰어난 연사식 기관총이 등장하면서 이전까지의 근접전을 펼칠 수 없게 됐습니다. 병사들은 참호를 파고 숨어서 공격할 기회를 노리다 지상으로 튀어나와 돌격하는 전법을 반복할 수밖에 없었죠. 하지만 참호에서 한 발짝이라도 나왔다간 금세 기관총의 표적이 돼 총알 세례를 받습니다. 덕분에 전쟁터는 자주 교착상태에 빠졌어요.

이를 타개하기 위해 영국은 당시 해군 장관이었던 윈스턴 처칠(1874~1965년)을 중심으로 새로운 병기 개발을 추진했습니다.

1916년, 독일군과 대치하던 영국군 진영에서 그때까지 본 적 없는 강철로 뒤덮인 물체가 모습을 드러냈습니다. 대포까지 탑재한 채 캐터필러*를 회전시키며 전진했죠. 험로도 개의치 않았으며 참호마저 건널 수 있었어요. 이것이 바로 새로 개발된 전차였죠.

* 캐터필러는 영어로 caterpillar, 다시 말해 애벌레를 뜻합니다. 고대 프랑스어로 털이 북슬북슬한 고양이를 뜻하는 *chatepelose*에서 유래했어요.

이 신병기를 영어로 tank라 불렀습니다. 이런 이름이 붙은 까닭에 대해서는 흥미로운 이야기가 전해지는데요. tank란 본래 기체를 주입한 봄베, 또는 물을 넣어두는 수조를 가리키는 말이었습니다. 옛 인도 말로 저수지, 용수지를 뜻하는 *tānkū*, *tānkē*에서 유래했죠.

영국군은 이 신병기를 개발할 때 기밀이 유출되지 않게끔 Water Carrier(물 운반차)라는 암호명으로 불렀어요. 당시에는 신병기를 부르는 암호명의 머리글자를 개발 팀 이름으로 쓰는 관습이 있었는데, 그러면 WC라는 꼴사나운 이름이 되고 말죠. WC란 water closet, 다시 말해

변소의 줄임말이었기 때문입니다. 그래서 암호명을 Tank Supply(수조 공급)으로 변경해 팀명을 TS로 정했고, 완성된 뒤에는 암호명의 앞부분만 따서 tank라 부르게 됐습니다.

영국에서는 지상전에 쓸 무기를 유럽 전선에 보낼 때면 배에 실어서 도버해협을 건너야 했습니다. 전차에 시트를 씌우고, 러시아행 물 운반차로 위장했죠. 신병기에 관한 기밀이 유출되지 않게끔 세심하게 주의를 기울였던 거예요.

영국 콘월 지방에 거주하던 Thomas Tank Burrall이라는 농업 기술자의 이름에서 유래했다는 설도 있습니다. 질퍽질퍽하고 요철이 심한 밭에서도 쉽게 농사일을 할 수 있게끔 캐터필러가 달린 경운기를 발명한 사람이죠. 군사용 전차는 그 경운기 기술을 응용한 것이었기에 그의 이름을 따서 tank라 부르게 됐다는 이야기입니다.

고대에 쓰던 전투용 마차(p. 18)와 tank 모두 전차라고 부르니 헷갈릴 것 같지만, 영어로는 마차 쪽을 chariot이라 부르니 tank와는 뚜렷하게 구별됩니다. 따라서 헷갈릴 일이 없죠.

제1차 세계대전에 등장한 신병기, 전차.

119

electricity

전기

호박

나무즙이 땅속에서 단단하게 굳어서 생긴 화석을 호박이라고 합니다. 영어로는 amber(앰버)인데, 반투명하고 윤이 나며 사탕처럼 아름다운 색을 띠어서 고대부터 귀중한 장식품으로 여겨졌죠.

고대 그리스의 7대 현인 중 하나인 탈레스(기원전 624년경~기원전 548년경)는 호박을 모피에 문지르면 먼지나 깃털을 끌어당긴다는 사실을 발견했습니다. 아직 정전기라는 개념이 없었기에 단순히 호박에는 물체를 끌어당기는 힘이 있다고 받아들였죠. 이 호박을 그리스어로 *ēlektron*(엘렉트론)이라고 불렀어요. '번쩍번쩍 빛나는 햇빛'이라는 의미인 *ēlektōr*에서 유래했죠. 호박은 바닷가에서 많이 발견됐고 색도 노란색이었기에 바다로 내리쬔 햇빛이 굳으면서 생겨난 물질로 여겼거든요.

1600년, 엘리자베스 1세의 주치의이자 물리학자였던 윌리엄 길버트(1544~1603년)는 《자석론》이라는 책을 썼습니다. 호박이나 유리봉을 천으로 문지르면 먼지 등을 끌어당긴다는 사실을 언급하며, 이러한 성질을 지닌 물질에 호박을 뜻하는 그리스어에서 유래한 *electrica*라는 이름을 붙였죠. 여기에서 electricity라는 영단어가 탄생했습니다. 1646년, 잉글랜드 작가이자 과학자로도 이름을 날렸던 토머스 브라운(1605~1682년)이 자신의 저서에서 이 말을 처음으로 썼다고 해요.

1663년경, 독일 물리학자 오토 게리케(1602~1686년)가 마찰기전기를 발명합니다. 구리로 만든 공에 봉을 달아 회전시켜서 정전기의 대전, 흡인과 반발, 방전, 발광 등의 현상을 인공적으로 만들어내는 데 성공한 거예요. 1745년에는 유리병에 물을 넣고 전극을 담가 전기를 통하게 해서 전기를 저장하는 장치가 만들어졌습니다. 세계 최초의 축전기로, 네덜란드 레이던대학교에서 발명됐기에 레이던병이라고 불렀죠. 1752년, 미국 정치가이자 과학자였던 벤저민 프랭클린(1706~1790년)이 연을 이용해 번개의 정체가 전기임을 밝혀냈습니다. 무척이나 위험한 실험이었지만, 번개에서 전해진 전기를 레이던병에 저장하는 데 성공했죠.

1780년, 이탈리아 볼로냐대학교 해부학 교수 루이지 갈바니Luigi Galvani(1737~1798년)가 개구리를 해부하던 중 서로 다른 두 금속을 대자 다리가 부르르 떨리는 것을 발견했습니다. 갈바니는 신경을 타고 운반되는 전기가 근육을 수축시킨다고 생각해, 여기에 동물전기라는 이름을 붙였죠. 참고로 영어로 '자극하다', '활기를 북돋우다'라는 뜻인 galvanize는 Galvani라는 이름에서 생겨난 단어입니다. 이 갈바니의 발상을 부정한 인물이 바로 알레산드로 볼타Alessandro Volta(1745~1827년)라는 물리학자였습니다. 볼타는 개구리 다리가 경련을 일으킨 이유를 두 금속의 전위차 때문이라고 했죠. 전기는 전압이 높은 쪽에서 낮은 쪽으로 흐르는데, 그 차이가 바로 전위차입니다. 이 이론을 토대로 볼타는 전지를 발명했어요. 전압의 단위인 volt는 바로 Volta라는 이름에서 유래했습니다.

이처럼 기술이 발전하면서 호박이 먼지를 끌어당기는 사소한 현상이 electricity라는 강력한 힘으로 변했고, 조명, 레코드, 영화, 전신 기술, 라디오, 텔레비전, 컴퓨터 등을 탄생시켰습니다.

120

brainwashing
세뇌

중국어의 세뇌

1945년, 제2차 세계대전이 끝나자 한반도는 북위 38도선을 경계로 북쪽에는 소련(지금의 러시아)이, 남쪽에는 미군이 주둔했습니다. 1948년에는 남쪽에서 대한민국이, 북쪽에서는 북한이 건국을 선언했죠.

그런데 1950년, 북한이 갑작스럽게 38도선을 넘어 침공했고, 한반도 남단인 부산까지 밀고 들어왔습니다. 남북을 통일하고 사회주의 국가를 건설하려 한 겁니다. 이에 맞서 미군을 중심으로 하는 유엔군이 한국을 도와 북한군을 중국 국경 부근까지 밀어냈어요. 그러자 이번에는 중국이 북한을 지원해 인민 의용군을 파병했죠. 중국은 중국·소련 대 미국의 전면전쟁이 벌어지는 사태를 막기 위해 중국 정규군인 인민 해방군이 아니라 일반 민중이 자주적으로 전투에 참가하는 형태를 취했습니다. 이것이 바로 6·25전쟁입니다.

이 전쟁에서 중국군과 북한군에 붙잡혀 포로가 된 미군 병사는 7,000명이 넘는다고 합니다. 중국과 북한 국경의 포로수용소에서 이들은 방에 하루 종일 갇힌 채 공산주의가 얼마나 훌륭한 사상인지를 철저하게 주입받았죠. 공산군은 때로 고문까지 가하며 자유의지를 빼앗고 새로운 사상을 심으려 했어요.

포로가 된 미군 병사들이 붉은 깃발이나 슬로건을 적은 플래카드를 들고 행진하는 영상을 텔레비전에서 본 적이 있습니다. 모두가 입을 모아 "더는 조국으로 돌아가지 않겠다. 강요당한 것이 아니라 내 의지로 남은 것이다"라거나 "이제 아이젠하워 대통령의 정책을 당당하게 비판할 수 있다"라는 식으로 말했죠. "드디어 매카시즘에서 해방됐다"라고 말하는 포로도 있었습니다. 매카시즘이란 미국에서 공화당인 조지프 매카시(1908~1957년)라는 상원 의원이 추진한 과격한 반공산주의 운동입니다. 공산주의자로 간주된 정부 관계자가 해고당하기도 하고, 영화·방송 관계자들도 업계에서 퇴출당했죠.

이처럼 공산주의 사상을 주입하는 방식을 중국에서는 세뇌洗腦라고 불렀습니다. 중국식으로는 시나오라고 발음합니다. 이 중국어에 쓰인 한자가 영어로 번역됐죠. 세洗는 wash, 뇌腦는 brain인데, 순서를 바꿔 brainwashing이라는 명사가 됐어요. 1951년에 언론인 에드워드 헌터(1902~1978년)가 《붉은 중국에서의 세뇌Brain-washing in Red China》라는 책을 쓰면서 이 새로운 영단어가 미국 전체로 퍼져나갔죠.

brainwashing은 명사로, 여기서 '세뇌하다'를 뜻하는 동사 brainwash가 이후에 생겨났습니다. 먼저 brainwash라는 동사가 생긴 다음에 -ing를 붙여 명사를 만드는 경우가 보통의 흐름인데, 그렇지 않았던 셈입니다. 이 같은 언어의 변화를 언어학 용어로 역성逆成*이라고 합니다.

* 관광을 뜻하는 sightseeing 역시 명사가 먼저 생기고, 나중에 sightsee(관광하다)라는 동사가 생겨났습니다. 이 또한 역성의 사례죠.

또 한 가지 흥미로운 사실은 일본에는 중국어 '세뇌'가 아니라 brainwashing이라는 영단어가 먼저 들어왔다는 사실입니다. 하지만 결국은 같은 한자를 쓰게 됐죠.

에필로그

원고를 집필하기 시작해 끝맺기까지 계절이 몇 번이나 지나갔습니다. 그사이에 저는 광대한 '영어의 숲'을 헤치며 때로는 미아가 되면서도 한결같이 어원을 찾아 헤맸죠. 보물처럼 조용히 잠들어 있던 어원을 발견할 때마다 가슴이 크게 두근거렸습니다.

'솔직한'이라는 의미인 frank의 뿌리가 중세 유럽의 프랑크왕국이었다는 사실, 우리가 평소 대수롭지 않게 쓰는 panic이 그리스신화의 양치기 신 *pān*(판)에서 유래했으며, 구어체로 녀석, 사내를 의미하는 guy가 폭파미수사건을 일으킨 범인의 이름에서 유래했다는 사실 등 생각지도 못한 어원과 마주했을 때는 흥분감에 잠도 이루지 못할 정도였죠.

다만 그런 놀라운 어원을 발견했다손 쳐도 그다음에는 원고로 완성해야만 합니다. 사상이나 주관을 배제한 채 작디작은 단서를 토대로 한 글자 한 글자 확인해가며 문자화하는 것은 괴로우면서도 동시에 무척이나 즐거운 작업이었죠. 농담처럼 '달짝쌉쌀하다'나 '씁쓸달콤하다'라는 신조어를 떠올렸을 만큼 엇갈리는 두 감정이 공존하는 것은 제 인생에서 처음이었습니다.

영어의 어원이라는 초학문적 이야기를 인간 역사의 삼라만상과 함께 이해하기 쉽게 그려내기란 지극히 어려운 일이었습니다. 제가 출판사 편집자였을 때 신세를 진 고故 에이 로쿠스케 씨는 "어려운 내용을 어렵게 설명하기란 쉽고, 쉬운 내용을 쉽게 설명하기도 쉽다. 가장 어려운 것은 어려운 내용을 쉽게 설명하는 것이다"라고 말씀하신 바 있습니다. 하지만 쉽게 설명하려고 하면 할수록 진실이나 정확성과는 멀어져 버릴 우려도 있죠. 이 책은 어땠을까요?

만약 쉽게 읽을 수 있으면서도 정확한 내용이었다면, 그건 이 책을 위해 온 힘을 다해주신 분들 덕분일 겁니다.

그리스어, 라틴어, 아랍어에 대해서는 도카이대학교 교수였던 스즈키 다카노리 선생님으로부터 귀중한 의견을 들을 수 있었습니다. 전공은 아라비아 과학사로, 페르시아어, 고대이집트어, 고대 메소포타미아의 아카드어까지 배우신 분이죠. 영어는 물론이고 독일어, 프랑스어, 이탈리아어, 스페인어까지 구사할 줄 아십니다. 이 책에서는 독자 여러분이 그리스어나 라틴어에도 친숙해질 수 있게끔 곳곳에 읽는 방식까지 따로 표기해뒀습니다. 그 바람에 고생깨나 했지만, 스즈키 선생님 덕분에 어찌어찌 원고를 완성할 수 있었습니다.

영어 병명에 관한 장에서는 기타자토대학병원에서 의사로 근무하시는 겐모쿠 도모노리 선생님께 원고를 보여드렸습니다. 제 딸은 미국 플로리다주의 작은 도시에서 살고 있었습니다. 그곳에 플로리다대학교가 있는데, 일본에서 장래를 촉망받는 의사 선생님들이 파견을 나가 있었죠. 겐모쿠 선생님도 그런 분들 중 하나였습니다. 사모님인 다에코 씨도 제 딸을 통해 영어를 배우며 미국에서 뭔가를 얻어 가겠다는 의욕이 넘쳐흐르는 분이셨죠. 일본으로 귀국하신 뒤로도 제 강연에 매번 찾아와 주셨습니다.

겐모쿠 선생님은 직접 내용을 확인하셨을 뿐 아니라 병원을 돌아다니며 여러 학과의 전문의 선생님들에게도 내용을 확인해주셨습니다. 바쁘실 텐데 폐를 끼친 데 대해 송구스러운 마음과 함께 진심 어린 감사를 전하고 싶습니다.

미국인 친구인 제프 클라크는 영어 부분의 확인과 Photo Index 작성을 맡아줬습니다. 제프는 예전에 오스기 마사아키 선생님이 강사를 맡았던 〈라디오 영어 회화〉의 회화문을 작성한 적이 있습니다. 그 강의는 '단어는 모두 알지만 뜻은 모르는' 관용구로 가득했죠. 익히 알려진 예로는 a piece of cake(케이크 한 조각)가 있습니다. '식은 죽 먹기'라는 뜻이죠. Let's call it a day(그것을 1일이라 부르자)는 사무실 등에서 '오늘 업무는 이만 마칩시다'라고 말할 때 쓰는 관용구입니다. 이런 본고장 영어에 사로잡힌 저는 카드에 적어두고 외우기까지 했답니다. 그 경험이 영어 표현 연구가라는 현재의 제 직함으로 이어졌습니다.

제프는 제가 책을 쓸 때마다 분에 넘칠 정도로 저를 칭찬해줬습니다. 이번에도 "너무 재미있어서 일하는 느낌도 아니었다"라고 말해주더군요.

편집자이자 번역가기도 한 야마모토 에이코 씨는 제 원고에서 이해하기 어려운 설명이나 전후에 모순이 있는 부분을 지적해주시고 더불어 사실 확인까지 맡아주셨습니다. 이러한 분들이 곁에 있으면 저자로서는 정말이지 마음 푹 놓고 원고 집필에만 전념할 수 있죠.

원고를 집필하며 저는 전 세계에서 90여 장이나 되는 사진을 긁어모았습니다. 사진 저작권에 대해서는 일본 유니저작권센터 오가메 데쓰로 씨께서 귀한 조언을 해주셨습니다. 인터넷 사회가 도래하면서 저작권에 대한 사고방식이 급격하게 변하고 있죠. 저작권자의 사망 혹은 작품이 완성되고 일정 시간이 경과한 것에 대해서는 일부의 사람이 저작권을 독점하는 것이 아니라 인류의 귀중한 유산으로서 누구나 자유롭게 이용할 수 있어야 한다는 사고방식이 주류를 이루고 있습니다. 그러고 보니 해외 미술관에서도 예전에는 카메라 셔터를 누른 순간에 직원이 달려와 심하게 주의를 주고는 했지만, 요즘은 자유롭게 사진 촬영이 가능한 곳이 많아졌네요.

제 부끄러운 글이 이처럼 멋진 책으로 완성될 수 있었던 것은 선마크 출판 다케다 이치로 씨의 도움 덕분입니다. 같은 편집자로서 이럭저럭 30년 가까이 알고 지냈지만, 설마 제가 저자를 맡고 다케다 씨가 기획·편집을 맡아서 책을 낼 날이 오리라고는 꿈에도 생각지 못했습니다. 정말이지 인생이란 무슨 일이 벌어질지 모르겠군요. 저는 다케다 씨에게 부탁해 이 책의 편집 작업까지 맡았습니다. 자신이 쓴 원고를 직접 편집까지 하는 이도류(일본에서 양손에 각각 칼을 들고 공수를 행하는 기술-옮긴이)는 무척이나 유쾌한 경험이었습니다.

다케다 씨로부터는 집필이나 편집 과정에서 다양한 조언을 받았습니다. 그 말 한 마디 한 마디를 통해 편집자로서 다케다 씨의 역량을 느낄 수 있었기에 큰 도움이 됐죠. 정말로 감사했습니다.

장정과 본문의 레이아웃은 제가 전폭적으로 신뢰하는 디자이너 게이조 아쓰시 씨에게 부탁을 드렸습니다. 제 기대에 부응해 살짝 예스럽고 품격이 느껴지면서도 고리타분한 느낌은 들지 않게끔 참신하게 디자인해주신 덕분에 무척이나 멋진 책이 완성됐습니다.

번역가이자 세이잔샤홀딩스 사장인 마쓰오카 유코 씨는 본문의 추천사를 집필해주셨습니다. 평소에는 거의 연락도 없다가 문득 머릿속 한편에 간직돼 있던 소중한 단어를 떠올리듯 메일이나 주고받는 사이였지만, J. K. 롤링의 신작을 번역하시느라 바쁘신 와중에도 귀중한 시간을 할애해 분에 넘칠 정도로 좋은 말씀을 써주셨죠.

마지막으로 이 책을 읽어주신 여러분에게 진심으로 감사를 표합니다. 부디 여러분의 영어 '의욕 스위치'에 불이 들어옴과 동시에 지적 세계로의 문이 열리기를 바랍니다.

고이즈미 마키오

| Photo Index |

* 맨 앞의 숫자는 해당 사진이 수록된 페이지입니다.

016 Cleopatra played by Theda Bara in the film *Cleopatra*(1917), Fox film

019 "Hunting from a Chariot", Tomb of Userhat A.D. 1922 © Charles K. Wilkinson; original ca. 1427~1400 B.C.

021 The first issue of *The Gentleman's Magazine* of London, England published in January 1731, Timothy Hughes Rare & Early Newspapers

023 A scene from the play *R. U. R.* by Karel Čapek

025 *Pan und Syrinx*, Jan Breughel und Rubens Werkstatt, first half of 17th century, Staatliches Museum Schwerin

029 Albrecht Dürer, *Emperor Charlemagne*(1511~1513), Germanisches Nationalmuseum

031 "Semi Feral Kashmir goats on Pen y Gogarth(Great Orme)" ©Wales Llywelyn2000

033 "Test met atoombom tijdens Operatie Crossroads", Army-Navy Task Force One, 1946, Rijksmuseum

036 Tom Murphy VII, "he Radcliffe Camera in Radcliffe Square, Oxford, England"

037 Aankoop met steun van de Mondriaan Stichting, het Prins Bernhard Cultuurfonds, het VSBfonds, het Paul Huf Fonds/Rijksmuseum Fonds en het Egbert Kunstfonds

039 *Portrait of Johannes Kepler*, Wellcome Collection gallery(2018-04-01)

042 ManuRoquette, "The tripalium: a Roman means of torture"

054 Fra Angelico, *Longinus*(circa 1437~1446), Museum of San Marco

055 Giovanni Lorenzo Bernini, *statue of Saint Longinus*(1631~1638), Saint Peter's Basilica, Vatican

061 Lucas Cranach the Elder, *Christ drives the Usurers out of the Temple*

063 Herbert James Draper, *Ulysses and the Sirens*(1909), Ferens Art Gallery

065 Gertjan R., "Inside the Stoa of Attalus, Ancient Agora of Athens, Central Athens, Attica, Greece"(2008)

067 albinfo, Flea market on Gallusplatz, St. Gallen(2018)

069 George Shillibeer's first omnibus(1902)

075 Alonso Sanchez Coello, *Portrait of Don Diego, Son of King Philip II of Spain* (1577), Liechtenstein Museum

077 Harvinder Chandigarth, "Wryneck", Behlolpur Village, Punjab, India(2015)

079 Pablo E. Fabisch, illustration of "Telemachus and Mentor" from *Les Aventures de Télémaque* by François Fénelon(1699), 1956 Buenos Aires edition

080 DarwIn, “People wearing masks of Guy Fawkes”, August 2018

083 Raphael, Plato from *The School of Athens*(1509), Vatican Museums

087 Marble statue of Augustus(1st century), Vatican Museums

093 Antonis Mor, *Portrait of Queen Mary I of England*(1554), Prado Museum

095 Charles Pye, after Hendrick Goltzius, *Portret van Jean Nicot*(1822), Rijksmuseum

097 Marstrand, Wilhelm, *Don Quixote og Sancho Pansa ved en skillevej, uden datering* (efter 1847), 0119NMK, Nivaagaards Malerisamling

098 “Guy Fawkes caught in the cellar of the House of Parliament with explosives”

099 “A Procession of Children, and a ‘Guy’”(1864) from *The Book of Days* by Robert Chambers

100 Johann Zoffany, *Portrait of John Montagu, 4th Earl of Sandwich*, National Portrait Gallery, London

103 Hannes Grobe, Paper-cut of an 8 year old boy from Germany, 1962

104 Jean-Michel Moreau, *Portrait of Joseph-Ignace Guillotin*(18th century), Musée Carnavalet, Paris

105 Georg Heinrich Sieveking, *Execution of French King Louis XVI*(1793)

109 Portrait of Louis Braille

111 Leslie Ward, caricature of Charles Cunningham Boycott, from *Vanity Fair magazine*, January 29, 1881

112 James Thomas Brudenell, 7th Earl of Cardigan(19th century)

113 Music-cover with illustrated title page with a portrait of Mrs Amelia Bloomer, for the polka written by J J Blockley and dedicated to Mrs Colonel Bloomer.. c.1850 ©The Trustees of the British Museum

115 Matthew Brady, “Portrait of Major General Ambrose E. Burnside”(1860~1865), Library of Congress, Prints and Photographs Division

117 Rodhullandemu, Memorial to those who died in the Heysel Stadium disaster of 1985(2017)

119 Gabriel Daniel Fahrenheit(17th~18th century)

121 Olof Arenius, *Portrait of Anders Celsius*(18th century)

123 Portrait of Franz Anton Mesmer, Wellcome Collection

126 Pach Brothers, “President of the United States Theodore Roosevelt”(1904), Library of Congress, Prints and Photographs Division

127 Clifford K. Berryman, Original “Teddy Bear” cartoon from *The Washington Post*, November 16, 1902

128 Thomas Gainsborough, *Edward Vernon*(1753), National Portrait Gallery, London

131 "Emergency hospital in Camp Funston, Kansas during influenza epidemic"(1918), National Museum of Health and Medicine

135 Paulus Fürst, *A Plague Doctor in Seventeenth-century Rome*(1656)

139 Stephen J. Lee, "A Court for King Cholera"(1852) from *Punch*

151 James Gillray, *The Cow-Pock, or the Wonderful Effects of the New Inoculation!*(1802), Library of Congress, Prints and Photographs Division

152 Antoine Watteau, *Ceres: Allegory of Summer*(1717~1718), National Gallery of Art, Washington DC

155 Bibi Saint-Pol, "Anaximander World Map"(2006)

157 Sandro Botticelli, *The Birth of Venus*(1485), Uffizi Gallery, Florence

159 François-Edouard Picot, *L'Amour et Psyché*(1817), Louvre Museum

161 Nicolas Poussin, *Apollo and the Muses on Mount Parnassus*(1626~1628), Getty Museum

163 Peter Paul Rubens, *Vulcan Forging the Thunderbolts of Jupiter*(1636~1638), Prado Museum

165 Tiziano Vecellio, *The Rape of Europa*(1560~1562), Isabella Stewart Gardner Museum

167 *Winged Nike of Samothrace*, Found in Samothrace in 1863, Louvre Museum

169 Antoine Borel, *Thetis Immerses Son Achilles in Water of the River Styx*(18th century), Parma National Museum

173 Capitoline Wolf(13th century; twins are 15th-century addition), Capitoline Museums

179 Fubar Obfusco, "Bust of the god Janus", Vatican Museums

181 Antoine Callet, *Ceres Begging for Jupiter's Thunderbolt after the Kidnapping of Her Daughter Proserpine*(1777), Museum of Fine Arts Boston

182 Karl Friedrich Schinkel, *Uranus and the Dance of the Stars*(1834), Architectural Museum of the Technical University of Berlin

191 Cesare Vecellio, "Clothes of Roman Lictor" from *Habiti Antichi et Moderni*

193 Bayeux Tapestry with Halley's Comet(1077), Bayeux Tapestry Museum

201 Sandro Botticelli, *Primavera*(1482), Uffizi Gallery

214 Hippopotamus in Namibia, Southern Africa(2013), safaritravelplus

217 The Coat of Arms of the Canary Islands

223 Line art drawing of a dandelion, Archives of Pearson Scott Foresman donated to the Wikimedia Foundation

229 Marsyas, "Ostracon recovered from a well near the Acropolis"(482BC), Ancient Agora Museum, Athens

235 “The Symposium” on the north wall of the Tomb of the Diver(475BC), Paestum Museum, Italy

237 *Plato's Academy* mosaic (1st century) from the Villa of T. Siminius Stephanus in Pompeii

240 “Roman clad in toga” from 1891 *Dictionary of Classical Antiquities*

246 Dirk Bouts, *The Ordeal by Fire before Emperor Otto III*(circa 1470~1475), Royal Museum of Fine Arts, Brussels

247 “Ordeal of Cold Water”(12th century)

257 Ernest Brooks, “British Mark I ‘male’ tank”(1916), Imperial War Museums

| 주요 참고 문헌 |

국내 출간 도서

- James Rogers, 《통역 번역을 위한 클리쉐이 사전》, 월드플러스
- Marvin Terban, 《스콜라스틱 이디엄 사전》, 이퍼블릭코리아(범문사)
- Webb Garrison, 《왜 이런 말을 쓸까요?》, 정진출판사
- 레이 브래드버리, 《화씨 451》, 황금가지
- 마르코 폴로, 《동방견문록》
- 마이클 그랜트, 존 헤이즐, 《그리스 로마 신화》, 현대지성사
- 멜빈 브래그, 《영어의 힘-수많은 경쟁과 위협, 몰락의 순간에서 세계 최고의 히트 상품이 되기까지》, 사이
- 미겔 데 세르반테스, 《돈키호테》
- 버나드 엡슬린, 《그리스 로마 신화의 영웅들》, 보물창고
- 시오노 나나미, 《로마인 이야기1-로마는 하루아침에 이루어지지 않았다》, 한길사
- 아리스토파네스, 《아리스토파네스 희극 전집》, 숲
- 알베르토 안젤라, 《고대 로마인의 24시간-일상생활, 비밀 그리고 매력》, 까치(까치글방)
- 윌리엄 맥닐, 《세계의 역사》, 이산
- 윌리엄 맥닐, 《전염병의 세계사》, 이산
- 인드로 몬타넬리, 《로마 이야기》, 서커스(서커스출판상회)
- 지크문트 프로이트, 《프로이트전집-히스테리 연구》, 열린책들
- 찰스 패너티, 《세계문화 벗겨보기》, 일출
- 프랑수아 페늘롱, 《텔레마코스의 모험》, 책세상
- 플라톤, 《향연》
- 필립 구든, 《세계사를 품은 영어 이야기》, 콘텐츠크루
- 헤시오도스, 《신통기》
- 호메로스, 《오디세이아》
- 호메로스, 《일리아스》
- 후지무라 시신, 《그리스 신들은 왜 종교가 되지 못했나-우리에게 알려지지 못했던 그리스신화의 진실》, 하빌리스

영어권

- Anatoly Liberman, 《Word Origins ... and How We Know Them: Etymology for Everyone》, Oxford University Press
- Ernest weekley, 《The Romance of Words》, Good Press
- Glynnis Chantrell(Editor), 《The Oxford Dictionary of Word Histories》, Oxford University Press
- Gyles Brandreth, 《Everyman's Modern Phrase & Fable》, J. M. Dent & Sons
- Henry Bradley, 《The Making of English》, Wentworth Press
- Ivor H. Evans, 《Brewer's Dictionary of Phrase and Fable》, Cassell Publishers
- Jerry Toner, 《How to Manage Your Slaves by Marcus Sidonius Falx》, PROFILE BOOKS
- Jerry Toner, 《Release Your Inner Roman: A Treatise by Nobleman Marcus Sidonius Falx》, ABRAMS Press
- John Ayto, 《Word Origins: The Hidden Histories of English Words from A to Z》, A&C Black Publishers
- Joseph T. Shipley, 《Dictionary of Word Origins》, Philosophical Library
- Julia Cresswell, 《Oxford Dictionary of Word Origins》, Oxford University Press
- Malcolm Day, 《100 Characters from classical mythology》, Barron's Educational Series
- Marvin Terban, 《Scholastic Dictionary of Idioms: More Than 700 Sayings and Expressions》, Scholastic
- Michael Macrone, 《It's Greek to me! brush up your classics》, Harpercollins
- Nigel Rees, 《Dictionary of Word and Phrase Origins》, Cassell Publishers
- Owen Barfield, 《History in English Words》, Lindisfarne Books
- Revised and Edited by Eugene Ehrlich, Based on the Original Edition by C.O. Sylvester Mawson, 《The Harper Dictionary of Foreign Terms》, Harper&Row Publishers
- Walter W. Skeat, 《Concise Dictionary of English Etymology》, Wordsworth Editions
- William and Mary Morris, 《Morris Dictionary of Word and Phrase Origins》, Harper& Row Publishers
- 《Collins Cobuild English Dictionary for Advanced Learners》, HarperCollins Publishers
- 《The American Heritage Dictionary》, A Dell Book
- 《The Oxford English Dictionary》, Oxford University Press
- 《Why Do We Say It?: The Stories Behind the Words, Expressions, and Cliches We Use》, Chartwell Books

일본어권

- 《각켄 도감 전기学研の図鑑 電気》, 가쿠슈켄큐샤
- 《디코 불일 사전ディコ仏和辞典》, 하쿠스이샤
- 《랜덤하우스 영일 대사전ランダムハウス英和大辞典》(전자책), 쇼가쿠칸
- 《성서 신 공동역Good News Bible: Today's English Version》, 일본성서협회
- 《신 영일 대사전新和英大辞典》(전자책), 겐큐샤
- 《지니어스 영일 대사전ジーニアス英和大辞典》(전자책), 다이슈칸쇼텐
- 가라사와 가즈토모, 《온 세상 영어를 쓸 수 있을 때까지世界の英語ができるまで》, 아키쇼보
- 고바야시 고즈에, 《라틴어의 세계-로마가 남긴 무한한 유산ラテン語の世界 ローマが残した無限の遺産》, 주오코론신샤
- 고지마 요시오, 기시 사토루, 마스다 히데오, 다카노 요시아키, 《영어 어의·어원 사전英語語義語源辞典》, 산세이도
- 구니하라 기치노스케, 《고전 라틴어 사전古典ラテン語辞典》, 다이가쿠쇼린
- 기노시타 야스히코, 기무라 세이지, 요시다 도라, 《세설 세계사 연구 개정판詳説世界史研究 改訂版》, 야마카와출판사
- 기무라 세이지, 《교양으로서의 '로마사' 읽는 법教養としての「ローマ史」の読み方》, PHP 에디터즈 그룹
- 기무라 세이지, 《처음 읽는 사람을 위한 로마사 1200년はじめて読む人のローマ史 1200年》, 쇼덴샤
- 기시다 다카유키, 하야사카 마코토, 오쿠무라 나오후미, 《역사로 풀어내는 영어의 수수께끼歴史から読み解く英語の謎》, 교이쿠출판
- 나가타 히사시, 《달력과 점술의 과학暦と占いの科学》, 신초샤
- 나카오 도시오, 데라지마 미치코, 《도설 영어사 입문図説 英語史入門》, 다이슈칸쇼텐
- 누마자와 시게미, 와키야 나나요, 《여기까지 알아냈다! 태양계의 수수께끼-탐사선 사진에서 보이기 시작한 놀라운 모습ここまでわかった! 太陽系のなぞ 探査機の写真で見えてきたおどろきの姿》, 세이분도신코샤
- 다지카 에이이치, 《행성·태양의 대발견惑星 · 太陽の大発見》, 신세이출판사
- 다카하시 마사미 감수, 어린이클럽 편집, 《직접 알아보는 학습백과-루이 브라유와 점자를 만든 사람들調べる学習百科 ルイ · ブライユと点字をつくった人びと》, 이와사키쇼텐
- 다카하시 유조, 《전기의 역사-인간과 기술의 이야기電気の歴史 人と技術のものがたり》, 도쿄전기대학 출판국
- 데라사와 요시오 편집, 《영어 어원사전英語語源辞典》, 겐큐샤
- 데라사와 준, 《다의어와 언어 변화로 보는 영단어의 세계英単語の世界 多義語と意味変化から見る》, 주오코론신샤
- 데라사와 준, 《영어의 역사-과거에서 미래로 이어지는 이야기英語の歴史 過去から未来への物語》, 주

오코론신샤
- 도쿠젠 요시카즈, 《마르틴 루터-성서에 생애를 바친 개혁자マルティン・ルター ことばに生きた改革者》, 이와나미쇼텐
- 루루 라부아, 《점성학 신장판占星学 新装版》, 지쓰교노니혼샤
- 미이치 마사토시, 《콜레라의 세계사コレラの世界史》, 쇼분샤
- 미즈무라 미쓰오, 《신장판 세계사를 위한 인명사전新装版 世界史のための人名辞典》, 야마카와출판사
- 사쿠라이 마리코, 기무라 세이지, 《세계의 역사 5-그리스와 로마世界の歴史 5 ギリシアとローマ》, 주오코론샤
- 사쿠마 오사무, 《영어의 어원이 들려주는 이야기英語の語源のはなし》, 겐큐출판사
- 사토 마사루 감수, 《인물로 풀어보는 세계사 365인人物で読み解く 世界史 365人》, 신세이출판사
- 시마자키 스스무, 《잠을 못 잘 정도로 재미있는 도해 그리스신화眠れなくなるほど面白い 図解 ギリシャ神話》, 니혼분게샤
- 시오미 도시유키 감수, 《알고 보면 깜짝!-사물이 시작된 이야기知ってびっくり! もののはじまり物語》, 각켄교이쿠출판
- 시오미 도시유키 감수, 《알고 보면 깜짝!-언어가 시작된 이야기知ってびっくり! ことばのはじまり物語》, 각켄교이쿠출판
- 쓰카다 겐, 《도해 우리 주변의 '천문·우주'를 3시간 만에 알려주는 책図解 身近にあふれる「天文・宇宙」が 3 時間でわかる本》, 아스카출판사
- 아사오 고지로, 《영어의 역사로 알아보는 영문법의 '왜?'英語の歴史から考える 英文法の「なぜ」》, 다이슈칸쇼텐
- 아사쿠라 스미타카, 《네덜란드어 사전オランダ語辞典》, 다이가쿠쇼린
- 아오야기 마사노리, 《황제들의 도읍 로마-도시에 새겨진 권력자들의 초상皇帝たちの都ローマ 都市に刻まれた権力者像》, 주오코론신샤
- 야스이 미노루, 구보타 마사히토, 《알아둬야 할 영어의 역사知っておきたい英語の歴史》, 가이타쿠샤
- 오가와 데이조, 《의학 용어의 기원医学用語の起り》, 도쿄서적
- 오다 데쓰지, 《영어 어원 탐방-언어와 민족의 역사를 찾아英語の語源探訪 ことばと民族の歴史を訪ねて》, 다이슈칸쇼텐
- 오카다 하루에, 《세계사를 움직인 감염증感染症は世界史を動かす》, 지쿠마쇼보
- 와다 미쓰히로, 《세계사 리브레토 90-담배로 이야기하는 세계사世界史リブレット 90 タバコが語る世界史》, 야마카와출판사
- 와타나베 쇼이치, 《어원의 힘語源力》, 가이류샤
- 와타나베 쇼이치, 《영어의 어원英語の語源》, 고단샤
- 우메다 오사무, 《영어의 어원 이야기英語の語源物語》, 다이슈칸쇼텐
- 우메다 오사무, 《유럽 인명 어원사전ヨーロッパ人名語源辞典》, 다이슈칸쇼텐
- 이노우에 요시마사 편집, 《영미 고사 전설 사전英米故事伝説辞典》, 후잔보

- 이노우에 요시마사 편집, 《영미 풍물 자료 사전英米風物資料辞典》, 가이타쿠샤
- 이리사와 노리유키, 《비주얼 백과 세계사 1,200인-한 권으로 해결!ビジュアル百科 世界史 1200人1冊でまるわかり!》, 세이토샤
- 이마자토 지아키, 《영어의 어원 이야기英語の語源物語》, 마루젠
- 이와무라 시노부, 《암살자 교단-이슬람 이단파의 역사暗殺者教団 イスラム異端派の歴史》, 지쿠마쇼보
- 이토 나오미, 《알기 쉬운 전기의 구조-전기란 뭘까? 그 정체와 발전, 이용 방법을 알아보자よくわかる電気のしくみ 電気ってなんだ? その正体・発電・利用方法を知ろう》, 세이분도신코샤
- 장 맥케일럽, 야스다 이치로, 《미국 구어 사전アメリカ口語辞典》, 아사히출판사
- 캐럴 발라드, 《사람이 이어주는 과학의 역사 1 백신과 약의 발견-우두에서 항생물질로人がつなげる科学の歴史1 ワクチンと薬の発見 牛痘から抗生物質へ》, 분케이도
- 하시모토 이사오, 《영어사 입문英語史入門》, 게이오기주쿠대학출판회
- 홋타 류이치, 《속속들이 파헤치는 영어 이야기-영어의 궁금증을 시원하게 풀어주는 최초의 영어사英語の「なぜ?」に答える はじめての英語史》, 겐큐샤
- 홋타 류이치, 《영어사로 풀어보는 영어의 오해-납득하고 영어를 배우기 위해英語史で解きほぐす英語の誤解 納得して英語を学ぶために》, 주오대학출판부

프랑스

- Etienne Trillat, 《Histoire de l'hystérie》, Editions Frison-Roche
- Jacqueline Dangel, 《Histoire de la langue latine》, Presses Universitaires de France - PUF
- René Martin, 《Dictionnaire culturel de la mythologie gréco-romaine》, Nathan

독일

- Johann Beckmann, 《Beitrage zur Geschichte der Erfindungen》

외우지 않아도 영어와 교양이 쏙 들어오는
영단어 인문학

1판 1쇄 발행 2022년 11월 18일
1판 5쇄 발행 2023년 3월 31일

지은이 고이즈미 마키오
옮긴이 곽범신
발행인 유성권

편집장 양선우
기획 정지현 **책임편집** 신혜진
편집 윤경선 임용옥 **홍보** 윤소담 박채원
교정 교열 박귀영 **본문 디자인** 김수미
마케팅 김선우 강성 최성환 박혜민 심예찬
제작 장재균 **물류** 김성훈 강동훈

펴낸곳 ㈜이퍼블릭
출판등록 1970년 7월 28일, 제1-170호
주소 서울시 양천구 목동서로 211 범문빌딩 (7995)
대표전화 02-2653-5131 **팩스** 02-2653-2455
메일 loginbook@epublic.co.kr
포스트 post.naver.com/epubliclogin
홈페이지 www.loginbook.com
인스타그램 @book_login